新时代马克思主义经典·第二批

《资本论》
是怎样炼成的
连湖九卷《资本论》研究序跋

[日]大村泉三 等 著
张一兵 审定
张福公 等译

『資本論』はどのようにして
形成されたか
マルクスによる経済学説史の視座から

图书在版编目（CIP）数据

《资本论》是怎样形成的：追溯马克思经济学的来龙去脉 / （日）不破哲三著；孙成岗，有铃译. -- 北京：中央编译出版社，2025.5. -- （新时代马克思主义译丛 / 张一兵，张亮主编）. -- ISBN 978-7-5117-4807-2

Ⅰ. A811.23

中国国家版本馆CIP数据核字第2024003302号

「資本論」はどのようにして形成されたか：マルクスによる経済学説史の足跡をたどる
by Tetsuzo Fuwa
Copyright © Tetsuzo Fuwa 2012
All rights reserved.
Original published in Japan by Shinnihon Publishing House, Tokyo
Simplified Chinese edition copyright © Central Compilation & Translation Press 2025

著作权合同登记号　图字：01-2022-0562号

《资本论》是怎样形成的：追溯马克思经济学的来龙去脉

选题策划	张宏艳
责任编辑	汪 舒
责任印制	李 颖

出版发行　中央编译出版社
网　　址　www.cctpcm.com
地　　址　北京市海淀区北四环西路69号（100080）
电　　话　（010）55627391（总编室）（010）55625176（编辑室）
　　　　　（010）55627320（发行部）（010）55627377（新媒体部）
经　　销　全国新华书店
印　　刷　北京天启印刷有限责任公司
开　　本　889毫米×1194毫米　1/32
字　　数　343千字
印　　张　10.875
版　　次　2025年5月第1版
印　　次　2025年5月第1次印刷
定　　价　99.00元

新浪微博：@中央编译出版社　微　信：中央编译出版社（ID：ccrphome）
淘宝店铺：中央编译出版社其他书店（http://shop108367160.taobao.com）
（010）55627331

本社常年法律顾问：北京市吴栾赵阎律师事务所律师　闫军　梁勤
凡印装质量问题，本社负责调换。电话：（010）55627320

总　序

在马克思主义诞生170多年后的今天，其理论依然展现出强大的现实穿透力。当前人类社会正经历深刻变革，多极化格局与经济全球化并行，信息技术革命与文化多元碰撞交织，而资本主义体系暴露出的结构性矛盾日益复杂。从金融危机到生态危机，从贫富分化到数字霸权，传统西方模式陷入多重困境。在此背景下，全球思想界掀起了重读马克思的热潮，马克思主义犀利的资本批判理论，为剖析平台垄断、技术异化等新矛盾提供了方法论；其揭示的人类社会发展规律，仍是理解数字经济、地缘冲突等时代命题的思想透镜。这种持续的生命力，既源于理论本身的科学性与开放性，更在于其始终指向对现实世界的深刻关切，使马克思主义始终保持着解码现代文明的密钥功能。

"新时代马克思主义译丛"（第二批）由南京大学张一兵教授与张亮教授联合主编，汇集了来自意大利、日本、英国、美国、德国、巴西等多个国家的马克思主义研究成果，涵盖

《资本论》是怎样形成的
追溯马克思经济学的发展历程

了历史、经济学、哲学、心理学等多个学科领域,共同编织出马克思主义在当代世界中的理论图景,试图在历史纵深与全球视野的交汇处,重构马克思主义的当代生命力。

本译丛的第二批书目有:

保罗·法维利:《意大利马克思主义史》

不破哲三:《〈资本论〉是怎样形成的:追溯马克思经济学的发展历程》

特瑞尔·卡弗:《恩格斯传》

卡尔·拉特纳、达妮埃尔·努内斯·恩里克·席尔瓦:《维果茨基和马克思:迈向马克思主义的心理学》

迈克尔·海因里希:《卡尔·马克思与现代社会的诞生》

托马斯·T. 关根:《资本的辩证法概述》

迈克尔·A. 莱博维茨:《追随马克思》

保罗·法维利在《意大利马克思主义史》中梳理了意大利工人运动与马克思主义的关系:从第一国际时代到第一次世界大战前夕,马克思主义在意大利工人运动中不断裂变——它时而以严谨的科学姿态出现,时而化作鼓舞人心的政治口号。马克思的思想在不同地域、不同历史背景中呈现出多元化的意涵,而这恰恰证明了马克思主义并非教条,而是与各国具体实际相结合、相适应的科学理论与革命资源。

本译丛立足全球视角,重新梳理各国马克思主义理论与实践的历史脉络。日本学者不破哲三在《〈资本论〉是怎样形成的:追溯马克思经济学的发展历程》中梳理马克

总 序

思手稿的演进轨迹。不同于传统线性叙事对理论连续性的强调，他揭示了《资本论》三卷本形成过程中的非连续性：最初的"资本一般"框架如何被不断突破，最终扩展为涵盖资本主义生产总过程的宏大体系。这种对理论生成动态性的关注，在特瑞尔·卡弗的《恩格斯传》中也有所体现。借助《马克思恩格斯全集》历史考证版第二版（MEGA²）的手稿，卡弗打破了"马恩一体论"的神话，呈现出两位思想巨人对立中蕴含统一的思想对话。

如果说历史研究为马克思主义注入了时间维度，那么空间维度的拓展则打开了新的认知疆域。德国学者迈克尔·海因里希在《卡尔·马克思与现代社会的诞生》中进行的文本症候阅读，将《资本论》的歧义性转化为理论创新的契机。这种"新马克思阅读"学派特有的阐释策略，与日本宇野学派形成跨时空呼应：托马斯·T. 关根的《资本的辩证法概述》继承宇野弘藏的"三阶段论"，将《资本论》从具体历史语境中抽离，建构起批判金融资本主义的模型。巴西学者达妮埃尔·努内斯·恩里克·席尔瓦与美国学者卡尔·拉特纳在《维果茨基和马克思：迈向马克思主义的心理学》中将文化历史活动理论引入马克思主义心理学，为意识建构提供了唯物论的微观解释框架。这些来自非西方、外围国家语境的思考，共同构成对欧洲中心主义知识霸权的突围。

本译丛的独特价值，也在于其跨学科的特质和交叉性。这种理论勇气在译丛中有多方面的体现：从意大利马克思

《资本论》是怎样形成的
追溯马克思经济学的发展历程

主义与工团主义的交织并存,到宇野学派对《资本论》的方法论重构;从维果茨基心理学理论中的马克思主义内涵,到恩格斯手稿中潜藏的认识论革命——不同学科视角的碰撞,使马克思主义呈现出作为"总体性科学"的当代潜能。这些研究表明,马克思主义从未局限于某个学科领域,它始终是理解现代性危机的综合视角。

在 21 世纪全球资本主义世界加剧动荡的历史背景下,本译丛的出版具有双重意涵:它既是对马克思主义思想遗产的挖掘与梳理,也是对马克思主义当代形态的探索。在当今世界,金融资本的抽象统治渗透进意识领域,数字经济重塑雇佣劳动形态,生态危机动摇现代性根基,全球资本主义正面临着多重危机,"新时代马克思主义译丛"将马克思主义的历史具体性与开放性融入由其众多研究成果所构成的张力场中,为理解当代世界的多重危机提供了多元互补的理论棱镜。它们也证明了马克思主义从未过时,而是正在焕发出全新的生命力。

正如列宁所言:"没有抽象的真理,真理总是具体的。"来自不同文明、不同文化背景的马克思主义者在译丛中跨时空对话,他们的思想碰撞出的火花,或许正照亮着通往人类解放的新路径。

张一兵

2025 年 4 月

前　言
探究《资本论》的形成史

这本书由连载在《经济》杂志上的六篇论文系统编纂而成，在编辑成书时做了相当大的增补工作。由于是一边研究一边在杂志上连载，所以留下了一些问题：有些部分的论点前期探讨不够充分，有些部分还需要进一步深入阐述。因此，我对书稿做了全面整理和补充。补充的内容差不多超出了一次连载的字数。

为了清晰展示研究的经过，我在序章"带来经济学变革的划时代发现"之后，对全书做了如下编排。

　　第一部分　报告经济学上的发现——马克思致恩格斯的信
　　第二部分　危机论的探究与展开——以运动论的发现为核心
　　第三部分　"特殊的资本主义生产方式"——追踪这一规律的形成和发展

《资本论》是怎样形成的
追溯马克思经济学的发展历程

第四部分 《资本论》第一卷定稿的研究

最后,以终章"所谓'计划问题'和马克思经济学说的发展"完结全书。

一

这部著述的主题是《资本论》的形成史,虽说当初的目标还不是很清晰,但我对这个问题的关注可以追溯到接触《资本论》的最初阶段。

我在旧书店买到了第二次世界大战之前出版的《资本论》(高畠素之译),把它捧在手上的时候,我还是一名旧学制的高中生,时值1947年——与长谷部文雄的新译本(日本评论社)开始出版大致处于同一时期。虽说得到了这本书,我每每翻开书页,却只能竭尽全力地去应对接连出现的各类经济学概念和定义,还远远达不到把握理论的整体脉络的程度,这就是我当时的学习状况。

从刚刚起步开始,马克思这部巨著的"形成过程"便引起了我的兴趣。从同一时期阅读的《政治经济学批判》的序章(1859年)中,我了解到当初马克思对经济学著作的整个构思,然而,这个构思与现在拿在手中的《资本论》的结构有很大的不同。这让我很吃惊,我想这可能是引起我关注该问题的一个契机。在《资本论》形成的整个过程中,马克思的思路发生了哪些变化与升华?不知何故,这一时期我虽还不能读懂《资本论》的内容,却被这个问题勾起了兴趣。

前　言

探究《资本论》的形成史

当然，要研究这个问题的先决条件是，自己能够理解并全面地把握《资本论》的理论内容及结构，重要的是必须接触马克思在《资本论》之前所写的各种手稿并解读它们。当时的我完全不具备这样的条件，所以在此后的很长一段时间里，这项研究对我而言一直是个未尽的夙愿。

我开始考虑研究《资本论》形成史这个问题是在二十世纪九十年代后半期。

当时，研究这个问题不可或缺的马克思的各类手稿，马克思、恩格斯新的《马克思恩格斯全集》国际版（MEGA）开始在海外发行（1975年起），而《〈资本论〉手稿集》（《〈资本论〉手稿集》翻译委员会译，全九卷，大月书店）也得以出版，《资本论》之前的各类主要手稿的日文版也基本上出齐。①

二

我最初的计划是，在1995年纪念恩格斯逝世一百周年

---

①　**各类手稿的日文版**　《资本论》的各类手稿主要有《1857—1858年手稿》和《1861—1863年手稿》。《1857—1858年手稿》最初的日文译本，是以《〈政治经济学批判〉导言（草案）》（高木幸二郎监译，全五册，大月书店）为题，于1958—1965年间出版发行的。后来，以《马克思恩格斯全集》国际版（MEGA）为底本的《〈资本论〉手稿集》于1978年开始出版，至1994年出齐全套，其中包含了《1857—1858年手稿》和《1861—1863年手稿》，以及在此期间的各类文献。

另外，在此之后的手稿《1863—1865年手稿》（由不破命名，其内容请参阅本书正文第5页的脚注），《资本论》第一卷第六章"直接生产过程的结果"和第二卷的第一份手稿也是由大月书店出版。前者收录《马克思恩格斯选集》和国民文库版，后者以《资本的流通过程》（1982年）为题出版。

《资本论》是怎样形成的
追溯马克思经济学的发展历程

之际,以"恩格斯是怎样参与《资本论》研究与出版的"为题,从这一角度来探讨《资本论》形成的历史。

这便是从1995年到1996年在《经济》杂志上连载十五次,1997年由新日本出版社编辑成上下两卷的《恩格斯与〈资本论〉》的原型。在这里并没有以马克思的研究的发展过程为主题,而是以恩格斯的参与为主题。也就是说,聚焦探讨了《资本论》形成史的另一个侧面。从马克思十九世纪四十年代在巴黎、布鲁塞尔从事经济学研究开始,到在伦敦的正式研究、各种手稿的写作、《资本论》第一卷的出版和续卷的完成,再到马克思去世后由恩格斯编纂出版第二卷、第三卷,围绕着《资本论》形成的整个过程,我做了一个重新梳理。对我来说,这是对后来研究的一个非常有意义的出发点。

虽然游离于"恩格斯的参与"这一主题之外,但在这部著作中,我着力最多的研究内容是马克思在十九世纪七十年代后关于第三卷的新构思。马克思不仅在其"信用理论"里,对完成第三卷定稿之后信用制度获得的迅猛发展予以关注,还在地租理论里对包括俄罗斯共同体在内的资本主义之前的土地所有制的历史沿革表示出浓厚兴趣,据此编制了融入上述新元素的构想,并为此收集了大量资料。遗憾的是,马克思还没来得及将这些构想转换成笔耕,便于1883年离世。

这一新构思的宏大格局引起了我的注意,我将其称作"十九世纪七十年代的计划",并一直致力于从留下来的资

前　言
探究《资本论》的形成史

料中整理出其内容，同时，对发端于1857—1859年的计划，即所谓"计划问题"也做了思考。马克思在经济学研究的最后阶段，是打算把如此全面的内容纳入第三卷的，这里暗示着《资本论》的四卷本结构（包括原计划的第四卷"理论史"），才是马克思对其经济学著作的最终构想。

三

2002年我在《经济》杂志上做了十次连载，并于2003年将其整理成上、中、下三卷，以《马克思与〈资本论〉——再生产理论与危机》之名出版，这是我第二次尝试挑战《资本论》的形成史。

这一时期，我希望把视线聚焦到危机和再生产理论上来，全程追踪马克思的足迹。在此之前，论及马克思的危机论时，通常是围绕着两个命题进行阐释：一是在货币论里展开的关于"危机的可能性"；二是第二卷、第三卷所揭示出的"危机的根据"。我始终认为，要阐明危机这一资本主义生产的激烈运动形式，马克思不会只停留在这里。马克思的以下论述成为我深入研究该问题的直接契机。

"问题倒不如说是在另一方面，即怎么可能在所有的现代工业国里，人们竟抵抗不住最明显的幻想的影响，不顾每隔十年就重复一次的最严重的警告，而周

《资本论》是怎样形成的

追溯马克思经济学的发展历程

期性地屈从于和自己的资金分手的强烈愿望呢？是什么社会条件几乎有规律地反复造成这种普遍自欺、过度投机和空头信贷的时期呢？"（全集①第 12 卷第 606—607 页）

这是 1857—1858 年危机结束之后的 1858 年 10 月，马克思发表在《纽约每日论坛报》上的经济评论《英国的贸易与金融》中的一段话。英国议会下院委员会关于危机问题的报告得出结论：危机的原因在于"过度投机和滥用信贷"。问题并不在这里，马克思对此进行了激烈的批判。为什么"过度投机和滥用信贷"会每隔十年就反复一次？揭示其原因是探究危机问题的必然要求。

读了这段内容，我切实感受到，我要寻求的答案正在于此。资本主义的生产为什么要采纳必然会造成周期性危机结局这样一种运动形态呢？在危机论中所说的危机的"根源"——生产与消费之间的矛盾——滋生出伴随周期性危机的产业循环，这是由资本主义经济的一种怎样的结构所造成的呢？马克思说"问题在这里"，旨在向避开核心问题而只在常识性的一般论上兜圈子的英国议会发出批判的声音。既然如此，我认为，马克思对这一问题所给出的答案，就应该是马克思危机论的核心所在。因此，我把马克

---

① 本书括注里所说的全集，指的是《马克思恩格斯全集》中文第二版，新版未出的分卷，则以中文第一版为准。——编者注（本书注释如无特殊说明，均为作者注。）

前　言
探究《资本论》的形成史

思在经济评论中所提出的问题称为"危机运动论",立志对此进行探究。

这项研究并没有现成的答案。但是,提出了这一问题的马克思,应该不会在还没有找到答案之前,就下决心公开出版《资本论》。我坚信,这个答案,至少是这个答案的基本点,一定就写在《资本论》及其手稿中。所以,我把问题聚焦到"再生产理论与危机"这一点上,对马克思经济学的发展过程进行了全面梳理,决心从中探求马克思自己的答案。这就是我2002—2003年期间写作《马克思与〈资本论〉——再生产理论与危机》的主题。

为了贴近这一主题,我以《1857—1858年手稿》《1861—1863年手稿》为主,按照写作的先后顺序坚持阅读马克思的各种手稿。这些手稿都是在日文版出版时就逐一阅读过,并在后来又反复阅读过的内容。但是,全面地、按照历史发展的顺序,而且是带着一定的目的性来阅读,这还是第一次。同时,我对《资本论》也采取了同样的阅读方式——"历史性解读"。

结果,我从中发现了许多东西。其中,有几个大的收获令我至今印象深刻,我想在此举几个例子。

第一个收获是,在阅读第二卷的第一份手稿(1865年上半年执笔)时,我走进了马克思发现作为"危机运动论"基础的运动形态的现场。它不是在预期的再生产理论里,而是在资本循环理论这一预料之外的章节里。马克思在这份手稿中,将发现的运动形态称作"流通过程的短缩"。马

《资本论》是怎样形成的
追溯马克思经济学的发展历程

克思在此之前曾经预计,在危机的可能性转变为现实性的过程中,信贷以及世界市场等将成为其重要诱因。然而,让周期性的危机成为现实问题的基本契机,其实就存在于由于商人资本的介入,而使商品的销售独立于现实需求这样一个非常日常的问题中。

这一发现使得《资本论》及其手稿中关于危机论的叙述发生了很大变化。

第二个收获是关于马克思手稿的写作方法所体现的特征。这是在阅读《1861—1863年手稿》中涉及亚当·斯密经济学部分的过程中体会到的。

资本的产品会由什么样的对象购买,也就是在研究现实问题的部分里,在此之前虽然读过几次,但是一直很难把握马克思的思想脉络,这是我遭遇的难点之一。但是,在反复不断地努力解读的过程中,当再次读到这个章节时,我突然意识到,在这里马克思记述下来的不是自己研究的最终结果,而是按照原貌记录下了尝试挑战问题的艰难过程。从这一视角阅读,马克思反复尝试解决问题,几次陷入困境,最后才终于到达正确顶点的思考过程,便生动地展现在了眼前。

在马克思的手稿里,既有从理论上展现出来的经过研究得出的结论部分,也有相当大的一部分是记录一边写作一边深化自己思想的思考过程。在阅读实践中所体会到的这些经验,在后来解读手稿的过程中给了我很大帮助。

同样是在《马克思与〈资本论〉——再生产理论与危

前言
探究《资本论》的形成史

机》中所涉及的对扩大再生产理论的解读也是一个实际例子。把这一部分看作马克思通过试错达成了解决问题的目标的过程，再对照大谷祯之介所翻译的马克思的原手稿（收录于《经济志林》杂志），才能够深刻理解马克思在这一领域进行理论探索的艰苦过程，以及经过努力所取得的成果（阐明了扩大再生产的均衡条件）的意义。

第三个收获是在第三卷信用论的领域里。在第三卷第五篇，马克思首次真正切入了信用制度论，这是《资本论》非常重要的部分，但是在论述的过程中，有些地方逻辑性不强，非常不像马克思所为。即使局部内容可以理解，对我来说，整体构成却难以理解。在《马克思恩格斯全集》国际版（MEGA）公开马克思手稿之际，我下决心重温马克思的手稿。我发现马克思的研究过程同《资本论》现行版所呈现出的形态是不一样的（这一次依然是受益于在《经济志林》连载的大谷祯之介的日文翻译）。采取这样一种阅读方法，也可以把在此所论述的经济循环（以危机的发生为节点）中关于信用作用的研究，作为马克思在此前第二卷第一份手稿所阐明的"危机运动论"的具体化来把握，从而明确了它的意义所在。

这些经验也使我认识到，关于恩格斯所编纂的第二卷、第三卷，尤其是第三卷第五篇的信用论，不能一成不变地去看现行版，回归到马克思的手稿中去进行研究是很重要的。

另外，几乎是在以危机论和再生产理论发展史为主题

《资本论》是怎样形成的
追溯马克思经济学的发展历程

写作《马克思与〈资本论〉——再生产理论与危机》的同时，2002年1—12月，我在日本共产党本部开办了"代代木《资本论》讲座"，这是一个围绕《资本论》全三卷的讲座（讲座分为二十一次，后来以《读〈资本论〉》（全三卷）为题出版，分作七册，2003—2004年，新日本出版社）。这项工作需要广阔的研究视野。聚焦在特定的问题上，以梳理《资本论》的历史为主线的工作，以及涉及《资本论》的全方位研究的工作，各有苦衷。这一年并行开展这两项工作，纵横交错。从夯实后续研究的工作基础这一角度讲，这些经验对我来说，具有极其重要的意义。

四

此后的数年里，我虽然搁置了对"形成史"的研究，但回首往事，我其间从事的两大板块的理论研究，对滋养我当下研究所必需的土壤发挥了重要作用。

第一，我在超出经济学范畴的广阔领域里，历史性地推进了对马克思、恩格斯理论成就的梳理。

首先，将马克思、恩格斯的代表性著作，以收录在《古典①选书》（新日本出版社）里的文献为中心，按年代先后开展介绍和解释的工作。在《月刊学习》杂志上，从2006年5月号开始到2009年3月号，连载了35次（2008—

---

① "古典"即马克思、恩格斯的经典著作。——译者注

前 言

探究《资本论》的形成史

2009年以《古典导读》为题,分上、中、下三卷出版)。这是为了帮助更多人阅读马克思、恩格斯的经典著作而制定的一项计划,在重新探究马克思、恩格斯分别执笔相关著述背景的同时,再次从世界观、经济学观、社会主义论、革命论等维度对马克思、恩格斯二人的思想理论的历史性拓展作了追溯,我自己也从中获益良多。

另一件工作是,2006年、2007年在日本共产党本部开办了"科学社会主义研究讲座"。2006年10—12月,以恩格斯的《费尔巴哈论》①为教材,主讲科学社会主义的世界观,2007年10—12月,主讲马克思、恩格斯革命论的历史。关于这部革命论的讲义,后来以《马克思、恩格斯革命论研究》为题,分上下两卷出版(新日本出版社)。

通过在历史发展的脉络下,从整体上全面把握马克思主义学说的研究工作,我再一次深刻地体会到,在各个理论领域里,"历史性解读马克思"的重要性。尤其是全面梳理马克思、恩格斯关于革命论学说的历史发展,对我来说也是一项全新的工作。从1848年革命开始,经过国际共产主义运动,到指导十九世纪七十年代以后欧洲各国的革命运动,再到大多数人参与的革命运动理论的发展,按照历史发展的过程和节点对其做出总结,这对《资本论》研究也具有重大意义。

第二,2008年以来,党本部的有心人组建起"《资本

---

① 全称《路德维希·费尔巴哈和德国古典哲学的终结》。——编者注

《资本论》是怎样形成的
追溯马克思经济学的发展历程

论》手稿轮读会"并坚持活动。该研究会于 2011 年 10 月结束了最后一次集会,先后用了四年时间通读了《1857—1858 年手稿》和《1861—1863 年手稿》。独自一人阅读时,因受制于当下的关注点和需求,往往会采取一种重点阅读的方法。而在这个研究会上则不同,必须要通读手稿的全文。这为重新把握马克思主义学说的发展脉络提供了绝佳的机会。在通读过程中,随处可以发现其理论发展的各种"内在纽带"。

五

这一次对《资本论》形成史的研究,是基于上述经历的一项研究,也是第三次研究这一课题。

与前两次不同,此次研究并不是事前制定好的计划,虽然一直有这样的意识。2010 年秋天,我接受《读卖新闻》连载"时代的见证者"栏目采访,在回答"今后理论研究的课题是什么"这一问题时,我举出了两个题目:斯大林大国主义的历史和《资本论》的形成史(《读卖新闻》2010 年 12 月 8 日)。但是,当时所说的只是一个大概的未来展望,还没有形成具体的研究计划。

后来不久,《经济》杂志编辑部计划在 2011 年 5 月号做一期关于马克思主义经济学的专辑,询问我是否参加。我接受了约稿。起初想写一篇相对短一点的论文投稿,回顾一下 2002—2003 年的研究(《马克思与〈资本论〉——

前　言
探究《资本论》的形成史

再生产理论与危机》），把与《资本论》形成过程相关的几个问题点作为今后的研究课题提出来。这样既可以轻松完成任务，还可以为今后正式研究该问题做准备。

于是，我开始考虑论文提纲，制定论文的写作计划，研究关于《资本论》形成过程的特征，对此前研究中所意识到的几个问题做铺垫式说明，然后提出以下问题，完成论文写作。当时的论文写作提纲如下。

> 我现在最感兴趣的问题是围绕着《资本论》形成过程的一系列问题。
>
> 可以想象，这一系列问题的解决对解读《资本论》的内容无疑是具有重要意义的。
>
> 1. 最初计划的意义。特别是在（Ⅰ）资本和（Ⅲ）雇佣劳动中，两度讨论了资本和雇佣劳动的关系，在（Ⅲ）雇佣劳动中，原本打算针对这一关系的哪些具体层面和内容展开研究？
>
> 2. 什么时候，为什么放弃了"资本一般"的架构？
>
> 3.《1861—1863年手稿》的写作，为什么在写到机器论时中断了？
>
> 4. 其后，转移到"关于剩余价值的诸学说"的写作，这是为什么？这项研究对马克思主义的理论形成具有什么意义？
>
> 5. 1863年再次执笔写作的机器论的续稿，马克思想出的新观点是什么？它对《资本论》第一卷最终稿

《资本论》是怎样形成的
追溯马克思经济学的发展历程

的形成具有什么意义?

6. 1864年执笔写作的《资本论》第一卷的手稿,只留下了第六章"直接生产过程的结果",这是为什么?另外,这一章为何得以留存?

7.《资本论》第三卷手稿的写作,有一个中断时期。中断前的手稿和中断后的手稿有几处大的不同点,这些不同点说明了马克思主义理论怎样的发展过程?

8. 马克思在1863年的写作计划里,第三卷中并未包含信用论,而在1865年执笔写作的第三卷手稿中却为其独立设置了很大的章节。这一变更是基于何种理由?

我想要解开这些与《资本论》写作过程有关的谜团。当我的研究到达某一阶段的时候,它不应该仅限于上一次的"再生产理论与危机"的问题,而应该在更广泛的意义上做出我对《资本论》形成过程的总结。

以上所列问题,许多是在上一次研究中悬而未决的问题,后来虽然会时常进行思考,却一直没有着手去解决。

然而,当我以这种形式重新审视问题时,我发现若现在着手研究,这些问题似乎都能迎刃而解。在这看似迂回曲折的数年理论探究中——虽然过程看似绕远,却实实在在地拓展了研究视野与领域——或许研究者自身的主体条件,已在不知不觉中发生了连自己都未曾察觉的深刻变化。所以,我自己放弃了起初要写一篇短论文的构想,打算借

前　言
探究《资本论》的形成史

此机会做更深入的研究。开始动笔之后，我果然发现在2002—2003年期间没有看清楚的各种脉络，现在都能够看得十分清晰了。除了日常思考过的问题，我对自己新提出的各种问题也一边写作一边努力解决，而问题的解决又为接下来的研究开辟了道路。因此，连载持续了六个月。

对此研究成果该作何评价，唯有请读者阅读本书后自行给出。我想在此围绕着连载结束时，自己强烈感受到的几点新的收获做一个介绍。

（一）首先是《资本论》第一卷定稿的问题。在此之前对《资本论》形成史的探究，并没有把定稿的形成过程作为重点进行研究。在《资本论》完成的最后时期，马克思又做了怎样的新探究？对我来说也是一个具有崭新意义的课题。这项研究，从机器大工业阶段正式开始到资本积累理论的全面展开，再进一步发展到资本主义的"丧钟被敲响"，叙述展望社会变革的阶段，我再一次被这一部分所具有的超出我此前所理解的意义，以及马克思为完成第一卷所倾注的巨大努力深深打动。因为有了这样集中的努力，才使得《资本论》具备了理论的威力——具备了跨越世纪分析和阐释资本主义社会必然走向没落的力量，这样说应该是绝不为过的。

站在《资本论》第一卷定稿的顶点，回顾从《1857—1858年手稿》和《1861—1863年手稿》开始到进入这一高度的过程，可以看出，在这期间有过几次理论飞跃的契机。其中，理论飞跃的巅峰是借助危机运动论的发现（1865年）

《资本论》是怎样形成的
追溯马克思经济学的发展历程

和"特殊的资本主义生产方式"这一新规律对机器大工业的全面研究（1866年）。这里也包含着马克思自身对资本主义认识的重大转变的问题。

（二）另外需要强调指出的是，这一次研究过程让我深刻认识到，马克思经济学说发展的过程同革命论发展的历史过程之间存在着一种比以前所看到的更加密切的联系。恩格斯在1895年为马克思的《1848年至1850年的法兰西阶级斗争》一书所写的序言中指出，两人革命论发展的背景是十九世纪后半叶资本主义经济的发展和阶级斗争形势的变化。完成《资本论》定稿期间，经济学说的进步与发展，是以同样的状况为背景与革命论的展开保持着内在联系，共同发展起来的。

关于马克思、恩格斯的革命论，在两人去世后，没有人再做过系统的研究，尤其在斯大林之后，被视作二十世纪以前的旧理论而遭到选择性遗忘。我认为，正因为如此，继承两人的关于革命论的理论遗产，对当今的马克思主义研究来说是一个重要课题，也应该把它定位为与认识《资本论》发展过程有关的课题。

（三）最后要说明的是，在这次研究中，对一直以来想要解决的课题，即追溯从起初的"1857—1859年计划"发展到《资本论》三卷本（第四卷"理论史"暂且不论）的构成过程及其理论，我给出了自己的解答。概括地说，著述结构的这一进展成就了这样一个结局：最初本应该在"资本一般"理论框架下展开的"资本的生产过程""资本

前　言
探究《资本论》的形成史

的流通过程""资本和利润"三卷结构，随着马克思经济学在内涵与方法论层面的升华，在吸纳了此后设定的各项目的基础上，取得了涵盖整个资本主义生产各主要方面的研究成果。

这个问题将在"终章"里，作为对整个研究的总结做出归纳。

关于马克思《资本论》的形成过程，在《马克思恩格斯全集》国际版（MEGA）刊载全集的手稿接近尾声的今天，估计将有更多的研究随之展开。在结束本书时我希望，这次研究中我所提出的问题能够成为今后进行更广泛深入的研究的一个台阶。

不破哲三

2011 年 12 月

目 录

序　章　带来经济学变革的划时代发现 ………………… 1
　　经济学的"完全彻底革命" ……………………………… 1
　　引人关注的四个发现 ……………………………………… 6

第一部分　报告经济学上的发现
　　　　　　——马克思致恩格斯的信

第一章　一般利润率与绝对地租的发现（1862年） …… 13
　　读"关于剩余价值的诸学说" …………………………… 13
　　关于一般利润率的前期考察 ……………………………… 16
　　马克思对地租理论的变革 ………………………………… 18
　　科学经济学的试金石 ……………………………………… 21
　　地租理论编入"资本一般"的波折 ……………………… 24

第二章 "起源论方法"的确立 ·············· 28
地租理论的研究和经济学方法论 ·············· 28
马克思对亚当·斯密两面性的评价 ············ 30
李嘉图经济学方法论的弱点是什么 ············ 32
马克思关于方法论的各种定式 ················ 34
与《资本论》三卷构成意义相关的问题 ········ 37

第三章 完成马克思独自的"经济表"(1863年)——在新领域、再生产理论上开拓道路 ·············· 40
实现问题曾是"资本一般"阶段"不得入内"的区域 ·············· 41
在对斯密的研究中探究再生产理论、实现理论 ···· 43
受魁奈《经济表》的启发 ···················· 47
马克思独自制定《经济表》 ·················· 50
开拓出经济学的新领域 ······················ 53
再生产理论此后的进展 ······················ 54
[补论] 在《1857—1858年手稿》中的前期研究 ··· 57

第二部分 危机论的探究与展开
——以运动论的发现为核心

第四章 追溯初期阶段(1857—1864年)的研究 ········ 63
马克思关于"危机运动论"研究方针的论述 ······ 63
"危机论"和马克思的经济学研究 ·············· 65

目 录

马克思怎样看待 1847 年经济危机 ············· 68
经济学著作写作计划（1857—1859 年）所揭示的
　　问题 ··································· 71
《1857—1858 年手稿》中关于危机论的探究 ········· 73
对"利润率下降"这一"神秘"现象的科学阐释 ····· 77
"利润率下降"与资本主义的体制性危机 ·········· 79
利润率的下降、危机的反复、"暴力推翻资本" ······ 82
《1861—1863 年手稿》与利润率下降的规律 ········ 85
在《资本论》第三卷第三篇手稿中的苦战
　　（1864 年）······························ 88

第五章　危机运动论——1865 年的发现及其意义 ··· 94
建构危机运动论的智慧之光 ··················· 94
圆满实现对经济循环的模拟 ··················· 99
"世界市场"与"信用"问题 ··················· 102
把危机作为资本主义经济"生命循环"的一部分 ··· 104
共产国际的报告（《工资、价格和利润》）········· 105

第六章　《资本论》第三卷后半部分的运动论研究
　　（1865 年）——对第四卷构思的重大改变 ··· 109
"流通过程的缩短"这一运动形态的载体——商人
　　资本 ································· 110
正式着手研究"信用理论" ··················· 115
运动论的发现急剧改变了马克思的"危机论" ··· 122

《资本论》是怎样形成的
追溯马克思经济学的发展历程

第三部分 "特殊的资本主义生产方式"
——追踪这一规律的形成和发展

第七章 "特殊的资本主义生产方式"定义的诞生——"机器论"续稿 ……………………………… 131
"机器论"为什么中断 ……………………………………… 131
直面机器大工业的实际状态 ……………………………… 137
马克思在最初阶段关注的几个问题 ……………………… 141
"特殊的资本主义生产方式"——马克思要表达什么 …………………………………………………… 144
"为生产而生产"的物质基础的形成 ……………………… 146
未来社会的建设者——工人阶级的成长与发展 ………… 148
尝试概括新定式的意义 …………………………………… 153

第八章 《资本论》的《1863—1865年手稿》及新定义 ……………………………………………… 155
"直接生产过程的结果"(第一卷手稿)——新定式的定位 …………………………………………… 155
导入"总体工人"的定义 …………………………………… 160
第三卷第三篇手稿——两个危机论 ……………………… 163
第三卷第三篇手稿——阐释资本主义发展阶段的特征 …………………………………………………… 167

目 录

第二卷第一份手稿——新定式与"固定资本"
　　研究 ·· 170
第三卷后半部——关于危机论的补充 ············ 174
着手完成《资本论》第一卷的定稿 ··············· 175

第四部分　《资本论》第一卷定稿的研究

第九章　《资本论》第一卷——定稿中发生了什么
　　变化 ·· 181
再论《工资、价格和利润》 ······················· 181
（一）关于"工作日"及"工资"部分 ············ 184
　　在"工作日"的章节里追加历史部分 ········ 184
　　新增加了"工资"章节 ··························· 187
（二）读"机器和大工业"一章 ····················· 188
　　资本主义发展的各阶段与"总体劳动者" ··· 188
　　从两个侧面分析工人阶级的成长、发展过程 ··· 193
　　机器大工业——生产与市场无节制扩张的
　　　时代 ··· 196
　　危机与产业循环都处在生产急速扩张的过
　　　程中 ··· 199
　　技术基础的不断变革是这一生产方式的特征 ··· 201
（三）研读第七篇"资本的积累过程"的
　　第二十三章 ·· 204

《资本论》是怎样形成的
追溯马克思经济学的发展历程

　　　　资本的有机构成这一分析视角 ·············· 205
　　　　资本积累与集中的迅猛发展 ················ 206
　　　　过剩劳动力的"预备军"与资本主义的
　　　　　积累 ······························· 212
　　　　呼吁为斩断资本主义积累的链条而斗争 ······ 217
　　（四）第二十四章第七节——解读资本主义社会
　　　　变革的逻辑 ·························· 222
　　　　第一卷手稿和定稿的根本区别 ·············· 222
　　　　"肯定性理解中包含着对其必然灭亡的理解"的
　　　　　辩证法结构 ························· 226
　　　　从马克思革命论发展的角度看 ·············· 233

第十章　第一卷定稿对第二卷、第三卷构思的影响 ··· 237
（一）关于《资本论》第三卷 ·················· 238
　　　"利润率趋向下降的规律"的理论定位 ······· 238
　　　信用论与地租论 ························ 241
　　　关于第七篇 ···························· 243
　　　[补论]《1861—1863年手稿》——关于
　　　　"第三篇"结论部分的文献学研读 ········· 248
（二）关于《资本论》第二卷 ·················· 251
　　　第二卷各手稿的写作过程 ·················· 251
　　　马克思的"备忘录"——以第二卷为危机论的
　　　　核心论述板块 ························ 253

目　录

对"关于生产部门之间的不平衡"的一点
补充 ·· 257

终　章　所谓"计划问题"与马克思经济学说的
发展 ·· 262
追溯经济学著作构思的发展过程 ············· 262
（一）1857—1859 年的最初计划 ············· 263
（二）关于《1857—1858 年手稿》 ············· 267
（三）关于《1861—1863 年手稿》 ············· 269
　　（1）第一章"资本的生产过程"前半部分
　　　　与第三篇"资本和利润" ············· 269
　　（2）"关于剩余价值的各种学说"的写作 ··· 271
　　（3）"第三篇"及"第一篇"的计划编制 ··· 272
　　（4）第一章"资本的生产过程"后半部分的
　　　　写作 ·· 277
（四）关于《1863—1865 年手稿》 ············· 278
　　（1）第一卷手稿（写于 1863 年 8 月至 1864 年
　　　　夏天） ··· 279
　　（2）第三卷前半部手稿（写于 1864 年夏天
　　　　至年末） ····································· 280
　　（3）第二卷第一份手稿（写于 1865 年
　　　　上半年） ····································· 281
　　（4）第三卷后半部手稿（写于 1865 年夏天
　　　　至年末） ····································· 282

（五）关于《资本论》第一卷的定稿 ················ 284

整体回顾 ··· 290

附录一　马克思与《资本论》创作年谱 ················ 292

附录二　马克思逝世后与《资本论》相关的年表 ······ 309

译后记 ··· 315

序　章
带来经济学变革的划时代发现

经济学的"完全彻底革命"

　　马克思在《资本论》里，站在坚实的科学世界观的基础上，运用独特的科学方法论，对资本主义经济进行了全面分析，构建起了科学社会主义经济学体系。当然，这个经济学体系的形成过程，并非完全是"从无到有"。马克思留下的几十册经济学研究摘抄笔记告诉我们，这个体系的形成经历了一个长期过程，他在彻底研究了古典政治经济学家们的理论遗产，批判吸收了所有有价值的东西的同时，对他们的错误以及造成这些错误的方法论上的弱点，包括把资本主义经济体制绝对化的这一基本姿态，进行了彻底的批判。在这里尤其希望能够引起注意的是，在这一研究过程中，马克思成功地解决了亚当·斯密和大卫·李

《资本论》是怎样形成的
追溯马克思经济学的发展历程

嘉图等没有能够解决的几乎所有难题。其中包括当事人自己陷入矛盾之中却始终没有意识到的问题。

从这个意义上讲,马克思经济学的形成,虽然伴随着诸多的变革和飞跃,但是也可以把马克思看成是古典政治经济学正统且富有建设性的继承者。马克思把古典政治经济学当作"经济科学"的先行者,以区别于庸俗经济学,称其为"科学的经济学"①,从这里可以看出马克思意识到这一理论的可继承性并对其表示敬意。

马克思去世后,恩格斯接过了他留下的《资本论》第二卷、第三卷的手稿,开始对其进行整理和编纂。1885年3—6月,他一边阅读第三卷的手稿一边给各方面发去信件,并用如下令人印象深刻的语句表达了他在接触到《资本论》后受到的震撼。

"我钻研得越深,就越觉得《资本论》第三册伟大,……一个人有了这么巨大的发现,实行了这么完全和彻底的科学革命,竟会把它们在自己身边搁置二十年之久,这几乎是不可想象的。因为我现在整理的手稿,也许是在第一卷以前写的,也许是和第一卷同时写的;手稿的重要部分,已经包含在1860—1862年

---

① **"科学的经济学"** 马克思在《资本论》第一卷第一篇第一章"商品"中,把"古典政治经济学"定义为"从威·配第以来的一切这样的经济学",与"只是在表面的联系内兜圈子"的庸俗经济学对比,称其为"科学的经济学"。(全集第23卷第98页)

序 章
带来经济学变革的划时代发现

的旧稿①里了。"（全集第 36 卷第 285 页，致劳拉·拉法格②，巴黎，1885 年 3 月 8 日于伦敦）

"这个第三卷是我所读过的著作中最惊人的，极为遗憾的是作者未能在生前把这项工作做完，亲自出版并目睹此书必定会产生的影响。在这样清楚地叙述以

---

① **马克思的"旧稿"** 马克思遗留下来的与《资本论》有关的手稿中，除了《资本论》第二卷、第三卷手稿之外，还有在写作《资本论》准备阶段所写下的大量手稿。其主要内容是被称为《1857—1858 年手稿》以及《1861—1863 年手稿》的两份手稿。

马克思在 1857—1858 年执笔写作了题为"经济学著作《政治经济学批判》"的第一卷手稿。这部手稿便是《1857—1858 年手稿》。这一著作由（1）资本、（2）土地所有制、（3）雇佣劳动、（4）国家、（5）国际贸易、（6）世界市场等六卷构成。最初的第一卷"资本"，由（a）资本一般、（b）竞争、（c）信用、（d）股份资本等四章构成（据 1858 年 4 月 2 日马克思致恩格斯的信）。《1857—1858 年手稿》是作为"资本"卷最初一篇的"资本一般"的手稿而写作的。

马克思以此手稿为基础开始写作出版用的原稿。原稿开始部分的"商品"和"货币"两篇就足以成为一大册，于是在 1859 年 6 月，他首先把开头部分命名为《政治经济学批判。第一分册》出版了。

马克思从 1961 年 8 月开始执笔写作续稿。这也是作为《政治经济学批判。第一分册》的续篇，也就是说，是在"资本"卷最初部分的"资本一般"续稿的框架下所做的工作。马克思在 1863 年 6—8 月完成了这部手稿，即后来的《1861—1863 年手稿》的内容。

恩格斯在这封信里所说的"旧稿"，就是《1861—1863 年手稿》，他在写信时浮现在脑海中的一定是出现在这其中的"关于剩余价值的诸学说"。实际上，《资本论》第二卷、第三卷里展开的诸多命题中，其中有很多内容是马克思在执笔写作"诸学说"的过程中发现并作出阐述的。关于这个手稿的写作时期，恩格斯在给第二卷写的"序章"（1858 年 5 月）里，准确地做了记述："首先是 1861 年 8 月—1863 年 6 月写的《政治经济学批判》手稿，四开纸 1472 页，共 23 个笔记本。"（《资本论》第 2 卷序言）恩格斯在这封信里说"1860—1862 年的旧稿"，可能是个笔误。

② **劳拉·拉法格**（1845—1911）马克思的二女儿。同法国工人党的创始人之一保尔·拉法格结婚。

《资本论》是怎样形成的

追溯马克思经济学的发展历程

后,就不可能再有任何直接的异议了。最困难的问题这样容易地得到阐明和解决,简直像是做儿童游戏似的,并且整个体系具有一种新的简明的形式。"(全集第36卷第299页,致尼古拉·弗兰策维奇·丹尼尔逊①,1885年4月23日于伦敦)

恩格斯的这些话,表达了他对留存的《资本论》手稿在有体系地解决古典政治经济学面对的难题时所达到高度的惊叹和感动。

为什么会惊叹?在最初给劳拉的信中,恩格斯对"二十多年来一直保守着秘密"感到吃惊,使人印象深刻。

其实,《资本论》的最初手稿《1857—1858年手稿》形成之前,马克思已经把研究和执笔的过程非常详细地分享给了恩格斯。尤其是在1858年4月,马克思在书信中把经济学著作的整体构想以及构成开始部分的"商品"和"货币"章节的详细计划做了说明,接下来在5月份,他又在位于曼彻斯特的恩格斯的家中居住了将近二十天②,在那里写作了"资本"的有关章节。

但是,1859年6月《政治经济学批判。第一分册》公

---

① 尼古拉·弗兰策维奇·丹尼尔逊(1844—1918)俄国人民主义运动的理论家。将《资本论》全三卷翻译成俄语。

② **在恩格斯家中居住** 根据全集年谱记载,居住时间是1858年5月6日至24日。马克思后来,对这期间所做的工作做了说明:对"资本"一章"仔细加工"(全集第29卷369页,1859年1月14日致恩格斯的信。书信的日期根据《马克思恩格斯全集》国际版(MEGA)第三卷第九篇做了修订)。

序　章
带来经济学变革的划时代发现

开出版以后，也就是开始写作《1861—1863 年手稿》以后，马克思几乎不再向恩格斯报告自己工作的进展情况了。恩格斯解释说，那是因为让他知道了以后，他会催促马克思快些出版的。马克思常常会根据需要，向恩格斯提出各种各样的问题，但对于相关工作的进展情况，马克思却长时间地保持沉默。

马克思对恩格斯说，有关"我的工作""我愿意把全部真情告诉你"，这些话是在《1861—1863 年手稿》写完之后又过了两年，也就是《1863—1865 年手稿》① 即将完成的 1865 年 7 月 31 日的事情。② 但是，在这以后对 1867 年公开出版的《资本论》第一卷，马克思从校稿阶段就给恩格斯发送清样并热心征求意见，然而他对第二卷、第三卷的内容依然持续保持沉默。

马克思生前围绕着第二卷、第三卷的结构集中向恩格斯所做的说明，我认为就是 1868 年 4 月 30 日写的一封信，信中简单归纳了第二卷、第三卷手稿的"脉络"。在这封信

---

① 《1863—1865 年手稿》是马克思在写完《1861—1863 年手稿》之后，即将正式开始写作《资本论》手稿时，于 1863—1865 年期间所写的全部三卷手稿。三卷手稿中，第一卷手稿只留下了第六章"直接生产过程的结果"。第二卷手稿是在这一时期写作的这一卷最初的手稿（第一份手稿）。第三卷手稿，是后来恩格斯编纂《资本论》第三卷的主要手稿。

《马克思恩格斯全集》国际版（MEGA）在这部手稿的基础上，又加上了后来所写的第二卷、第三卷的部分手稿内容，把它整个编纂起来并命名为《1863—1867 年手稿》（全三册）。在本书里，我想把 1866 年 1 月马克思着手进行《资本论》第一卷的定稿工作以前所写的主要手稿总括起来，称为《1863—1865 年手稿》，并以此为研究对象。

② 参见全集第 31 卷上第 135 页。

里，关于内容方面只是对第三卷的最初三篇多少做了一些详细的解说，对剩余部分仅仅是按照每个项目写出了题目和顺序。①

引人关注的四个发现

就是这样一种情形，让恩格斯在马克思去世后读到其手稿时发出了惊叹："一个人有了这么巨大的发现，实行了这么完全和彻底的科学革命，竟会把它们在自己身边搁置二十年之久。"

不过，也是在这一期间，马克思为自己的重大发现所感动，他破例打破禁忌，迫不及待地向恩格斯报告其发现内容，共有两次。

一次是在成功破解了"绝对地租"②理论的时候。马克思就这一发现，在1862年6月18日给恩格斯写了信。这封信一如既往地在叙述了一段"我的贫困故事"之后，谈到了自己经济学研究的新进展，焦点是关于地租理论的"发现"。

"我现在正在加紧工作，奇怪的是，在种种困苦的

---

① 参见全集第32卷第70—76页。
② **绝对地租与级差地租** 马克思把由土地生产性的差所产生的低价叫作"级差地租"，包括生产性最低的土地在内，把从事农业的所有土地共同的地租叫作"绝对地租"。到李嘉图为止的经济学，作为地租，只承认级差地租，马克思第一个阐明了绝对地租的存在及其根据。区别这两类地租的名称，也是由马克思提出的。

序 章
带来经济学变革的划时代发现

包围之下，我的脑袋倒比前几年更好用了。……现在我终于顺便把地租这个烂摊子（但是在这一部分我一点也不打算涉及它）清理出来了。长久以来，我就怀疑李嘉图的学说是否完全正确，现在我终于揭穿了骗局。在我们没有见面的期间，我又发现了一些有意思的、极其新鲜的东西，准备加到这一卷里去。"（全集第30卷上第251页）

随后，在大约一个半月之后的8月2日，就所发现的地租理论的内容，马克思给恩格斯写了一封详细的信（同前第265—270页），接着又在8月9日追加了一封信（同前第273—275页），征求恩格斯的意见。

这三封信明确地说明了马克思有意把终于揭开了的地租理论的秘密，早日报告给恩格斯。

第二次是，马克思在1863年7月6日所写的关于发现经济表（再生产平衡表）的一封信。信中同时寄去一张马克思绘制的、呈现资本主义经济再生产总体过程的"经济表"，并对该表的内容做了详细说明。信中相关内容的开头是这样写的：

"附上一份'经济表'①，这是我用来代替魁奈的

---

① 本书研究对象是马克思的手稿，故对经过恩格斯补充或修订的地方加以标注。——编者注

《资本论》是怎样形成的
追溯马克思经济学的发展历程

表的,天气很热,但是如果有可能,你就仔细看一看,如有意见就告诉我。这个表包括全部再生产过程。"

(全集第 30 卷上第 358 页)

在 1862 年和 1863 年,马克思告诉恩格斯的这两个发现,为古典政治经济学解决了最大的难题,或者可以说,是开辟了再生产理论这一科学经济学的崭新领域。

我在上述内容的基础上还注意到,这两个发现不仅促成了经济学研究科学方法论的确立,更是一个推进马克思经济学著作(指《资本论》)最终构成的重要契机。

直到《资本论》诞生,马克思对经济学研究的历史实际上是一个变革接着一个变革的过程。这其中不乏具有重大意义的发现,这些发现不仅是对以前的经济学各种学说、各种理论的变革,也是对马克思自身研究所取得的阶段性成果的变革。从这个意义上讲,在《资本论》形成过程中具有决定性意义的发现,除了马克思自己向恩格斯报告的两个发现之外,还包括 1865 年写作的第二卷第一份手稿中的危机运动论①的发现,以及在《1861—1863 年手稿》最后部分关于"特殊的资本主义生产方式"规定的产生及其后一直到

---

① **危机运动论** 作为马克思"危机论"的主要支柱,通常人们主要关注危机的可能性问题和危机的根源问题。我本人更想围绕危机为什么会周期性地袭击资本主义经济展开,希望通过揭示它的规律也就是进行"运动论"的考察,把它作为危机论的一个大支柱。在《马克思与〈资本论〉——再生产理论与危机》一书中提出这个问题以来,学者们一直把它称为"危机运动论"。本书将在涉及这个问题的章节(第五章)里加以说明。

序　章
带来经济学变革的划时代发现

《资本论》第一卷定稿的理论发展。

接下来，我将在追溯这四个发现的产生及意义的同时，探究它们在马克思的经济研究以及在《资本论》的构思形成过程中具有怎样的意义。

第一部分　报告经济学上的发现
——马克思致恩格斯的信

第一章
一般利润率与绝对地租的发现（1862年）

读"关于剩余价值的诸学说"

近几年，我在日本共产党本部和一些有心人一直在坚持轮读《〈资本论〉手稿集》。读完了《1857—1858年手稿》就开始阅读《1861—1863年手稿》，读到"关于剩余价值诸学说"中批判洛贝尔图斯、李嘉图地租学说的章节时，我便想起了在前面介绍过的致劳拉的信中，恩格斯评价马克思所说的话："将完全和彻底的科学革命放在头脑里的男人"。当时恩格斯是结合《1861—1863年手稿》的内容谈论第三卷手稿的，因此我便大胆地推断，恩格斯的话题应该是围绕着这些内容所展开的。马克思所取得的成就是经济科学上一个巨大的变革。

马克思关于地租理论划时代的发现就写在《1861—

《资本论》是怎样形成的

追溯马克思经济学的发展历程

1863年手稿》中批判洛贝尔图斯地租理论的这一部分中。我认为,马克思研究地租理论最初是打算从批判李嘉图开始。但是,从斐迪南·拉萨尔那里借来的洛贝尔图斯关于地租理论的著述,却一直被催还。因此,马克思改变了计划,急忙决定从批判洛贝尔图斯这一部分写起。①

因此,手稿的这一部分,其构成很独特。最初是对洛贝尔图斯地租学说错误的基本点进行批判,然后,话题很快就转入介绍马克思独自的地租理论,这是与李嘉图(对此还没有深入研究)和洛贝尔图斯的地租学说相对立的。②这里关于地租理论的阐述与在本书后面的第三章里将要介绍的再生产理论的阐述不同,完全看不出探究或摸索的口气,理论的展现是按照设计好的路线准确铺开的,非常具有系统性。

马克思在此之前的手稿里,没有对地租理论做过集中考察。③但可以推断出,在马克思的脑海里,这个理论是经反复推敲后凝练出来的。

---

① 参见全集第26卷中第3—119页。
② 参见全集第26卷中第3—8页。
③ **1851年地租理论的发现** 这里令人联想到十年前在伦敦开始从事经济学研究最初的那个时期,马克思向恩格斯报告说,有了批判李嘉图地租学说的新发现(全集第27卷第175—180页)。恩格斯给马克思的新理论送上了赞美之词:"你有进一步的理由获得地租问题经济学家的称号。"(全集第27卷第189页)这是关于马克思在伦敦的经济学研究成果,恩格斯所写的最早的报告。这时的马克思对李嘉图的批判是局部的,针对的是李嘉图把土地收益的递减作为地价成立的前提的问题。

第一章

一般利润率与绝对地租的发现（1862 年）

正如前文所述，马克思在 1862 年 6 月 18 日写给恩格斯的信中提道："现在我终于顺便把地租这个烂摊子清理出来了。"[①] 一个半月之后，在 8 月 2 日以及 9 日的信件中，马克思又对其所发现地租理论的内容做了详细的报告。"理论史"所写的这一部分笔记，没有留下执笔的时间，但我推断，这些内容应该是写于这一年的 6—8 月。

在进入马克思地租理论的内容之前，首先介绍一下李嘉图地租学说的主要特征和矛盾点。

第一点，李嘉图仅仅是局限在劣等地与优良地之间农业生产产量的差异上，寻求地租成立的根据（马克思把从这里所产生的地价规定为"级差地租"），李嘉图无法说明参与农业生产所有土地共同的地价（马克思把其规定为"绝对地租"），甚至否定它的存在。

第二，李嘉图以"级差地租"成立为根据，提出了农业耕作从最优等地开始，依次向劣等土地展开的"土地收益递减"规律，并固执地坚持这一法则。这在理论上是不能成立的，也不符合农业的历史实际（马克思在 1851 的信中，是从这一点对李嘉图展开批判的）。

《1861—1863 年手稿》中陈述的新地租理论，彻底解决了李嘉图地租学说的这些矛盾点，严格基于价值法则，全面地阐释了资本主义的地租的形成。

---

① 参见全集第 30 卷上第 251 页。

《资本论》是怎样形成的
追溯马克思经济学的发展历程

关于一般利润率的前期考察

一般利润率，此前是以一种什么样的理论架构形成的呢？下面按顺序做一个说明。

首先，重要的是要明确在工业方面一般利润率的形成。马克思在此前的手稿里有几次触及这个问题。

最初是在《1857—1858年手稿》中讨论"一般利润率下降"问题。但是，当时马克思所采用的是一种非常性急的方法，他从"以资本价值测算出的剩余价值就是利润"这样一个定义出发，越过了一般利润率的形成，直接把"利润率下降"作为问题。① 在这个手稿的许多地方，虽然已经多次涉及一般利润率的问题，但是因为该章节主要是以利润和利润率为主题，所以避开了一般利润率的问题。当时着手研究的对象是"资本一般"，马克思意识到，一般利润率是一个超出了"资本一般"② 的问题，但他有意没有进一步展开讨论。

写作《1861—1863年手稿》时，在讨论利润率的章节

---

① 参见全集46卷下第263—278页。
② **"资本一般"** 所谓"资本一般"正如本书序章第3页脚注（"马克思的'旧稿'"）中所介绍的那样，马克思的那篇著作的第一卷由四篇构成，"资本一般"是第一篇的标题。从内容上看，它所表述的是马克思在这一时期所确立的资本主义经济分析的基本方法论。马克思首先在"资本一般"一篇里，探讨了共同存在于所有资本里的一般性法则，阐明了与许多资本有关的"竞争""信用""股份资本"等一般性概念、法则，并将其确定为下一阶段要研究的内容。

第一章
一般利润率与绝对地租的发现（1862年）

（第三篇"资本和利润"）里，马克思对这个问题做了进一步论述。

——不同生产部门各种资本的利润率，通过竞争被平均化，形成了平均利润率（一般性利润率）；

——在这里所发生的是，剩余价值从高利润率部门向低利润率部门的转移，资本整体的总利润率与资本家这一阶级整体生产的总剩余价值是一致的；

——在平均利润率形成的同时，商品的市场价格而不是价值，也就被生产费用＋平均利润所规定；

——随着资本主义生产发展被降低的是这个一般利润率。

同时，马克思反复指出，对这一过程做更详细研究的不是在"资本一般"这一篇，而是属于"竞争"这一篇的内容（这一章的"六、生产费用"）。

马克思在《1861—1863年手稿》的地租理论中，打破了此前的制约，即在"资本一般"框架内做阐释的制约，把研究向前推进了一步。马克思给恩格斯写信说："终于把地租这个烂摊子清理出来了。"这是在1862年6月18日，即写完第三篇"资本和利润"之后还不到半年的时候，速度之快令人吃惊。我认为需要注意的一点是，毫无疑问，要解决地租理论，这样的深入研究是必需的，同时，马克

《资本论》是怎样形成的
追溯马克思经济学的发展历程

思在《1861—1863年手稿》的写作过程中，改变了研究方向，开始以"关于剩余价值诸学说"为研究对象，筑起了一个不被"资本一般"框架所束缚的研究平台，这也使这一研究成为可能。①

马克思对地租理论的变革

马克思在此方面所做的研究如下。

一、工业方面，平均利润率形成的时候，在个别利润率比总资本的平均利润率高的部门（资本的构成②较低的部门），由于均等化作用利润率被降低，商品的价格也就比其内在的价值要低。另一方面，在个别利润率比平均利润率低的部门，同样由于均等化作用，利润率被提高，商品

---

① **"诸学说"研究的设定** 1861年8月，马克思按照事前准备好的"资本的生产过程"的写作计划往下写作："1.向货币资本的转化""2.绝对剩余价值""3.相对剩余价值"，接着是"α 协作""β 分工""γ 机械"。1861年12月，他中断了"γ 机械"的写作。然后，在对有关机械问题进行综合研究的同时，在写作上，首先转向了第三篇"资本和利润"，后来，又在计划外新制定了"关于剩余价值的诸学说"这样一个框架，开始着手对古典政治经济学发展史做全面研究。马克思为什么在这一时期设定了这样一个研究对象呢？这是在探究《资本论》的形成过程中，有必要搞清楚的一个大问题。研究对象的转变，使各种各样的问题不再受此前框架的制约，从更广泛的角度对其进行研究从而成为可能。毫无疑问，这为马克思的研究开辟了许多的新的突破口。

② **资本的构成** 投进劳动力的"可变资本"与投进原料和机械等的"不变资本"的比例。一般情况下，生产力越发展，不变资本的比例就会变得越大。这被称为资本构成的高度化。

第一章

一般利润率与绝对地租的发现（1862年）

的价格也就比其内在的价值要高。① 工业各部门不存在妨碍这一均等化的条件。

二、农业方面，资本的构成比工业明显偏低（李嘉图在其地租学说中，完全无视这一事实）。因此，农业的个别利润率明显比工业的平均利润率还要高。如果不存在妨碍均等化发挥作用的障碍，即使其个别利润率不断增高，它也不会下降到与工业部门均等的水平，生产物的价格也不会下降，也不会从所有土地的平均利润率中产生出特别的地价。这时，问题的症结只在于，李嘉图所主张的从劣等地与优良地的不同产出中所产生的级差地租了。

三、但是，在农业方面，存在着妨碍利润率均等化的因素，换句话说，存在着妨碍剩余价值从农业流出的根本障碍。这就是土地的"私人所有"。

"一定的人们对土地、矿山和水域等的私有权，使他们能够攫取、拦截和扣留在这个特殊生产领域②即这个特殊投资领域的商品中包含的剩余价值超过利润

---

① **表达商品市场价格的用语** 由于利润率的均等化，在市场上形成了与商品的内在价值不同的价格。关于这一价格的名称，马克思在第三篇"资本和利润"中使用"标准价格"一词来表述，而在"诸学说"中论及这一问题时，则酌情使用了"平均价格""费用价格""生产价格"。在《资本论》中，这些用语被统一为"生产价格"，给予了它与"费用价格"一词完全不同的含义（生产费用）。在《1861—1863年手稿》中，理顺这些用语的工作，是在"商业资本。货币资本"（全集第48卷第349页以后）的章节里进行的，从洛贝尔图斯论、李嘉图论到"各种收入及其源泉"（参见《资本论》第三卷第七篇）等章节里，一直存在着这样一些用语上的混乱。阅读这些问题，需要注意以上各点。

② 农业等。

《资本论》是怎样形成的
追溯马克思经济学的发展历程

（平均利润，由一般利润率决定的利润）的余额，并且阻止这个余额进入形成一般利润率的总过程。"（全集第26卷中第30页）

四、就这样，在农业上，超出平均利润的剩余价值的额外部分不会外流，而被其土地的私有者所得。这就是绝对地租。

五、围绕李嘉图的"土地收益递减"这一独断的命题，马克思也在"对所谓李嘉图地租规律的发现史的评论"① 以及"李嘉图的地租理论"② 等章节里，从历史事实和理论这两个方面，对李嘉图的错误做了彻底的剖析。③

以上，是马克思所阐明的科学地租理论的梗概。马克思在后续章节里，一边对李嘉图、亚当·斯密、洛贝尔图斯、安德森等古典政治经济学家的地租理论进行全面、详尽的批判，一边对自己所发现的地租理论，从不同角度做进一步推敲和探讨，深化其内容。

---

① 参见全集第26卷中第120—176页。
② 参见全集第26卷中第262—278页。
③ **列宁的"两条道路"理论的源泉**　马克思在"李嘉图的地租理论"的开头，论述了欧洲土地问题的各种历史条件，指出了农业、资本主义的发展，德国与英国所走的是完全不同的道路。列宁读了由考茨基编写的《剩余价值学说史》（最先公开发表的《1861—1863年手稿》中"关于剩余价值的各种学说"部分），对这一部分内容给予了极大的关注，从此展开了农业领域资本主义发展的"两条道路"的理论——普鲁士模式和美国模式，使其发展成了指导俄国农业革命的理论（详细内容请参照不破著《列宁与〈资本论〉》，新日本出版社，第二卷"一九○五年前后"中的第十一章"农业革命与《剩余价值学说史》"）。

第一章

一般利润率与绝对地租的发现（1862 年）

马克思通过这一发现，推动了经济学围绕地租理论的根本性变革。首次将绝对地租的形成及其依据，作为资本主义经济规律框架内的现象，以及剩余价值分配的一个形态来把握。

在此马克思没有针对级差地租进行特别研究，但是在后来的研究中则对级差地租做了全面的探究，连同"绝对地租论"，都在第三卷手稿中完成。绝对地租和级差地租都是剩余价值的一部分，但是与绝对地租产生于农业生产内部的剩余价值中的一部分不同，级差地租是从社会整体的剩余价值中产生的，社会对农产品所支付的"超额利润"①，这是马克思所得出的结论。

科学经济学的试金石

让我们回顾一下当时的历史背景，看看马克思的这一发现，在经济科学的领域里具有什么样的意义。

在早于资本主义的封建生产方式的时代，农业是支撑社会的最主要产业。在这一时期占据着统治地位的是封建式的、领主式的土地所有制。随着资本主义生产的发展，资本主义的各种关系也渗透到了农业领域，最终，农业开

---

① 马克思已经在《1861—1863 年手稿》的"诸学说"中做出了结论性的阐述："这种级差地租完全相当于超额利润"（全集第 26 卷中第 267 页），"在农业中，这种超额利润由于有土地的不同肥沃程度为自然基础而作为级差地租固定下来"（全集第 26 卷中第 349 页）。在《资本论》第三卷手稿里，问题得到了详尽的阐述。

《资本论》是怎样形成的
追溯马克思经济学的发展历程

始从属于资本主义的生产方式。在这一过程中，欧洲各国呈现出相当复杂的多样性。在英国，封建式的土地所有制彻底解体，在其废墟上，经过十五世纪到十八世纪的农业革命，形成了一个由大的土地所有者和租借土地的农场经营者，以及农业劳动者之间构成的新的资本主义式的经济关系。在法国，十八世纪末的法国革命横扫了封建制度下的土地所有制，但是并没有立刻导致资本主义的农业经营的形成，土地分割后的小农经营，在农业上发挥了很大的作用。在德国则呈现出两种局面，一方面西部地区土地分割后的小农经营得到发展，另一方面在东部地区，容克贵族式的封建农场经营仍保持着统治地位。在这样的经济关系之下，虽已进入十九世纪，但是在欧洲各国，以土地所有为依托的地主阶级，在各国的统治势力中，依然占据着极其重要的地位。

在十九世纪的经济学领域，土地所有问题，尤其是作为其核心的地租理论之所以成为一个重要主题，其背景在于上述经济社会情况的客观存在。①

---

① **当时的时代背景** 马克思在《资本论》第二版的"后记"中指出，1820—1830年期间，"英国是以经济学领域的科学的活跃为特征的"，对其社会背景做了如下描述。

"一方面，大工业本身刚刚脱离幼年时期；大工业只是从1825年的危机才开始它的现代生活的周期循环，就证明了这一点。另一方面，资本和劳动之间的阶级斗争被推到后面：在政治方面是由于纠合在神圣同盟周围的政府和封建主同资产阶级所领导的人民大众之间发生了纠纷；在经济方面是由于工业资本和贵族土地所有权之间发生了纷争。这种纷争在法国是隐藏在小块土地所有制和大土地所有制的对立后面，在英国则在谷物法颁布后公开爆发出来。这个时期的英国政治经济学文献，使人想起魁奈医生逝世后法国经济学的狂飙时期，但这只是像晚秋晴日使人想起春天一样。1830年，最终决定一切的危机发生了。"（全集第23卷第16—17页）

第一章

一般利润率与绝对地租的发现（1862年）

从亚当·斯密到李嘉图，古典经济学成功地确立了价值与剩余价值概念，廓清了关于资本主义经济的基础性问题。资本主义的生产方式在英国的农业领域已处于统治地位，土地所有也完成了从封建性质到资本主义性质的变革。但是，这里所发生的地租，依据价值和剩余价值理论能够得以说明吗？换句话说，地租的存在与剩余价值理论可以并存吗？这是一个摆在科学的经济学面前的难题。换而言之，这里有一块试金石，它可以验证科学的经济学是不是真的可以全面解决资本主义经济的各种问题。

李嘉图对这个问题做了最深入的研究，在一定程度上成功地建构起了一个平台，但是没有能够全面解决问题。正如所看到的那样，"绝对地租"问题完全不在他的视野里，关于"级差地租"问题，他也陷入了将其与"收益递减"法则联系在一起的错误思路，与科学地解决问题相距甚远。

马克思对地租理论的全面深化，清晰、彻底、全面地阐明了古典政治经济学派虽经多方努力却未能解决的难题。证明了在资本主义生产方式占主导地位的阶段，农业和土地的所有权领域同样被价值和剩余价值的法则所支配。马克思很高兴这一问题得以解决，并不由得打破了自己定下的规矩，把事情的经过报告给了恩格斯。恩格斯读着他留下的手稿再一次被其感动，就是最好的证明。

《资本论》是怎样形成的
追溯马克思经济学的发展历程

地租理论编入"资本一般"的波折

马克思将地租作为资本主义经济法则框架内的现象来把握,对其法则性的探究对马克思后来的理论发展具有特别重要的意义。

在此之前,马克思在其六卷本构成的经济学著作计划中,并未将土地所有列入"资本"卷里,而是计划将"土地所有"独立成卷的。当然,作为其主要题目之一,是要从理论上阐明地租问题。但鉴于这一问题随着资本主义经济的内部法则,以及一般利润率理论的适用迎刃而解,由此对此前曾构想过的将"土地所有"独立成卷的计划产生了很大的影响。

正如在本书的序章中所介绍的那样,马克思发现了地租理论,在报告给恩格斯的第一封信(1862年6月18日)中写道:"在这一部分我一点也不打算涉及它。"① 可以这样理解这封信,此前的六卷结构保持不变,把地租理论作为"土地所有"卷的主题。

但是,马克思很快改变了这个主意,开始考虑把地租理论编入当下正在写作的"资本"卷的开头章节"资本一般"里。8月2日,马克思就地租理论的内容详细报告给恩格斯的信中,在谈内容之前,关于如何处理地租理论的变

---

① 参见全集第30卷上第251页。

第一章

一般利润率与绝对地租的发现（1862年）

化做了如下叙述。

"我还能这样推进我的理论工作，简直是奇迹。我还是打算把地租理论放在这一卷作为增补，即作为对前面提出的原理的'说明'。我想把这个详细叙述起来非常浩繁的问题用几句话告诉你，希望你能**把你的意见告诉我**。"（1862年8月2日，全集第30卷上第265页）

马克思在《1861—1863年手稿》1862年12月至1863年1月前后所写的笔记里，写下了第三篇（现在的第三卷）的章节计划，如下所述，在这个章节计划里，地租理论的整体架构，作为其中一部分几乎被完整地编入一般利润率和生产价格理论中。

"第三篇——《资本和利润》——分为：（1）剩余价值转化为利润。不同于剩余价值率的利润率。（2）利润转化为平均利润。一般利润率的形成。价值转化为生产价格。（3）亚当·斯密和李嘉图关于利润和生产价格的理论。（4）地租（价值和生产价格的区别的例解）。（5）所谓李嘉图地租规律的历史。（6）利润率下降的规律……"（全集第26卷上第447页）

在这个时间点上，马克思当下正在写作的经济学著作的构思，一直在维持着"资本一般"这一大的框架。

《资本论》是怎样形成的

追溯马克思经济学的发展历程

第三篇和正在撰写的第一篇都是在"资本一般"框架下进行的。①

1862年夏天,地租理论的发现极大地影响了马克思关于经济学著作的写作计划。

要在维持"资本一般"框架的著作里编入地租理论,无论如何都不得不对著作的构思做一些大的改动。

第一,地租理论原本应该是在"资本"的下一卷"土地所有"卷中的一个主题。将其加以变更,编入"资本"卷的开头篇章"资本一般"的框架里,虽然加上了"价值与生产价格差异的例证"这样的解释,但还是会产生问题——"土地所有"独立成卷的意义何在?

第二,阐明绝对地租论的前提是关于"一般利润率"和"生产价格"的理论。所谓"一般利润率",是一个不同于利润率并与许多资本竞争相关的问题。比照马克思此前的阐述,它不应该是在研究"资本一般"的篇章里去考察

---

① **致库格曼的信** 马克思在这两个计划同一时期写给库格曼的信(1862年12月28日)中,就当下准备撰写的著作性质作了说明:"其实,它只包括本来应构成第一篇第三章的内容,即'资本一般'。这样,这里没有包括资本的竞争和信用。"(全集第30卷中第636页)

在这里被称作"第一篇"的是由"资本"卷四篇构成的,而"a. 资本一般"又由三个章节构成:(一)商品;(二)货币及货币流通;(三)资本一般(或者资本)。收录在1859年出版的《政治经济学批判。第一分册》里的,只是第一章和第二章,这次出版的书里收录了第三章"资本一般"、"竞争"和"信用"作为后续篇章的主题。这就是在1862年12月末时,马克思对库格曼所做的说明。

库格曼(1828—1902)是一位德国医生,1862年以后一直与马克思亲密交往,为《资本论》的写作和出版给予了各种协助。

第一章

一般利润率与绝对地租的发现（1862年）

的对象，而应该是在"竞争"篇章里讨论的主题。① 由于将其纳入"资本一般"的框架里来处理，这一变动自然引发了"资本论"各个篇章结构重新调整的问题。

---

① **在《1857—1858年手稿》中的明确表述** 马克思在《1857—1858年手稿》中说："在竞争中，基本规律的展开是与关于价值和剩余价值所提出的规律不同的。"作为其具体内容举出了"需要、供给、价格（生产费用）"等进一步的形式规定，"价格作为市场价格，或一般价格"，在明确了一般利润率的形成问题属于"竞争"的世界的基础上，叙述道："总之在这里，一切规定同它们在资本一般中的情形相比，都显得是颠倒过来了。"（全集第46卷下第166—167页）强调了"资本一般"篇章的考察对象与"竞争"篇章里的考察对象在原理上的不同。

第二章
"起源论方法"的确立

地租理论的研究和经济学方法论

据我推测，展开地租理论的这个过程，既是对李嘉图和亚当·斯密经济学方法论上的错误真正进行剖析的重要契机，也是马克思自主确立独立方法论的一个决定性转机。这也是我所关注的另外一个重要进展。

剩余价值这一科学的概念转化为利润这一资产阶级的观念——这一件事，在经济学上具有非常重要的意义，这是马克思很早就很重视的事。这件事所具有的决定性意义在于马克思从《1857—1858年手稿》到《1861—1863年手稿》的创作期间，对这些问题进行了逐步深入的研究。

以剩余价值的利润转换为轴心，价值法则直接支配经济现象的内在实体世界，与从资本角度所看到的以利润概念为轴心，由"资本—利息、土地所有—地租、劳

第二章
"起源论方法"的确立

动—工资"所谓"三位一体"所支配的外在现象世界不同，其展现出来的是两个不同性质的世界。我认为，这一认识是马克思通过这个时期的地租理论的研究自觉把握到的。

实际上，虽然在《1857—1858年手稿》中有过所谓利润是基于"资本之相"考察的剩余价值这样的表述(《〈资本论〉手稿集》第2卷第553页)，但是并没有对此进行更多的深入探究。在《1861—1863年手稿》的第三篇"资本和利润"里，阐明了在资本家的意识中，剩余价值就是利润的一种转化形态这一认识的必然性，利润的形态"是自由竞争（诸资本相互之间的竞争，即资本的诸法则只有在自由竞争中才能得以实现的诸资本的现实的运动）中的所谓三角形结构"(《〈资本论〉手稿集》第8卷第94页)，这样深刻的警句随处可见。但是，各个资本领域本身并没有成为其研究的对象，从方法论上对实体世界与现象世界的两个方面的阐明还没有展现出来。

我认为，马克思在对地租理论的研究中，从正面向被一般利润率和生产价格、绝对地租等资产阶级的利润观念所支配的现象世界发起挑战，并开始重视从经济科学的视角出发，确立探究客观世界规律性的方法论。

这一切，鲜明地表现在对亚当·斯密和李嘉图理论所展开的方法论上的批判过程中。

《资本论》是怎样形成的
追溯马克思经济学的发展历程

马克思对亚当·斯密两面性的评价

马克思在"诸学说"中,先于洛贝尔图斯和李嘉图,对亚当·斯密经济理论进行了综合性的批判。在这里,马克思详尽地指出了亚当·斯密在科学观点和错误的庸俗观点之间不断动摇:(1)在价值规定的问题上,有时候会提出正确的命题,商品的价值是由其生产所必需的劳动量来规定的,但是在另外场合又把在生产时所支付的工资额度作为衡量价值的标准;(2)关于剩余价值的问题也同样,有时候会准确地做出说明,而接下来又会随意把它与利润混同起来;(3)更有甚者,认为生产工资、利润、地租得来的商品价值分别存在于各个部分的正确见解,会被轻易地转换成认为商品价值是由各自独立存在的工资、利润、地租混合而成的错误见解;等等。

马克思在这个阶段,区分出亚当·斯密理论中的正确命题和错误命题,对其中的"不确切性""不同性质的各种规定的混淆""错综复杂的叙述""各种矛盾""偏离主题"等做了评论。但是,在这里还没有对亚当·斯密经济学为什么会具有两面性、动摇性这一本质问题进行深入的探究。

但是,在完成了对地租理论的阐释之后,马克思再度审视亚当·斯密,对他的两面性、动摇性做出了完全不一样的评价。至此,在经济学方法论的问题上,马克思获得

第二章
"起源论方法"的确立

的引领性地位得到了充分的展示。虽然文字较多,但是相对论述对我们认识马克思十分重要。详细引述如下:

"斯密本人非常天真地活动于不断的矛盾之中。一方面,他探索各种经济范畴的内在联系,或者说,资产阶级经济制度的隐蔽结构。另一方面,他又按照联系在竞争现象中表面上所表现的那个样子,也就是按照它在非科学的观察者眼中,同样在那些被实际卷入资产阶级生产过程并同这一过程有实际利害关系的人们眼中所表现的那个样子,把联系提出来。这是两种理解方法,一种是深入研究资产阶级制度的内在联系,可以说是深入研究资产阶级制度的生理学,另一种则只是把生活过程中外部表现出来的东西,按照它表现出来的样子加以描写、分类、叙述并归入简单概括的概念规定之中。这两种理解方法在斯密的著作中不仅安然并存,而且相互交错,不断自相矛盾。"(全集第26卷中第181—182页)

首先在这里,马克思对斯密的矛盾和动摇这一两面性做了深刻的剖析。更令人吃惊的是,马克思做出了这样的评价:斯密所表现出的两面,对当时经济学所处的发展阶段来说是"正当"的。

"在斯密那里,这样做是有理由的(个别的专门的研究,如关于货币的研究除外),因为他的任务实际上是双重的。一方面,他试图深入研究资产阶级社会的内部生理学;另一方面,他试图既要部分地第一次描写这个社会外部表现出来的生活形式,描述它外部表现出来的联系,又要部分地为这些现象寻找术语和相应的理性概念,也就是说,部分地第一次在语言和思维过程中把它们再现出来。前一任务同后一任务一样使他感兴趣,因为两个任务是各自独立进行的,所以这里就出现了完全矛盾的表述方法:一种方法或多或少正确地表达了内在联系,另一种方法同样合理地,并且缺乏任何内在关系地——和前一种理解方法没有任何联系地——表达了外部表现出来的联系。"(全集第26卷中第182页)

我认为,对斯密的两面性进行评价的这一过程,如实地展现出了马克思自身所达到的一个高度,即他在深入把握资本主义经济实体世界内部相关性的基础上,掌握了捕捉处于相反情形的客观世界的规律性的方法。

李嘉图经济学方法论的弱点是什么

在继斯密论之后的李嘉图论中,也包含着极其深刻的内容。

李嘉图追求价值法则等经济现象的内在联系,并在保

第二章
"起源论方法"的确立

持其理论的一贯性方面，比斯密要执着得多。但是，如何运用这一理论去探究资本主义经济现象，其方法论是完全欠缺的。因此，当他面对内在理论与资本支配的世界的各种现象产生矛盾时，难免陷入困惑或是无视矛盾的存在。结果，暴露出了其理论自身的苍白无力。

马克思对李嘉图经济学的这一弱点，在先前斯密论的内容前后，坦率地做了如下评述。

"李嘉图的方法是这样的：李嘉图从商品的价值量取决于劳动时间这个规定出发，然后研究其他经济关系（其他经济范畴）是否同这个价值规定相矛盾，或者说，它们在多大的程度上改变着这个价值规定。人们一眼就可以看出这种方法的历史合理性，以及它在政治经济学史上的科学必然性，同时也可以看出它在科学上的不完备性，这种不完备性不仅表现在叙述方式上（形式方面），而且会导致错误的结论，因为这种方法跳过必要的中介环节，企图直接证明各种经济范畴相互一致。"（全集第26卷中第181页）

请注意，在这里马克思指出了李嘉图方法论的最大弱点，其特征是"跳过必要的中介环节"。结合当前的主题具体而言，围绕着适用于平均利润率的市场上的商品价格，剩余价值向利润的转化、具有不同利润率的部门之间利润率的均等化、生产价格的生成等"中介环节"，都被跳过了，试图直接证明与价格法则的整合性。这样的做法，不可能得出李嘉图所希望得到的答案。结果是，李嘉图的工作，完全无视平均利润率的生成机制，他在心里把利润和剩余价值混同起来，把生产价格和价值混同起来，依此，否定了价值法则与利润支配的现实世界各种现象之间所存在着的各种矛盾。

马克思在这以后，继续研究了李嘉图的利润论和生产价格论，在其文章中提出了各种疑问：他（李嘉图）没有能得出这样的结论"越来越不可思议"；为什么"没有意识到"这一点；为什么"完全忘记了"这件事；等等。

也许可以这样来看，李嘉图在地租论上所犯的错误，与他不具备追究现象世界的方法，有着深刻的关联。

马克思关于方法论的各种定式

之前所看到的马克思的论述，以批判斯密和批判李嘉图的形式，阐明了自己经济学研究的方法论。在这里，再介绍几篇马克思后来在各种场合发表的关于陈述其自身方法论的文章。

第一篇文章是在《1861—1863 年手稿》的稍前时期，以《各种收入及其源泉》为题撰写的论文（这个标题是编者加的，写作于 1862 年 10 月）。引人注目的是，马克思自身方法论的特征，在指出其"中介环节"的必要性的同时，还设定了如何阐释"起源论"及如何运用"起源论"的标尺。

第二章
"起源论方法"的确立

"古典政治经济学力求通过分析,把各种固定的和彼此异化的财富形式还原为它们的内在的统一性,并从它们身上剥去那种使它们漠不相关地相互并存的形式;它想了解与表现形式的多样性不同的内在联系。……在进行这种分析的时候,古典政治经济学有时也陷入矛盾;它往往不揭示中介环节就试图直接进行这种还原和证明不同形式的源泉的同一性。但这是它的分析方法的必然结果,批判和理解必须从这一方法开始。它感兴趣的不是从起源来说明各种不同的形式,而是通过分析来把它们还原为它们的统一性,因为它是从把它们作为已知的前提出发的。但是,分析是说明起源并理解实际形成过程的不同阶段的必要前提。"(全集第26卷下第555—556页)

马克思称之为"起源论"的方法,不是把资本主义经济的各种关系整体放在同一个平面上进行并列的分析,而是首先阐明更基础性的各种关系,追寻"中介环节",逼近更深刻的现实。只有采取这个方法对资本主义社会进行分析,才能最终综合地把握社会的复杂现实。无论面对经济现象多么新、多么高的发展状况,都可以从内部阐明支配其现象的运动规律,这里是马克思所掌握的"起源论"之方法真正的价值所在。

第二篇文章是来自《资本论》第一卷的一篇文章。它一边强调批判古典政治经济学在平均利润率研究方面的失

《资本论》是怎样形成的
追溯马克思经济学的发展历程

败,一边强调必要的"中介环节"向前推进的方法,即起源论的方法的重要性。

"要解决这个表面上的矛盾,还需要许多中项,就像从初等代数的角度来看,要了解0/0可以代表一个真实的量需要很多中项一样。尽管古典经济学从来没有表述过这一规律,但是它却本能地坚持这一规律,因为这个规律是一般价值规律的必然结果。古典经济学企图用强制的抽象法把这个规律从现象的矛盾中拯救出来。以后我们会看到,李嘉图学派是怎样被这块拦路石绊倒的。"(全集第23卷第340—341页)

第三篇文章是《资本论》第一卷第二版的后记,马克思所写的关于自己研究方法文章中的一节。虽然没有使用"中介环节",也没有使用"起源论"的说法,但所表明的意义是共通的。

"当然,在形式上,叙述方法必须与研究方法不同。研究必须充分地占有材料,分析它的各种发展形式,探寻这些形式的内在联系。只有这些工作完成以后,现实的运动才能适当地叙述出来。这点一旦做到,材料的生命一旦观念地反映出来,呈现在我们面前的就好像是一个先验的结构了。"(全集第23卷第23页)

第二章
"起源论方法"的确立

实际上,马克思在探究资本主义经济各种形态的"内在纽带"时,虽没有特别说到方法论,却始终在熟练运用着"起源论"的方法。

比如,下面这段论述危机的可能性与现实性关系的内容,就是其中的代表。

"这种内在的矛盾在商品形态变化的对立中取得了发展的运动形式。因此,这些形式包含着危机的可能性,但仅仅是可能性。这种可能性要发展为现实,必须有整整一系列的关系,从简单商品流通的观点来看,这些关系还根本不存在。"(全集第23卷第133页)

与《资本论》三卷构成意义相关的问题

在这一节的最后要补充一点,在经济学方法论问题上马克思进入了一个新境界,并与他正在写作中的经济学著作的结构产生了深刻的关联。

"资本一般"的构成,在写作《1857—1858年手稿》时,被定为由"资本的生产过程""资本的流通过程""资本和利润"三部分构成,这一结构也为《1861—1863年手稿》所继承。这是在"资本一般"这样一个所谓同一平面上的三部结构。

与此不同,现行的《资本论》,在形式上虽由三卷构

《资本论》是怎样形成的
追溯马克思经济学的发展历程

成,但在内容上却有了很大的变化。第一卷、第二卷以价值法则的直接支配为前提,从生产过程和流通过程两个方面,研究资本主义生产的现象世界,而在第三卷里则以剩余价值向利润的转化为起点,揭示由利润这一资本家观念所支配的现象世界,第三卷的标题也调整为"资本主义生产的总过程"①。

关于这个问题,马克思在第三卷的开头这样写道:

"在第一卷中,我们研究的是资本主义生产过程本身作为直接生产过程考察时呈现的各种现象",直接的生产过程"在现实世界里,它还要由流通过程来补充,而流通过程则是第二卷研究的对象"。(全集第25卷上第29页)

至于第三卷的内容,"这一卷要揭示和说明资本运动过程作为整体考察时所产生的各种具体形式。资本在自己的现实运动中就是以这些具体形式互相对立的,对这些具体形式来说,资本在直接生产过程中采取的形态和在流通过程中采取的形态,只是表现为特殊的要素。因此,我们在本卷中将要阐明的资本的各种形式,同资本在社会表面上,在各种资本的互相作用中,在竞争中,以及在生产当事人自己的通常意识中所表

---

① **第三卷的标题** "资本主义生产的总过程"是恩格斯整理书稿时所加的标题,马克思自己在手稿上所加的标题是"第三卷 总过程的各种形式"。

第二章
"起源论方法"的确立

现出来的形式,一步一步地接近了"(全集第 25 卷上第 29—30 页)。

对照上述论述可以看出,马克思关于《资本论》三卷构成及其意义的说明具有非常深刻的意义。

第三章

完成马克思独自的"经济表"(1863年)——在新领域、再生产理论上开拓道路

下一个发现是,马克思在1863年7月26日的信中向恩格斯汇报关于"经济表"的问题。这封信在序章里介绍过,让我们再来读一遍。

"附上一份'经济表',这是我用来代替魁奈[①]的表的,天气很热,但是如果有可能,你就仔细看一看,如有意见就告诉我。这个表包括全部再生产过程。"(全集第30卷上第358页)

这个"经济表"是开拓出再生产理论这一经济学新领

---

① **魁奈**(1694—1774)法国重农主义的经济学家。

第三章

完成马克思独自的"经济表"(1863年)——在新领域、再生产理论上开拓道路

域的一个转机,因而再生产理论得以跃升成为《资本论》第二卷最重要的支柱。其发展至此的过程与发现地租理论的情形大有不同。

实现问题曾是"资本一般"阶段"不得入内"的区域

这个问题的出发点在于,资本主义的生产在市场上怎样让自己的商品得以实现,更具体来说,就是怎样找到自己商品的买家这一所谓"实现问题"。

这是所有商品生产者都要遭遇的难题。马克思在《1857—1858年手稿》中谈到在市场上让商品转化为货币的困难时所使用的语言是比较和缓的:它受到与商品无关的"外部条件的支配""商品的可交换性……对商品来说是异己的东西"等等①,但是,在这个手稿集的基础上完成的《政治经济学批判》(1859年)中,对此使用了"惊险的跳跃"这样强烈的语言。在《资本论》第一卷(1867年)中,虽然使用的是同样的语言,但语气更加严厉,进一步强调了这个"跳跃"的困难性。

> "商品价值从商品体跳到金体上……是商品的惊险的跳跃。这个跳跃如果不成功,摔坏的不是商品,但一定是商品所有者。"(全集第23卷第124页)

---

① 参见全集第46卷上第92—93页。

《资本论》是怎样形成的
追溯马克思经济学的发展历程

即使从事小规模经营的生产者，其所面临的事态也是相当深刻的。与此相比，如果是经营着更大规模的生产，向市场输送更大规模商品的资本，其所生产的商品能否成功地实现这一"惊险的跳跃"，对资本本身来说，确确实实具有致命的意义。

正因为如此，既然要从事资本主义生产的研究，在马克思的脑海里，对这个问题的阐明无疑就是个大课题。可是，在《1857—1858年手稿》的研究阶段，也就是在"资本一般"这一阶段，马克思认为，这个问题还不能成为研究的对象。

随着研究从"资本的生产过程"向"资本的流通过程"推进，马克思的研究常常受限于"资本一般"这个框架。"资本的流通过程"是从脱离资本生产阶段，带着所生产的商品进入流通阶段的时候开始的，社会总产品的实现问题，当然会从各种不同角度反复进入视野。可是，每当马克思遇到这一问题，他的研究总会停在入口处。究其原因，可以有各种表述方法，总之，这个问题不是在"资本一般"阶段，而应该是在探讨"许多资本"的阶段全面进行研究的问题。

在"资本的流通过程"这个重要研究框架下，有一个"资本循环"的项目。研究的是资本，G—W…P…W—G—W…相继转化的各种形态。所以，为了具体地研究这一过程，与其他各种资本的相互关系自然就会成为课题。可是马克思认为，在这里也应该严格守住"资本一般"的框架。

第三章
完成马克思独自的"经济表"(1863年)——在新领域、再生产理论上开拓道路

"即使存在许多资本①，也不应当妨碍我们的考察。相反地，在考察了所有资本的共同点以后，许多资本的关系也就清楚了。"（全集第46卷下第7页）

这个契机不是在"资本一般"，而是"谈论许多资本的时候，才予以考察"（全集第46卷下第11页）。这个问题"显然只是属于把资本作为现实资本，作为多数资本的相互作用来考察的那一篇要谈的问题，而不应该在目前考察资本的一般概念时来谈"（全集第46卷下第158页）。

如此，马克思在"资本一般"阶段，把"实现问题"设定为其研究的"不得入内"区域了。

因此，《1857—1858年手稿》还没有正式把再生产理论作为研究对象就截稿了。

在对斯密的研究中探究再生产理论、实现理论

在《1861—1863年手稿》中也同样，在写作的最初阶段里，这个研究的框架按原样继承下来。在写作过程中，马克思做了一个大的方向调整，把主题转移到"关于剩余

---

① **许多资本** 马克思作为区别"资本一般"的研究阶段和其后诸篇的标志，在《1857—1858年手稿》中，对此反复做了整理："许多资本彼此间的相互作用"，在"资本一般"阶段不做处理。

《资本论》是怎样形成的
追溯马克思经济学的发展历程

价值的诸学说"这一经济学说的历史考察上,为什么做了这样一个方向转换,我将在后面做说明(见本书的第七章),即便是在这个"诸学说"的研究中,最初,在马克思的头脑中也没有要探讨再生产理论历史问题的意识。

这个问题,表现在对待重农主义者魁奈的态度上。虽是在晚些时候,《资本论》中魁奈的《经济表》(1758年)被赋予了很大的历史意义。

下面介绍的是马克思在《资本论》中送给魁奈《经济表》的赞美辞。

"要是我们只考察年总生产基金①,每年的再生产过程是容易理解的。但年生产的各个组成部分都必须投入商品市场,而困难就在这里开始。各个资本的运动和个人收入的运动交错混合在一起,消失在普遍的换位中,即消失在社会财富的流通中,这就迷惑了人们的视线,给我们的研究提出了极其复杂的问题需要解决。在本书第二卷第三篇中,我将对实际的联系进行分析。重农学派最大的功劳,就在于他们在自己的《经济表》中,首次试图对通过流通表现出来的年生产的形式画出一幅图画。"(全集第23卷第647—648页)

但是,最初在《1861—1863年手稿》的"诸学说"中,情况是不一样的。马克思对开创了经济科学的重农主义者的

---

① 投向再生产过程的资本的投资额。

第三章

完成马克思独自的"经济表"(1863 年)——在新领域、再生产理论上开拓道路

成绩做了高度的评价,但是,在这些成绩中却不包含魁奈的《经济表》。虽然在马克思的手稿中既可以看到魁奈及其著作《经济表》的分析,也可以看到其著作的引文①,但那仅仅是代表了魁奈作为重农主义者把国民区分为三个阶级的市民的证言,《经济表》本身好像并不在其关注之列。

马克思开始关注再生产理论,乃至于更加注重魁奈的契机则是另有出处。

继重农主义者的学说之后,马克思开始研究斯密的学说。斯密价值论的最大问题在于,他只是把商品的价格分解为工资、利润、地租的收入部分,完全无视不变资本(原料、劳动手段)。这就是被称为"斯密教条"的内容。马克思着手对这个教条进行批判性研究,在这个过程中,他不得不从正面去解决所谓的实现问题——由不变资本部分(c)和可变资本部分(v)与剩余价值部分(m)生成的产品,是否能够在流通环节找到它的购买者。

关于这个实现问题,在经济学领域发生过著名的、被称为蒲鲁东=福尔卡德之争②的争论。针对蒲鲁东"工人不能买回自己的产品"的主张,法国经济学家福尔卡德对其作的反驳构成了这场斗争对焦点。马克思在此之前就已经

---

① 参见全集第 26 卷上第 2 页。
② **蒲鲁东=福尔卡德之争** 针对蒲鲁东在《什么叫财产》(1841 年)一书中所提出的主张,法国的庸俗经济学家福尔卡德 1848 年在一篇论文中做了反驳。马克思在《资本论》第三卷(1865 年)中,对这场争论做了详细介绍,并做出评论。参见《资本论》第三卷第七篇第四十九章"关于生产过程的分析"的注 53(全集第 25 卷下第 941—963 页)。

《资本论》是怎样形成的
追溯马克思经济学的发展历程

关注这件事,此时对实现问题的介入,是与他想要彻底解决这场争论的"问题意识"密不可分的。

但是,这个研究对马克思来说是一个不断探究与摸索的过程,是几次踏入迷宫充满了艰难险阻的道路。对于这个过程,此前我在《马克思与〈资本论〉——再生产理论与危机》上卷(2003年)中做过详细的探讨(第三篇第四章"从生产论的探索到形成",该书第220—247页),在此不再赘述,经过反复探究和艰苦努力,终于成功地掌握了形成总资本再生产结构的各关键要点。

对这个结果,马克思在以"收入和资本的交换"为题的章节里做了总结。① 他把产业部门分为A、B两个部类,把A类规定为个人消费用产品的生产者,把B类规定为非消费用产品(在生产过程中只供产业性消费的产品)的供给者。将整个产业概括为两大部门的两部分类法,第一次以这样明确的形式呈现在这里。

把马克思最终得出的结论,用A·B两种分类和c(不变资本)、v(可变资本)、m(剩余价值)的符号加以整理,可以做出如下表述。

[A类] 收入(v和m合计部分),以A类自身的产品填补。

不变资本c,由B类的产品填补。

---

① 参见全集第26卷上第233页。

第三章

完成马克思独自的"经济表"(1863年)——在新领域、再生产理论上开拓道路

[B类] 收入（v+m），由A类的产品填补。

不变资本c，在B类自身的内部，以"资本之间的交换"（由自身的再生产，或者由与其他不变资本的实物交换）填补。

在这里 [B类] 所展示的，生产手段生产部门（B类）是在其内部由"资本之间的交换"，相互填补不变资本部分的，这一不变资本的"自我填补"问题，是在取得这个结论过程中，形成的一个关键性认识。

马克思将研究进行到这里，用了一段令人印象深刻的文字作了总结。

"这样，这一幕间曲就必须穿插在这个历史批判部分①，一直演奏到结束。"（全集第26卷上第258页）

此项观察仍将断断续续地进行下去——马克思的这一预测在斯密研究结束不久，便成为现实。

受魁奈《经济表》的启发

马克思开始了对魁奈《经济表》的研究。在此之前，马克思在研读与斯密关于"生产的劳动和不生产的劳动"

---

① 指"诸学说"。

《资本论》是怎样形成的
追溯马克思经济学的发展历程

学说相关的文献时,阅读了德国经济学家施马尔茨的著作。这部著作提及了魁奈,也引用了《经济表》。我认为,此事给进展至再生产理论研究阶段的马克思,提供了一个以新视角重新阅读《经济表》的机会。

《经济表》将构成社会的人划分为三个部分:(1)生产阶级(租地农业者);(2)土地所有者;(3)不生产阶级(制造业者及其工人)。然后,将社会的总产品,即农业产品和非农业产品,一年中在这三者之间是怎样流动的,与此相对应货币是怎样回流的,用五条线连接了八个点,形成了简单明了的一张表,完美地做了概括。这就是魁奈的《经济表》。

在前文里我们看到,马克思将生产部门分为 A 类(个人的消费用生产)和 B 类(产业的消费用生产),理清了各种产品如何填补的关键机制及其核心关联。而魁奈早已在一百多年前就发现了与此几乎相同的内容。

由于魁奈是一个重农主义者,所以他误以为,只有农业才生成剩余价值,将制造业者的利润排除其视野之外,这是他的一个错误前提。他还把制造业者及其工人统括起来称为"不生产阶级",由此作出不合理的分类,对产品的流通不是以生产手段和消费手段区分,而是以农业产品和工业产品来区分……魁奈存在如上所述的诸多谬误。① 但是,他把社会的生产和流通的整体,即把社会的总的再生产过程作为研究

---

① 魁奈《经济表》的错误和马克思　马克思在《1861—1863 年手稿》的最后部分,对魁奈《经济表》的错误做出了具体的批判。

第三章
完成马克思独自的"经济表"(1863年)——在新领域、再生产理论上开拓道路

对象,并取得了成功,这是经济学划时代的成果。

马克思对魁奈《经济表》的内容做了详细探究之后,对他尝试着把整个资本的再生产过程用一张表格来说明给予了高度赞赏:"这是一个极有天才的思想,毫无疑问是政治经济学至今所提出的一切思想中最有天才的思想。"① 正是因为马克思在始于斯密研究的自己的探索中,对再生产过程的研究达到了一定高度,才能够解读出魁奈《经济表》的划时代意义。

这时,马克思并没有停留在仅仅从产品实现的角度来考察再生产理论,而是提出了一个整体描绘资本主义经济的社会生产和流通的宏大课题,这一点体现在马克思在同一篇文章中概括魁奈"构想"的内容特征的这段论述中。

"实际上,这是一种尝试:把资本的整个生产过程表现为再生产过程,把流通表现为仅仅是这个再生产过程的形式;把货币流通表现为仅仅是资本流通的一个要素;同时,把收入的起源、资本和收入之间的交换、再生产消费对最终消费的关系都包括到这个再生产过程中,把生产者和消费者之间(实际上是资本和收入之间)的流通包括到资本流通中;最后,把生产劳动的两大部门——原料生产和工业——之间的流通表现为这个再生产过程的要素,而且把这一切总结在

---

① 参见全集第26卷上第366页。

#《资本论》是怎样形成的
追溯马克思经济学的发展历程

一张表上,这张表实际上只有五条线,连接着六个出发点或归宿点。"(全集第 26 卷上第 366 页)

马克思独自制定《经济表》

马克思将所完成的课题及迄今为止对再生产过程的研究成果提炼成可以与魁奈匹敌的自己的《经济表》,又花费了将近一年的时间。在这期间,可以从《1861—1863 年手稿》中,看到他经常谈论"再生产过程"的内容,但是始终没有见到在研究魁奈的"间奏曲"之后的正式"演奏"。但我认为,在这期间,要以什么样的形式将研究成果归纳成《经济表》,毫无疑问是在马克思的脑海里经历了深思熟虑的。

1862 年 12 月—1863 年 1 月,马克思为即将开始的经济学著作的写作做准备,制定第三卷和第一卷章节计划。但是,第二卷的计划,在这时未能制定。或许是因为有这样一种心理,即在完成再生产过程的研究之前,无法将第二卷的写作事宜纳入议程。

这个问题在《1861—1863 年手稿》基本上要写作完成的 1863 年 5 月迎来转机。马克思在手稿的最后部分,以"再生产"为题,开始从正面把再生产过程作为主题进行新的考察。这是占用手稿二十三页篇幅的力作,虽然还只是一般性的考察,但马克思对一些问题作出了非常概括

第三章

完成马克思独自的"经济表"(1863 年)——在新领域、再生产理论上开拓道路

性的梳理，首先设定的问题是再生产理论的对象是什么，肯定了重农学派（魁奈）先行研究的意义，也涉及了以前确认过的关于简单再生产均衡条件研究结果等，触及的问题相当广泛。然后，在这个"再生产理论"的最初的力作最后，马克思用他独自制定的《经济表》做了结尾。①《经济表》由四页组成，可以看出马克思是下了很大功夫的，但是，送给恩格斯的是这四页中最后的一张表，在表上对数字错误做了订正。

马克思的《经济表》，第一段设置的是"生活手段"的生产，第二段设置的是"机械和原料"的生产，第三段设置的是"总生产品"，每个部门标示出了构成产品的不变资本、可变资本、剩余价值的量，将各项之间的分配和消费关系用一系列的线连接起来。与魁奈的《经济表》相比，从经济学角度看无疑变得更准确，但是，表示各种关系的

---

① 《1861—1863 年手稿》的最后部分　马克思在《1861—1863 年手稿》里，在完成了"关于剩余价值的诸学说"之后，开始写作与第三卷有关的一些内容。之后，写作了包括一度中断的"机器论"在内的一系列章节，完成了"3. 相对剩余价值"，补写了威·配第等"诸学说"之后，进入"4. 剩余价值向资本的转化"。这一章由"α 剩余价值向资本的再转化"和"β 所谓本源的蓄积"两节构成，但是，在"α"和"β"之间，突然插入了与本论无关的"再生产"一节，在表明"对具有详细规定性的再生产，将在下个项目中展开讨论"之后开始了这一节写作，这一节以《经济表》及其说明结束。在这之后"β 所谓本源的蓄积"的内容是在从《1857—1858 年手稿》抄录出的文章上加入了一点补充。到此，手稿集结束，后面是从经济学家的各种著作里的摘抄集。

在这个摘抄集里，有马克思对前述魁奈《经济表》的批判性整理。也许这是在制定自己的《经济表》时的一个副产品。

《资本论》是怎样形成的
追溯马克思经济学的发展历程

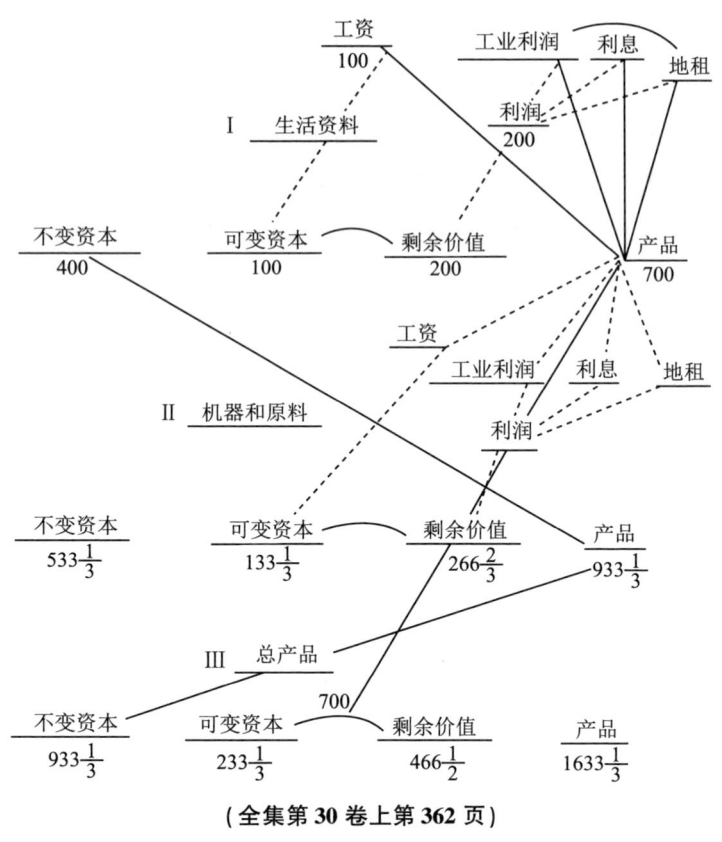

（全集第30卷上第362页）

线的数量多出许多，还不算简单明了。①

---

① 把这个《经济表》转换成马克思在此后拓展研究出的再生产图式，就会得出如下这个一目了然的图式（与现行的《资本论》第二卷的标示相反，按《经济表》的标示方法，把"生活手段"作为第Ⅰ部门，把"机械与原料"作为第Ⅱ部门）。再生产图式的威力展现在面前。

I　$400c + 100v + 200m = 700$

II　$533\dfrac{1}{3}c + 133\dfrac{1}{3}v + 266\dfrac{2}{3}m = 933\dfrac{1}{3}$

第三章

完成马克思独自的"经济表"(1863年)——在新领域、再生产理论上开拓道路

开拓出经济学的新领域

到了这时,马克思才将自己的新发现报告给了恩格斯。马克思在本章开头所介绍的那篇序言般的论述之后,明确地指出,这是斯密和李嘉图等人的理论错误,并作了如下阐述。

"你知道,亚当·斯密认为,'自然价格'或'必要价格'由工资、利润(利息)和地租构成,也就是全部分解为收入。李嘉图也承袭了这种谬论,不过他把地租当作只是偶然的现象排除出去了。几乎所有的经济学家都接受了斯密的这种见解,而那些持不同见解的人,又陷入了另一种荒唐见解之中。

"斯密自己也感到,把社会总产品分解为单纯的收入(可能每年都被消费掉)是荒谬的,而他在每一个单个的生产部门中,把价格分解为资本(原料、机器等等)和收入(工资、利润、地租)。果真是这样,社会就必须每年都在没有资本的情况下从头开始。

"至于讲到我的表(这表将作为概括插在我著作最后某一章当中),要了解它,必须注意以下几点。"(全集第30卷上第358页)

接下来的论述,是对《1861—1863年手稿》中相关内容的更清晰的概括,在此不再引述。

《资本论》是怎样形成的
追溯马克思经济学的发展历程

马克思在《1861—1863年手稿》中多次表示，对这个问题的详细考察将在"下一个项目"中进行，但是，在给恩格斯的信中他却说："这表将作为概括插在我著作最后某一章当中。"① 由此可见，把再生产理论放在自己著作的何处，如何定位，马克思好像还没有确定下来。需要注意的是，不论是基于继绝对地租论的发现之后，将再生产理论列为向恩格斯报告第二个经济学研究成果之维度，还是着眼于马克思关于要将此前置于"资本一般"框架之外的对再生产过程的研究（实现理论）以"概述"的形式编入其新著里，都足以印证马克思对其新发现的高度重视。

马克思对《经济表》的发现，实际上是开拓出了一个以更宽广的视野全面探究资本运动的经济学新领域。

再生产理论此后的进展

该问题在此之后的进展经历了一个探究与发展的长期历史过程。

马克思在1863年6月至7月间，完成《1861—1863年手稿》的写作之后，下决心正式着手写作《资本论》，并于8月开始执笔。在作为《资本论》全三卷最初的草稿《1863—1865年手稿》② 中，马克思就决定将再生产理论作

---

① 参见全集第30卷上第358页。
② 其内容请参阅序章第5页脚注（《1863—1865年手稿》）。

第三章

完成马克思独自的"经济表"（1863 年）——在新领域、再生产理论上开拓道路

为第二卷的重要问题来研究，加上对地租理论的关注，这意味着要下决心放弃"资本一般"这个框架。

在这一时期执笔写作的第二卷最初的草稿中（第一份手稿是 1865 年上半年执笔）①，以危机论划时代的转换为核心，许多问题的研究在《资本论》的形成史上迎来了重要转机，再生产理论也取得了一些新进展。

马克思的目标是，把展示一年内总的再生产过程的魁奈《经济表》大幅度地推进一个层次，建构起可以把握社会长期再生产过程的理论。因此，不仅限于同等规模的简单再生产，还必须能够把握扩大再生产的过程。但是，马克思于 1863 年 7 月编制的《经济表》，仍无法覆盖扩大再生产的情形。因此，在此时的手稿中，马克思放弃了《经济表》的形式，将自己的研究结论转换为文章的方式来表达，这是一项非常艰难的工作。因为，使用《经济表》可以一目了然看清楚的各种关系，全部以文字形式来说明，对读者来说，会变成非常难以理解的东西。虽然说采取了这样一种形式，打开了扩大再生产研究的途径，但其内容也只是停留在极其概念化的抽象研究上，最终没有取得继简单再生产研究成功得出数字公式之后的成果。

马克思摆脱掉在第二卷第一份手稿中的文字表述方式，找到了比《经济表》更容易看懂的，也更适合应用到扩大

---

① 第二卷第一份手稿的日译本有《资本的流通过程》（马克思系列丛书之三，1982 年，大月书店）。

《资本论》是怎样形成的
追溯马克思经济学的发展历程

再生产研究上的新的表现形式，这是在完成《1863—1865年手稿》第二卷手稿之后，写作第三卷手稿后半部分的时候（1865年下半年执笔）。在第三卷第七篇"二、再生产过程的分析"（《资本论》现行版本第三卷第四十九章）中，编入了再论再生产理论的部分。在这里，第一次把简单再生产的总过程，用我们现在习惯了的表现形式表示了出来，即下面这个简单再生产的公式。①

$$\text{I} \quad 800c + 200v + 200m = 1200$$
$$\text{II} \quad 400c + 100v + 100m = 600$$

可是，这不过是在第三卷里的再次讨论，并未真正深化再生产理论。马克思利用这个公式，全面探究再生产理论，是在《资本论》公开发表之后，以及1868—1870年写作第二卷第二份手稿的时候。《资本论》现行版本第二卷第二十章"简单再生产"，大部分是由这个手稿编纂而成，这个时候的手稿停留在简单再生产，没有涉及扩大再生产理论。这或许是因为，1870年7月爆发了普法战争，1871年3月至5月成立了巴黎公社，以及以此为契机展开的全欧洲对风起云涌的国际工人协会（第一国际）的镇压和反抗等，十九世纪七十年代前半期的政治动荡，挤压了马克思的创作活动。

---

① 马克思在第三卷手稿中，把Ⅰ和Ⅱ倒置过来。马克思把生产手段的生产作为第Ⅰ部门，把消费手段的生产作为第Ⅱ部门，是在写作第二卷第八份手稿（1877—1881年执笔）时。

第三章

完成马克思独自的"经济表"(1863年)——在新领域、再生产理论上开拓道路

十九世纪七十年代后半期,马克思不断被病魔侵扰。在这一时期,他坚持《资本论》后续卷的写作工作,着手执笔再生产理论剩余部分。并在1877年至1881年所写的第二卷第八章的手稿中完成扩大再生产过程的公式化。对扩大再生产公式的专心研究,让人联想起二十多年前开始于斯密研究的探究,马克思经历了理论建构的艰辛。① 距1863年马克思向恩格斯报告《经济表》已经过去了十八年,这个理论,包括扩大再生产理论在内的最终完成,需要经历积累这样一个研究和探索过程的。

[补论] 在《1857—1858年手稿》中的前期研究

关于再生产理论的问题,马克思在《1857—1858年手稿》中就有过一次先行的研究。

在手稿进入"资本流通过程"部分的最初阶段,马克思从"工人不能买回自己的产品"这一立场出发,试图导出过剩生产的蒲鲁东的观点。② 蒲鲁东的观点是从只有工人

---

① 关于马克思在这一时期的研究过程,请参阅《马克思与〈资本论〉——再生产理论与危机》下卷,第七篇第三章 "三、扩大再生产理论的探究(第二十一章)" "[补论]读马克思的第八份手稿"。扩大再生产理论的部分是由恩格斯编纂的,恩格斯的艰苦努力随处可见,但是,马克思的艰辛及其所取得的成果,并没有被准确地表达出来。[补论] 中,追溯了马克思在手稿里留下的艰辛足迹,亦坦率地指正了这一点。

② 参见全集第46卷上第412页。

《资本论》是怎样形成的
追溯马克思经济学的发展历程

才是资本的产品的买家这一独断立场出发,仅仅被支付了工资的工人,是无法靠工资买回被加入了剩余价值和不变资本的产品,这是一开始就十分清楚的事情。这个观点,作为对产生危机和生产过剩的资本主义的批判,在某种程度上又颇显时代价值。

尽管如此,马克思还是在这里认真地举出了这一观点,旨在从各种角度对其进行批判。在最后的部分里,他推出了代表各个生产部门的五个资本家(A、B、C、D、E),尝试着以图示的形式阐明,在各个部门构成产品价值的不变资本、工资、剩余价值之间形成了一种怎样的关系。对各部门的定性,起初是简单的,最终确定下来它们各自生产什么,A 和 B 是原料,C 是机械,D 是资本家消费的剩余产品,E 是只有工人消费的生活必需品。然后,设定各部门一年内的产品为 100,工资部分是 20,原料部分是 40,机械部分是 20,剩余产品是 20。马克思从这样的设定中很容易地就导出了表示这五个部门关系的图式。

图式如下(全集第 46 卷上第 435 页):

	付给劳动的报酬	原料	机器	剩余产品	
(A) 原料的生产者	20	40	20	20	=100
(B) 原料的生产者	20	40	20	20	=100
(C) 机器的生产者	20	40	20	20	=100
(E) 工人消费的生活必需品	20	40	20	20	=100
(D) 剩余产品的生产者	20	40	20	20	=100

第三章

完成马克思独自的"经济表"(1863年)——在新领域、再生产理论上开拓道路

从理论推演到阐释图,并没有进行刻意考查,甚至整个过程稍显平淡。1862年马克思潜心研究指出,第一部门的不变资本"自我填补"问题,因为各个资本家之间存在着分工,所以很自然地做出了准确论断,"每一个资本家的不变资本——原料和工具"互相填补,是交换关系成立的关键。上述结论的形成是水到渠成的产物。

马克思对这个图示并没有做更多加工,但他把原料和机器制造归纳为第Ⅰ部门,把必需品和剩余产品归纳为第Ⅱ部门,把产品价值的构成部分也整理成 c(不变资本)、v(可变资本)、m(剩余价值),如下所示,这个图示其实就是《资本论》第二卷中人们所熟悉的简单再生产的图示。

第Ⅰ部门(生产手段)$180c + 60v + 60m = 300$

第Ⅱ部门(消费手段)$120c + 40v + 40m = 200$

也就是说,对图示的制定,马克思从1858年开始研究,经历了《经济表》,到1865年才取得了与现在的再生产图示最接近的成果。

马克思用下面这段文字对上述研究做了总结。

"这个例子在以后可能要详细地谈到,也可能不再谈到。实际上,这个问题不属于这里要讨论的范围。从上面的叙述中可以清楚地看到,剩余价值在这里是在各资本家彼此之间进行的交换中实现的。"(全集第

46 卷上第 436 页）

  这个总结指出，该问题是"资本一般"框架之外的问题。不可思议的是，在《1857—1858 年手稿》中就已经做了深入前期研究的马克思，在《1861—1863 年手稿》中再一次研究解决实现问题时，竟然没有留下丝毫追溯这段前期研究的痕迹。从中再次让我们感知马克思经济学说形成过程的复杂性。

第二部分　危机论的探究与展开
——以运动论的发现为核心

第四章

追溯初期阶段（1857—1864年）的研究

马克思关于"危机运动论"研究方针的论述

接下来要讨论的问题是，在第二卷第一份手稿（1865年）中的危机运动论的发现。

引起我关注这一问题的契机是，我阅读了一篇马克思1858年发表在他坚持投稿的美国报纸《纽约每日论坛报》①上的社论。在这篇以《英国的贸易与金融》为题的社论中，马克思对英国下院任命的委员会所做的报告给予了猛烈的批判，报告把1857—1858年的危机原因说成"主要是由过

---

① 《**纽约每日论坛报**》 美国日报。面对国内外的各种问题采取进步立场，马克思接受编辑部的委托，从1851年10月开始为该报撰写国际政治社论，在恩格斯的协助下持续到1862年3月，稿件主题涉及世界政治、经济、军事等领域。

《资本论》是怎样形成的
追溯马克思经济学的发展历程

度投机和滥用信贷造成的"。

马克思指出：危机的背后存在过度投机等问题，这是世人皆知的，不需要等到议会的委员会去发现。

"问题倒不如说是在另一个方面，即怎么可能在所有的现代工业国里，人们竟抵抗不住最明显的幻想的影响，不顾每隔十年就重复一次的最严重的警告，而周期地屈从于和自己的资金分手的强烈愿望呢？是什么社会条件几乎有规律地反复造成这种普遍自欺、过度投机和空头信贷的时期呢？"（全集第12卷第606—607页）

在这里提出的并不仅仅是发生危机的可能性和根源问题。问题是资本主义经济为什么会引起周期性的过度投机①，为什么会走向危机这样一个结局。

马克思的这篇社论发表于1858年10月，是在写完《1857—1858年手稿》后开始写作《政治经济学批判》的时期。马克思最终在理论上破解社论中所提出的问题是在七年之后，即1865年发现危机运动论的时候。那么，在提出这个问题时，马克思对于这个问题持有什么样的见解呢？首先我想尝试着从马克思当时的著作、论文和《1857—1858年手稿》里，探求一些基本观点。

---

① 用今天的话说，也许可以把它叫作泡沫。

第四章
追溯初期阶段(1857—1864年)的研究

"危机论"和马克思的经济学研究

对马克思来说,危机问题是经济学研究的核心问题,也是作为一个革命家在分析形势时将其置于核心来思考的问题。

马克思作为要超越资本主义建设新社会的革命家,经历的第一次危机是1847年袭击了英国的危机。马克思在1847年至1848年1月同恩格斯一起写作的《共产党宣言》中指出,资本主义社会将迎来体制性变革,其最集中的表现,就是这个社会所面临着的危机的现实问题。

> "几十年来的工业和商业的历史,只不过是现代生产力反抗现代生产关系的历史,即反抗作为资产阶级及其统治的存在条件的所有制关系的历史。要证明这一点,只要指出周期性地而且愈来愈凶猛地危及整个资产阶级社会生存的商业危机就够了……资产阶级的关系已经太狭窄了,再容纳不了它本身所造成的财富了。——资产阶级是用什么办法来克服这种危机的呢?一方面是破坏大量生产力,另一方面是夺取新的市场,更加彻底地榨取旧的市场。这究竟是怎样的一种办法呢?这不过是资产阶级在准备更全面更猛烈的危机的一种办法,不过是使防止危机的手段愈来愈少的一种办法。"(全集第4卷第471—472页)

《资本论》是怎样形成的
追溯马克思经济学的发展历程

当时,马克思和恩格斯都认为,危机必将引发革命。继1847年危机之后,欧洲又爆发了1848—1849年革命,从而强化了他们的这一认识。

1850年11月,马克思和恩格斯在逃亡伦敦时发行的杂志《新莱茵报·政治经济评论》第五、第六期的合刊号上,围绕着危机和革命的关系,将自己所坚信的观点归纳成一个理论命题发表了出来。

"新的革命只有在新的危机之后才有可能。但是新的革命的来临像新的危机的来临一样是不可避免的。"(评论1850年5—11月,全集第7卷第514页)

三年后,马克思在给《纽约每日论坛报》撰写的有关国际形势的社论中,以欧洲史为依据,再一次重申了同样的观点。

"欧洲从十八世纪初没有一次严重的革命事先没有商业危机和财政危机。1789年的革命是这样,1848年的革命也是这样。"无论欧洲列强间的冲突怎样尖锐,国君的狂怒和人民的愤恨多么高涨,一旦空气中散发出经济繁荣的气息都会缓和下来。"战争或革命,如果不是工商业普遍危机的结果,都不能深刻地震撼欧洲,这种危机的到来总是由英国先发信号,因为它是欧洲工业在世界市场上的代表。"[①]

[①] 参见全集第9卷第115—116页。

第四章

追溯初期阶段（1857—1864 年）的研究

1850 年 11 月以后，恩格斯因为经济上的原因移居曼彻斯特，从事经营活动。马克思则继续留在伦敦，以大英博物馆为据点埋头于经济学的研究。在二人跨越伦敦与曼彻斯特的书信往来中，如何看待经济形势始终是双方一个大的话题。而焦点是，下一次危机将在何时到来。当然，这是在为危机之后预计将会到来的"新的革命"做准备。

在此介绍几封两人之间的往返信件，这是他们 1857 年目睹了期待中的危机到来时的信件。两人以怎样的心情迎接并度过每一天的呢？当时的情形生动地呈现在字里行间。

首先是 1857 年 11 月的恩格斯的信，他往返于危机中动乱的交易所，思考着为即将来临的革命做准备。

"上星期这里交易所的整个景象极其可笑。我的突然异乎寻常的高兴，使当地的先生们非常生气。实际上，交易所是使我由现在的虚弱变得精力充沛的唯一场所。当然，这时我总是作令人不愉快的预言，这就使蠢驴们加倍地生气。……在这普遍崩溃的情况下，我感到非常愉快。最近七年来，资产阶级的污秽毕竟多少沾了一些在我身上。现在，这些污秽被冲洗掉了，我又变成另一个人了。危机将像海水浴一样对我的身体有好处，我现在已经感觉到这一点了。1848 年我们曾说过，现在我们的时代来了，并且从一定意义上讲确实是来了，而这一次它完全地来了，现在是生死的问题了。我对军事的研究因此就具有更加实际的意义。"

《资本论》是怎样形成的
追溯马克思经济学的发展历程

(1857 年 11 月 15 日,全集第 29 卷第 201—204 页)

随着危机的临近,马克思也同样感到热血沸腾。1857—1858 年危机发生的前一年,在看到欧洲货币市场恶化的形势时,马克思就给恩格斯写了信:"这一次事情具有了以前从未有过的全欧规模……'动员'我们的人的日子不远了。"(1856 年 9 月 26 日,全集第 29 卷第 73 页)

危机的实际爆发正值马克思埋头写作《1857—1858 年手稿》期间。

"我现在发狂似的通宵总结我的经济学研究,为的是在洪水之前至少把一些基本问题搞清楚。"(1865 年 12 月 8 日,全集第 29 卷第 219 页)

马克思也预感到,"洪水"要求自己采取革命行动的日子正在到来。

马克思怎样看待 1847 年经济危机

《1857—1858 年手稿》是马克思在危机正逼近的形势下开始写作的手稿,他将阐明危机问题定位为自己经济学研究的核心问题,在革命论上也把必然要到来的危机与新的革命不可分割地联系在一起。毫无疑问,马克思把从理论上阐明危机问题作为一个大的研究主题,不过,我认为要

第四章

追溯初期阶段（1857—1864年）的研究

把握手稿中的"危机论"的整体结构，首先应该把目光投到构成它的前提材料的几个问题上。

一个问题是，马克思怎样看待危机的实际经过。

前面已经提到，马克思第一次亲身经历的危机是英国的1847年危机。关于这个危机，马克思在写作《资本论》时很重视它的经过，曾在多处提及。恩格斯在《资本论》第三卷编纂信用理论时，从马克思的手稿中收集了关于1847年危机经过的各方面的证言、记述、论断等，将其集中到了一起，并附上自己的解说：这是收录在第二十五章"信用和虚拟资本"。① 最后部分的"1845—1847年的英国商业史"中的。

在这里，来自各方面的证言说得十分详细。

——为了向渴望英国产品的印度和中国等国外市场出口大量棉织品，英国通过出口商向国外商会的仓库运送产品，形成了委托在当地销售的"大量委托销售"制度；

——这个制度与信用的扩大结合起来得到更大发展，基于预期和投机的东印度贸易膨胀，给英国带来了前所未有的产业繁荣；

——终于，在印度的供给过剩表面化，面向东印度的贸易开始瓦解，这就是导致英国陷入1847年恐慌

---

① 参见全集第25卷上第450—467页。

《资本论》是怎样形成的
追溯马克思经济学的发展历程

的主要原因。

从中暴露出来的问题是,各种矛盾在危机中爆发时,商人资本(出口商等)、信用、外国贸易和世界市场等,各自都扮演着重要的角色。

1847年危机结束之后,恩格斯一直在观察着走向新一轮危机的过程,从他的书信中可以看出,在经济形势中他最为关心的是,远方的外国贸易状况和以信用为舞台的"投机活动"的失控。①

完全可以想象,在自己经历了1847年危机的基础上,恩格斯所提供的这些市场信息,对马克思来说,是研究危机运动论的重要素材。②

---

① **来自恩格斯的危机信息** 在恩格斯从曼彻斯特向伦敦的马克思提供的众多市场情况的报告中,下面的一系列信件,作为危机信息尤为引人注目。1852年3月2日:报告世界棉业贸易的状况(全集第28卷上第31—34页);同年4月20日:东印度贸易、棉业市场状况(同前第47—50页);同年9月23日:棉纺织业的增加和危机的展望(同前第143—146页);1856年4月14日:德国的投机活动处于最后阶段(全集第29卷第41—43页);同年9月26日以后[日期依据《马克思恩格斯全集》国际版(MEGA)]:笼罩货币市场的阴云,接近崩溃的预感(同前第71—73页);同年11月17日:危机的预兆和革命的基础(同前第80—83页);1857年11月15日:危机的展开和革命的紧迫,交易所的气氛(同前第199—204页);同年12月11日:危机的发展状况(同前第221—223页)。

② **马克思的研究和恩格斯的危机信息** 马克思在1857年12月18日给恩格斯的信中说,自己现在正在做两个笔记的双重写作工作:"一、写完政治经济学原理"和"二、当前的危机"。因此,他要求恩格斯能提供与此相关的信息。"你一有时间,就写信来,因为过后你会把这样必需的危机'丑闻'忘掉。我要把它们从你的信中摘出,分别记入几个主要的笔记本中。"(全集第29卷第227页)

第四章

追溯初期阶段（1857—1864 年）的研究

经济学著作写作计划（1857—1859 年）所揭示的问题

另一个问题是，马克思著作的整体构思。写完《1857—1858 年手稿》之后，马克思抽出了最前面的很小一部分写成了《政治经济学批判。第一分册》并于 1859 年 6 月公开出版，在该书序言中提出了写作的整体构思。我在本书序章中已经做过介绍，内容如下。

著作的整体构思（六卷构成）。
一、资本。二、土地所有制。三、雇佣劳动。四、国家。五、对外贸易。六、世界市场。（全集第 13 卷第 7 页）

另外，关于"一、资本"卷，马克思在 1858 年 4 月 2 日给恩格斯的信中表明了要由以下四篇构成的构思（全集第 29 卷第 299 页）。

a. 资本一般。b. 竞争。c. 信用。d. 股份资本。

首先来看看整体的六卷构成。六卷中的最后一卷是"世界市场"。马克思在进行这一构思的时候考虑到，作为危机论展开的最后平台也好，作为明确展望资本主义经济矛盾发展到最后向新社会转变的平台也好，"世界市场"卷都具有特别的意义。马克思几乎没有对各卷内容做整体说明，但是，关于"世界市场"

《资本论》是怎样形成的
追溯马克思经济学的发展历程

卷,却在《1857—1858年手稿》中分两次留下了相当深入的内容说明。

第一次说明是写在货币论部分中。

"世界市场构成末篇。在末篇中,生产以及它的每一个要素都表现为总体,但是同时一切矛盾都展开了。于是,世界市场又构成总体的前提和承担者。于是,危机就是普遍表示超越这个前提,并迫使采取新的历史形式。"(全集第46卷上第178页)

第二次说明是在"货币转化为资本"部分里,对著作构成稍微做了一些概括说明。

"最后,世界市场。资产阶级社会越出国家的界限。危机。以交换价值为基础的生产方式和社会形式的解体。个人劳动实际转化为社会劳动以及相反的情况。"(全集第46卷上第219—220页)

省略对每个字句的说明不谈,从中我们可以看出,马克思把"世界市场"列为其著述结尾卷的用意在于,提示我们以该卷为平台,观察随着资本主义生产方式的内在矛盾在世界范围内表面化,危机将变成转机,资产阶级的社会形态将解体并演化成"新的历史形态"这一趋势。

但是,对"危机论"的深入研究,肯定不会以"世界市场"篇为载体,马克思欲阐释的关键性理论,即该著作的核心部分,理应在以解析资本理论为重心的第一卷"资本"篇中具体呈现。

第四章

追溯初期阶段（1857—1864年）的研究

我认为，马克思把这一卷划分为 a. 资本一般、b. 竞争、c. 信用、d. 股份资本，与危机论展开的方法有着深刻的联系。马克思在《1857—1858年手稿》中触及"危机"问题，当有机会对此进行深入讨论时，他便说这一角度的研究将在另外的场合进行。很多情况下，也都是停留在问题的初始阶段，便中途停止探究。以"危机"问题为例，在"资本一般"的部分里，停留在最小限度地提出了作为研究起点的初级理论问题，然后在"竞争"和"信用"等部分进一步填充具体内容，最后在"世界市场"篇深入展开。如何在经济学著作中展开对"危机论"的研究，浮现在马克思脑海里的，大致是这样一种构思吧。

《1857—1858年手稿》中关于危机论的探究

让我们从这样一个角度，从整体上来阅读《1857—1858年手稿》。

首先，"危机论"问题最初提出来，是在最初的商品与货币的研究中。货币的出现，引发了购买与销售的分离，在此产生了商业危机的可能性，这一命题是第一次出现在这里。① 接下来又经过了《政治经济学批判》的论述，后来被进一步提炼发展成为《资本论》第一卷中的关于"危机的可能性"这样一个模式。②

---

① 参见全集第46卷上第94页。
② 参见全集第23卷第133页。

《资本论》是怎样形成的

追溯马克思经济学的发展历程

在这里要注意的是，马克思在《1857—1858 年手稿》的相关部分里，特别提出了从生产者中分离出"商人阶层"这个问题，他将这个问题与"危机的可能性"联系起来。

"流通即商人阶层内部的交换，与流通的结局即商人阶层和消费者之间的交换，尽管归根到底必然是互相制约的，但它们是由完全不同的规律和动机决定的，彼此可能发生最大的矛盾。在这种分离中已经包含了商业危机的可能性。"（全集第 46 卷上第 94 页）

"这种分离①使投机成为可能。它使交换成为一种特殊行业，就是说，它造成商人阶层。这种分离使商品在最终完成交换之前可能经过许多交易，使许多人有可能利用这种分离来牟利。它使许多虚假的交易成为可能。"（全集46 卷上第 148 页）

对这个问题，在此并没有更多地展开讨论，研究便继续向前推进了。马克思在八年后发现了危机运动论——着眼点是"流通过程的缩短"，这是一个重要的契机。

阐明了危机的可能性之后，接下来马克思开始在"资本的生产过程"向"资本的流通过程"推进的最初部分里，从更广泛的角度考察危机问题。

马克思首先指出，由资本产生的绝对的及其相对的剩

---

① 交换过程中买和卖的分离。

第四章

追溯初期阶段（1857—1864年）的研究

余价值，就其本性来说，它具有一种扩大流通领域意欲构建世界市场的倾向，并把这一倾向称为"资本的伟大的文明作用"①。马克思同时指出，资本与生产和流通的无节制扩张倾向相对立，会不断地制造出对资本形成抑制的各种限制。

> "资本已在实际上克服了它，并且，因为每一个这样的限制都是同资本的使命相矛盾的，所以资本主义生产是在矛盾中运动的，这些矛盾不断地被克服，但又不断地产生出来。不仅如此。资本不可遏止地追求的普遍性，在资本本身的性质上遇到了界限，这些界限在资本发展到一定阶段时，会使人们认识到资本本身就是这种趋势的最大限制，因而驱使人们利用资本本身来消灭资本。"（全集第46卷上第393—394页）

马克思要进一步从资本的这些矛盾的运动中，探索危机及生产过剩的根源，便从各种角度加深了对资本所面临的各种矛盾的分析。通过分析，问题被一个接一个地揭示出来：平衡与不平衡的相互转化②，商品生产与价值实现之间的矛盾③，信用制度与过剩交易、过度投机的联系④、劳动者消费的局限性及资本家之间的相互关系的均衡被打破，

---

① 全集第46卷上第393页。
② 参见全集第46卷第395—397页。
③ 参见全集第46卷第398—399页。
④ 参见全集第46卷第400页。

《资本论》是怎样形成的
追溯马克思经济学的发展历程

等等。这一切,都有机会在马克思的危机理论中占据重要地位。但是,马克思在这里没有把这些问题作为进一步深入探讨的对象,对每个问题的分析都停留在最初阶段。

马克思对此做过如下解释:

"当然,这里的问题还不在于说明生产过剩的规定性,而只是分析最初包含在资本关系本身中的生产过剩的萌芽。"(全集第46卷上第403页)

马克思在稍后一点的文章中,针对在"这里"限定研究危机理论范围的理由,再一次做出说明:

"交换不会改变价值增值的内在条件,但是会把这些条件暴露在外部,赋予它们彼此独立的形式,从而使得它们的统一性只作为内在必然性而存在,因此这种必然性会在危机中通过暴力表现出来。……关于这一切实际发生时所经历的运动,只有在考察了现实的资本即竞争等等之后,只有在考察了实际的现实条件之后,才能加以考察。这里还不涉及这个问题。"(全集第46卷上第442页)

问题在于,马克思想把这一部分的研究限定在"资本一般"的框架内。关于"资本一般"这个框架,在本书第一章的脚注(第16页"资本一般")里介绍过它的梗概,基于

第四章
追溯初期阶段（1857—1864年）的研究

上面所引用的这篇文章，我认为可以从这样一个方法论角度做出解释：在"资本一般"的部分里，阐明资本的一般性或者从"根源上"阐明它的各种性质，接下来在"竞争"和"信用"的内容里，进一步研究它的各种具体规律，一步一步逼近"现实的资本"，即揭示现实的资本的整体面目。

因此，我认为，关于"危机论"的问题，马克思也是一边从各种角度提起问题、分析问题，一边在探究可能会成为向危机论整体发展的原点，即根源性或原始性的矛盾的存在。对在这里做出分析的各种契机给出了定位，认为这些都应该是在"竞争"或者"信用"的项目里进行考察的问题。

对"利润率下降"这一"神秘"现象的科学阐释

马克思在"资本的流通过程"之后的部分，在研究资本的循环、固定资本和流动资本的规律的部分里，没有涉及"危机"的问题。再次提起这个问题是在第三篇"资本是结果实的东西（利息、利润、生产费用等等）"。①

问题在对"利润率下降"现象的阐释里。

在资本主义生产的发展过程中，会出现利润率下降。这一事实好像很早就被人们关注到了。在资本主义经济中，利润率的下降具有极其重要的意义，所以，斯密和李嘉图等古典派的经济学家们，从中感觉到了被自己绝对化了的资本主

---

① 参见全集第46卷下第263—410页。

《资本论》是怎样形成的

追溯马克思经济学的发展历程

义社会的危机,他们带着这样的危机感,致力于揭示问题的原因所在。斯密想从"资本的积蓄"中寻找原因,李嘉图则向伴随农产品价格上升引起的工资上涨寻求原因,各立其说,然而都远不能最终解决问题。普遍视之为原因不明的神秘现象,从而在已有的危机感上又笼罩了一层不祥的阴影。

后来,马克思在《资本论》第三卷里对这一情形做了如下论述。

"以往的一切经济学都没有能把它揭示出来。经济学看到了这种现象,并且在各种自相矛盾的尝试中绞尽脑汁地去解释它。由于这个规律对资本主义生产极其重要,因此可以说,它是一个秘密,亚当·斯密以来的全部政治经济学一直围绕着这个秘密的解决兜圈子,而且亚当·斯密以来的各种学派之间的区别,也就在于解决这个秘密的不同的尝试。"(全集第25卷上第238页)

马克思在《1857—1858年手稿》中圆满地解决了这一难题。正像马克思自己在《资本论》中回顾这个问题时所说的那样,实际解决了问题之后"看上去其实很简单"(同前),答案如下。

——在资本主义生产方式下,随着生产力的发展,在资本总额中,不变资本的比重会相对增大,而可变资本的比重会相对减少。

第四章

追溯初期阶段（1857—1864年）的研究

——在资本中，产生剩余价值的只有可变资本。

——因此，即使是在剩余价值率不发生变动的情况下，相对总资本的剩余价值总额的比率，即利润率，会随着生产力的发展出现下降的倾向。

结论是，所谓"一般利润率趋向下降的规律"，无非是"劳动的社会生产力日益发展在资本主义生产方式下所特有的表现"①。

这是名副其实的，即马克思的科学经济学是对古典经济学的伟大胜利。马克思得出这样简洁而正确的结论，是由他以科学地确立了可变资本与不变资本的区别（表述这两种资本类型的用语也是由马克思亲自选定的），明确了剩余价值和资本家主导下形成的、转变了形态的利润之间的区别，明确了剩余价值率和利润率的区别等为抓手而取得成果。这两个基本点，都是古典派经济学一直没有搞清楚的问题。

"利润率下降"与资本主义的体制性危机

但是，马克思在《1857—1858年手稿》中所做的论证并没有止步于对"利润率下降的规律"的科学阐释。他以在"利润率下降的规律"里，存在着证实资本主义生产方式历史性命运的证据为切入口，赋予研究更深远的意义。

---

① 全集第25卷上第237页。

《资本论》是怎样形成的

追溯马克思经济学的发展历程

马克思在执笔写作《1857—1858年手稿》的过程中，反复强调，有必要在"资本一般"框架里的资本概念研究中，把握资本主义生产的矛盾和局限性。① 透过一系列的文章，不难看出马克思认为自己终于达成了目标。马克思进一步确信，进入"资本的流通过程"以来，一直探求的阐释危机理论的原理性起点，终于在此提炼到位。

在《1857—1858年手稿》中，马克思在说明了这个规律的梗概之后，认定这个规律是支配资本主义经济最重要的规律，并做出如下论述。

> "这从每一方面来说都是现代政治经济学的最重要的规律，是理解最困难的关系的最本质的规律。从历史的观点来看，这是最重要的规律。这一规律虽然十分简单，可是直到现在还没有人能理解，更没有被自觉地表述出来。"（全集第46卷下第267页）

---

① **马克思的问题意识**　马克思在最初讨论资本的剩余价值生产的部分里，就已经对关于这一点的问题意识做了如下阐述。

"准确地阐明资本概念是必要的，因为它是现代经济学的基本概念，正如资本本身——它的抽象反映就是它的概念——是资产阶级社会的基础一样。明确地弄清〔资本主义〕关系的基本前提，就必然会揭示出资产阶级生产的一切矛盾，以及这种关系超出它本身的那个界限。"（全集第46卷上第295页）

另外，我认为，下面这段被写在"资本的流通过程"开头的文字，也表达出同样的问题意识。

"在资本的简单概念中必然自在地包含着资本的文明化趋势等等，这种趋势并非像迄今为止的经济学著作中所说的那样，只表现为外部的结果。同样必须指出，在资本的简单概念中已经潜在地包含着以后才暴露出来的那些矛盾。"（全集第46卷上第398页）

第四章

追溯初期阶段（1857—1864 年）的研究

在后续的文章中，马克思对如此阐释"利润率下降的规律"的理由做出了说明。值得注意的是，马克思历史性地对它做出了评价，认为这一规律是各种生产方式从发展走向崩溃的"生产力和生产关系的辩证法"① 在资本主义生产方式②上的表现。

"资本本身在其历史发展中所造成的生产力的发展，在达到一定点以后，就会不是造成而是消除资本的自行增殖。"（全集第 46 卷下第 268 页）

"超过一定点，生产力的发展就变成对资本的一种限制；因此，超过一定点，资本关系就变成对劳动生

---

① **生产力和生产关系的辩证法** 马克思在《1857—1858 年手稿》的正文之前所写的"导言"中，作为执笔前的"注意"事项之一写下这样的内容："生产力（生产资料）的概念和生产关系的概念的辩证法，这样一种辩证法，它的界限应当确定，它不抹杀现实差别。"（全集第 46 卷上第 47 页）
这个辩证法在《政治经济学批判》的"序言"中，对要点做出如下定义。记住这个定义之后再去阅读本书中所引用的内容，对马克思给予"利润率下降的规律"的历史性评价，便会有一个更清晰的认识。
"社会的物质生产力发展到一定阶段，便同它们一直在其中活动的现存生产关系或财产关系（这只是生产关系的法律用语）发生矛盾。于是这些关系便由生产力的发展形式变成生产力的桎梏。那时社会革命的时代就到来了。"（全集第 13 卷第 8—9 页）

② **资本主义生产方式** 马克思在写作《1857—1858 年手稿》时期，"资本主义生产方式"这个词还没有被开发出来。因此，在这里介绍的引文中使用的是"同资本相适应的生产方式"这一表述。马克思将今天的经济社会和生产体制，开始用"资本主义"一词来表述，是在下一部《1861—1863 年手稿》的准备过程中，即 1859—1861 年以后的事。在"关于资本章的计划草案"（1859 年春天或 1861 年夏执笔）、"引用笔记的索引"（1860 年 1—2 月执笔）、"关于我个人笔记的摘录"（1860 年 6—7 月执笔）的文章中，开始出现"资本主义生产"和"资本主义生产方式"等用词。

《资本论》是怎样形成的
追溯马克思经济学的发展历程

产力发展的一种限制。一旦达到这一点，资本即雇佣劳动同社会财富和生产力的发展就会发生像行会制度、农奴制、奴隶制同这种发展所发生的同样的关系，就必然会作为桎梏被打破。于是，人类活动所采取的最后一种奴隶形式，即一方面存在雇佣劳动，另一方面存在资本的这种形式就要被撕破，而这本身是同资本相适应的生产方式的结果……社会的生产发展同它的现存的生产关系之间日益增长的不相适应，通过尖锐的矛盾、危机、痉挛表现出来。用暴力消灭资本——这不是通过资本的外部关系，而是被当作资本自我保存的条件——这是忠告资本退位并让位于更高级的社会生产状态的最令人信服的形式。"（全集第46卷下第268—269页）

利润率的下降、危机的反复、"暴力推翻资本"

更为重要的是马克思在此之后开展的实质性研究。马克思对在利润率下降规律作用下，导致资本主义体制"颠覆"的过程，展开了更加具体的论述。

"利润的这种下降，既然意味着直接劳动同由直接劳动再生产出来以及新创造出来的物化劳动量相比减少了，所以，资本就想尽一切办法，力图通过减少必

第四章

追溯初期阶段（1857—1864年）的研究

要劳动的份额，并且同所使用的全部劳动相比进一步增加剩余劳动的量，来弥补活劳动同资本总量之比的减少，从而弥补表现为利润的剩余价值同预先存在的资本之比的减少。因此，在现存财富极大地增大的同时，生产力获得最高度的发展，而与此相适应，资本贬值，工人退化，工人的生命力被最大限度地消耗。

"这些矛盾会导致爆发，灾变，危机，这时，劳动暂时中断，很大一部分资本被消灭，这样就以暴力方式使资本回复到它能够继续发挥职能的水平。……但是，这些定期发生的灾难会导致灾难以更大的规模重复发生，而最终导致用暴力推翻资本。"（全集第46卷下第269页）

引文过长，概括其核心意思是，利润率的下降，导致资本会采取对抗措施来抑制下降，这样一来反而会起到进一步扩大矛盾的作用，引起危机等各种矛盾的爆发。这样的结局反复出现的最终结果是"导致用暴力推翻资本"，对资本主义社会来说，"利润率下降的规律"所具有的致命性作用就在于此。马克思力图将这一规律描绘成危机反复发生的原动力。这一论述在此后的手稿中反复出现，但是，不可否认这是一段有些强硬的文字，它缺少马克思理论所应有的明确性和说服力。

我认为这段马克思的论述，其理论上最大的问题在于，从"资本关系"，即从资本主义的生产关系方面解释"利润率下降的规律"，将它与生产力的发展对立起来，意在从这

《资本论》是怎样形成的
追溯马克思经济学的发展历程

一角度指出资本主义的生产关系的"桎梏"化。

可是,"利润率的下降"现象,并非与生产关系有关。正如在前文所引用的《资本论》第三卷的文章中马克思自己所做的阐述,它不过是劳动的社会生产力的"资本主义生产方式的特有表现",更清楚一点说,不过是数学式的表现。在这里没有资本主义生产关系介入的任何余地。因此,要在这里讨论劳动的社会生产力的发展与"利润率下降的倾向"之间的矛盾,就只能把生产力的发展与其数学式的表现之间的矛盾作为切入点。

"利润率的下降"完全是一个生产力方面的现象,把这一不过是生产力发展状况的数学式呈现误判成"资本关系"即由资本主义生产关系的制约带来的典型现象,继而将"利润率下降规律"认定为导致资本主义生产方式崩溃这一生产力与生产关系之辩证法的本质性表现。这种观点的理论逻辑由此浮出水面。

而且,马克思在这里作为资本主义危机现象所举出的"利润率的下降",应该是从相对于可变资本的不变资本相对扩大这一资本构成变化中导出的一个数学式的结果,接下来我们会看到,马克思后来从资本有机构成的高度化角度,重新阐释了相对可变资本的不变资本相对扩大这一资本构成的变化,从中揭示出了在"为生产而生产"的轨道上资本主义生产跳跃发展的推动力。写作《1857—1858年手稿》时的马克思,在看到资本主义跳跃发展的节点的同时,廓清了导致了资本主义崩溃的致命性矛盾。

第四章

追溯初期阶段（1857—1864年）的研究

就这样，马克思阐明了"利润率下降的规律"，这是一项发挥出科学经济学巨大威力的重大发现。然而，受限于对它的错误定位，造成了后来持续多年都无法摆脱的一种理论上的困惑。

《1861—1863年手稿》与利润率下降的规律

关于"利润率下降规律"的论述，《1861—1863年手稿》相比《1857—1858年手稿》更加规范了。

马克思在这个手稿里最先写作的是"资本的生产过程"这一篇，写到"机器"论时停了下来，1861年12月开始写第三篇"资本和利润"。①

在第三篇"资本和利润"里，剩余价值转化为利润、平均利润率的形成、价值转化为"标准价格"②，然后是最后的平均利润率的下降，按部就班的理论展开同《1857—1858年手稿》相比，变得更加系统了。在写作《1857—1858年手

---

① 《1861—1863年手稿》的写作顺序问题 关于"机器"论中途停笔的原因将在后面（本书第七章）讨论，了解中断后的手稿写作顺序对把握马克思的理论研究脉络及其发展过程十分重要，在此简单说明。

《马克思恩格斯全集》国际版（MEGA）认为第三篇"资本和利润"的写作时间是1862年12月，是在研究完"关于剩余价值的学说"的主要部分和商业资本等问题之后，并将其收录进《1861—1863年手稿》的第五分册，后来得到证实，这是对执笔过程的误判（参见不破《马克思与〈资本论〉——再生产理论与危机》上卷第三篇"［补论］马克思是按照怎样的顺序写作《1861—1863年手稿》的"）。

② 在《资本论》中称为"生产价格"。

稿》时，非常明显地有些急于进入对利润率下降的讨论，急于从利润的形成进入利润率下降这样一个结论性命题。

用来讨论"利润率下降规律"的"第三篇"最后一节是这样展开论述的。

第一，首先说明了这个规律的意义。

"这个规律也是政治经济学的最重要的规律，即利润率在资本主义生产进程中有下降的趋势。"（全集第48卷第293页）

说明更加简洁，但是基本的评价没有变。有一点变化是讲利润率下降时用的是"有下降的倾向"这样一种表述。

第二，这个手稿的重要特征是，尝试从理论层面对这一规律与恐慌的关系做出阐释，内容变得更加具体——当然，这是继《1857—1858年手稿》之后的第二次尝试。

马克思对企图要否定这一规律存在的资产阶级经济学派的理论做出批判之后，做出如下论述。

"除了理论之外，说明问题的是实践，即来源于资本过剩的危机，或者同样可以说，资本由于利润率下降而进行疯狂冒险。由此，危机——见富拉顿①——被看作是对付资本过剩，恢复正常利润率的必要的强制

---

① **富拉顿**（1780—1849）英国经济学家，著有《论通货的调整》。

第四章

追溯初期阶段（1857—1864 年）的研究

手段。"（全集第 48 卷第 294 页）

这里并没有艰深的理论，概括地说就是，利润率下降造成"资本过剩"或"过多"，资本开始进行疯狂冒险。

在稍后一点的文章中，马克思对利润率下降引发危机的机制做了更深入的说明。

"随着利润率的这种下降，资本的最低额——或者说生产资料积聚在资本家手中所需要的水平——提高了……同时积累即积聚也增长了，因为具有较低利润率的较大资本比具有较高利润率的较小资本积累得更迅速。这种不断增长的积聚达到一定的水平，又使利润率发生新的下降。因此，大量小的分散的资本是乐意冒险的。由此就发生危机。所谓的资本过剩，始终只是指不能通过资本的数量来抵销利润率下降的那种资本的过剩。"（全集第 48 卷第 302 页）

这里讲到的"资本过剩"和"冒险"，只是把"大量"小资本当成了问题，而小资本不可能靠扩大资本规模来补救利润率下降所遭受的打击。所以，在这里很自然就会产生这样的疑问，袭击资本主义经济的危机，仅仅是与资本的主流无关的大量小资本出动的结果吗？马克思在这一领域探索发生危机起因的第二次尝试，没能成功。

第三，在这项研究之后，马克思得出如下结论：利润率下降的规律揭示了资本主义生产方式的历史性命运。

《资本论》是怎样形成的
追溯马克思经济学的发展历程

"在这里他所预感到的东西事实上有其深刻的原因。这里以纯经济的方式,从资本主义生产本身出发,表明了资本主义生产的界限,表明了它的相对性,即它不是绝对的生产方式,而只是历史的并与一定的物质生产条件的有限发展时代相适应的生产方式。"(全集第48卷第304页)

这段引文用更简洁的文字复述了《1857—1858年手稿》中的观点。

在《资本论》第三卷第三篇手稿中的苦战(1864年)

一般认为,马克思在1863年6—7月完成了《1861—1863年手稿》的写作,从1863年8月正式开始《资本论》手稿(《1863—1865年手稿》)的写作,并于第二年(1864年)完成了第一卷手稿。接下来动手写作第三卷手稿,年底之前写完了前半部分①之后,1865年又中断了第三卷的工作,笔锋转向第二卷第一份手稿。

---

① **前半部分的范围问题** 《马克思恩格斯全集》国际版(MEGA)认为,还不能确定这一时期的写作是进行到了第二篇还是第三篇,据我推断,这个时期应该是写到第三篇的利润率下降倾向的规律。从之前的写作历史看,马克思一直把这一部分(从"利润"的形成到"利润率的下降")当作一个整体来写,更重要的是从第三篇所具有的内容特征上判断,它也不可能是写在第二卷第一份手稿完成之后。

第四章

追溯初期阶段（1857—1864年）的研究

在第三卷第三篇手稿中，关于"利润率下降的规律"的研究，更有体系了，规律自身的名称更改为"利润率趋向下降的规律"，结构是：第十三章"规律本身"、第十四章"起反作用的各种原因"、第十五章"规律的内部矛盾的展开"。① 但是，从《1861—1863年手稿》来看，其基本点几乎没有变化。

在第十三章里，马克思首先证明了生产力的发展，造成了总资本有机构成的不断高度化——与不变资本相比，可变资本的比重累进减少，其结果表现为利润率的累进下降倾向。这其中的几个重要命题，已在本书介绍过。

第十四章研究了这样几个问题：在最近三十年（1835—1865年）为什么"社会劳动生产力有了巨大的发展"②，利润率却在急速下降？为什么使用了"趋向下降"这一缓和的说法来表述？

第十五章分析研究了这一规律在资本主义经济中起到了什么作用。在这一章里还研究了利润率下降和危机的关系问题。

---

① **恩格斯对《资本论》遗稿的编纂**　《资本论》的第二卷和第三卷是恩格斯编纂马克思留下的手稿形成的，1885年出版了第二卷，1894年出版了第三卷。关于恩格斯编纂工作的详细过程，请参阅不破的《恩格斯与〈资本论〉》以及《马克思与〈资本论〉——再生产理论与危机》等作品中的相关论述。

另外，《资本论》现行版本的第二卷、第三卷，恩格斯在编纂时对不少地方做了改动。本书的研究对象是马克思的手稿，引用的时候，对手稿部分尽可能从《马克思恩格斯全集》国际版（MEGA）的德语原文中引用，经过恩格斯补充或修订的地方则用着重号加以标注。上面引用的第三篇三个章节的标题以及对三个章节的划分，都是恩格斯编辑时所为。

② 全集第25卷上第258页。

《资本论》是怎样形成的
追溯马克思经济学的发展历程

马克思在开始部分首先针对这一问题做了如下论述(第一节"概论"的开头部分)。

"总资本的增殖率,即利润率,是资本主义生产的刺激(因为资本的增殖是资本主义生产的唯一目的),就这一点来说,利润率的下降会延缓新的独立资本的形成,从而表现为对资本主义生产过程发展的威胁;利润率的下降在促进人口过剩的同时,还促进生产过剩、投机、危机和资本过剩。"(全集第25卷上第270页)

概括地说,文中指出了利润率的下降一是"延缓新的独立资本的形成",二是"促进生产过剩、投机、危机和资本过剩"。但是,在这里对每一个问题,既没有说明理由也没有给出论据。有关内容的说明应该是放在了后面的正文里(第二、第三节)。

在《资本论》全书中,第三卷第三篇第十五章估计是马克思讨论危机最多的章节。在这里出现的以"直接剥削的条件和实现这种剥削的条件……"开始的文章①和以"资本主义生产的真正限制是资本自身……"开始的文章②,是马克思谈到危机论时必定要引用的模式。因此,这一章大多被认定为马克思在《资本论》中集中展开危机论研究的核心板块。我认为,从整体上做全面深入研读不难看出,

---

① 参见全集第25卷上第272页。
② 参见全集第25卷上第278—279页。

第四章

追溯初期阶段（1857—1864 年）的研究

这一章里展开的研究包含着对危机论的两种考察。

第一部分是马克思在利润率下降规律之外，将关于危机研究取得的理论成果系统化。上面介绍的两个模式，都属于这一部分的内容。这些模式，若从马克思理论探索的谱系来看，并非源自围绕利润率下降问题展开的研究脉络，而是出自另一条直面生产与消费矛盾之解析的探索途径——正是在这条路径中，这些模式得以确立形成。关于这个问题，我们将在后续章节中讨论其源流和理论体系，论述上面两个模式的全文也将在后续章节中介绍。①

第二部分是这一章的本来的主题，属于从利润率下降规律中阐明危机必然性的部分。在恩格斯编纂时所划分的第二节"生产扩大和价值增值之间的矛盾"以及第三节"人口过剩时的资本过剩"的章节里，马克思对这个问题反复进行了挑战。

第一次涉及这个问题是在第二节的接近结尾部分。在这里，马克思指出利润率的下降与利润总量的增大并行，造成劳动人口的增加和现存资本的价值减少，然后做出如下论述。

"这些不同的影响，时而主要是在空间上并行地发生作用，时而主要是在时间上相继地发生作用；各种互相对抗的要素之间的冲突周期性地在危机中表现出来。危机永远只是现有矛盾的暂时的暴力的解决，永

---

① 参见本书第八章。

《资本论》是怎样形成的
追溯马克思经济学的发展历程

远只是使已经破坏的平衡得到瞬间恢复的暴力的爆发。"(全集第 25 卷上第 277—278 页)

在这里只是一般性地指出资本主义经济滋生出"各种互相对抗的要素",这些要素将导致危机的发生,但是并没有最终阐明问题。

在稍后一点的文章中,也有一段性质与此相同的记述,马克思指出,作为阻碍利润率下降的手段造成"现有资本的周期贬值",因此"会扰乱资本流通过程和再生产过程借以进行的现有关系,从而引起生产过程的突然停滞和危机"。①

在第三节的开头部分里,马克思改变了以往的论述方式,他要在利润率下降所带来的被激化了的"竞争战"中,探索利润率下降与危机联系的关键。

"单个资本家手中为了生产地使用劳动所必需的资本最低限额,随着利润率的下降而增加;……因此,大量分散的小资本被迫走上冒险的道路:投机、信用欺诈、股票投机、危机。"(全集第 25 卷上第 279 页)

这段论述的理论宗旨是,引发危机的根源在于面临利润率下降倾向时的小资本的抵抗,而不是资本主义生产主流的大资本的行动。这一论断没有超出《1861—1863 年手

---

① 参见全集第 25 卷上第 278 页。

第四章
追溯初期阶段（1857—1864年）的研究

稿》呈现出的认知水平。

马克思在尝试证明利润率下降与危机之间的联系，在第三节用了很大的篇幅。这些考察，除了刚才所看到的小资本冒险论（在其他地方也多有重复），归根结底是以"利润率下降的规律"为出发点，将资本主义经济的各种矛盾（包括"生产与消费之间的矛盾"）与此联系到一起，其理论架构的核心是，利润率下降引发经济危机。

实事求是地讲，这样的理论架构让人感到，它与马克思坚实地立足于资本主义经济现实、严谨地展开理论探讨的一贯思想体系本质上是不统一的。

这里也只是马克思艰难探索危机论的一个舞台。

第五章

危机运动论——1865 年的发现及其意义

建构危机运动论的智慧之光

1865 年之后，马克思中断了第三卷手稿的写作，开始着手写第二卷最初的手稿。在这一时间点上，转为写作第二卷的意图是什么呢？虽然找不到可供判断的直接材料，但是可以推定他已经进入正式写作《资本论》的阶段。按照常理，1864 年夏天写完第一卷手稿后，就应该开始写作第二卷。所以，在思考这个问题时，与其问为什么中断第三卷手稿的写作转而开始写第二卷，或许不如反过来追问，为什么第二卷的写作被推迟了。

总之，着手第二卷手稿的写作意味着，对一直悬而未决的第二卷的构思，即全卷应该如何架构，对资本的流通过程应该以什么为核心，按怎样的顺序进行探究这一系列

第五章

危机运动论——1865年的发现及其意义

问题,马克思已经有了答案。我认为,最关键的问题是把"再生产理论"纳入第二卷。这意味着,马克思放弃了1857年以来的"资本一般"这一框架,下决心至少要把"许多资本"的相互关系纳入考察范围,把"资本的流通过程"作为研究对象。

第二卷第一份手稿成了一个完成重大转变的舞台,给《1857—1858年手稿》之后的"危机论"研究确立了一个划时代的新方向。

马克思首先制定了这样一个计划,按照第一章"资本的流通"、第二章"资本周转"、第三章"再生产和流通"的顺序写作。①

马克思在《1857—1858年手稿》中对资本的"循环"与"周转"也做过深入考察,可以看出,原定在后面接续第三章的计划在很大程度上影响了对这一部分("循环"论与"周转"论)的考察。例如,马克思在说明整体构思的最初部分里所说,在"第三章"里以增加"实体的各种契机"来考察流通过程,以及在此涉猎"各种使用价值"的再生产并将之视作互为条件的研究方法本身将成为问题。因为思考着上述问题的"循环"论与"周转"论,比起在

---

① 在写作计划上,只有"第三章"的字样,还没有标题。这一章的标题是在晚些时候,写第三章的手稿时才加上的。

这个写作计划是写在手稿的第一页纸上的。据推测,应该是在第二章写完之后写的(参见大谷祯之介《关于〈资本论〉的第三卷第一份手稿》,《经济志林》第五十卷第二期,1982年)。

《资本论》是怎样形成的

追溯马克思经济学的发展历程

《1857—1858 年手稿》中对这些问题的早期研究,其研究方法更具体。

马克思在第一章对资本循环的考察,首先是从第一形态的"货币资本的循环"开始,在考察过程中好像突然得到启发,在手稿中写下了关系到"危机运动论"的重要命题。

内容如下:

"如果银行以资本家 A 的商品所得到的期票为抵押(在贴现时),或者直接以资本家 A 尚未出售的商品为抵押,把银行券预付给资本家 A,那么,这些银行券依然代表物化劳动,代表已经物质化在资本家 A 的商品中的劳动,代表现有商品的转化形式。只不过商品或支付手段(期票)转化为货币的时间提前了,目的是缩短流通过程,加速再生产过程等等——这只不过是把商品向货币蛹的转化提前了。由于这一过程,卖就变得不以实际需求为转移,而人为的 W—G—W 可能取代实际的 W—G—W,从而促使危机(生产过剩等)扩展开来。"(全集第 49 卷第 278 页)

对这一段文字需要做一些解释。

马克思正在考察货币资本的循环。货币资本的循环用 G—W…P…W—G 的形式来表示。它表示,货币资本 G 被转化为劳动力以及生产手段的商品 W,进入生产过程 P,

第五章

危机运动论——1865年的发现及其意义

销售在此生产出的商品 W,转化为包含着剩余价值的 (W—G) 货币 G。再用循环终点的 G 来投资,开始下一轮循环。但是,生产出的商品 W 如果在市场上没有卖出,循环中断。

在资本主义社会里,为了防止上述循环的中断,信用发挥了很大的作用。(1) 有些场合下,商品的买家不是用现金,而是用支票支付商品。拿到支票的资本家 A 不能拿支票进行再投资,必须在银行把支票换成 G(银行券)。(2) 还有一种情况,资本家 A 把没有卖出的商品作为担保,从银行预支 G(银行券)。用预支到的 G 进行再投资,就可以保持循环的继续。

马克思在考察这一过程时意识到,这其中隐含着重大问题。由于银行的介入,资本循环 W—G 的过程缩短了,再生产的过程加快了。本来,生产出的商品通过销售,进入购买者手中,只要商品的代价没有被支付,这个过程就不算完结。但是,由于银行的介入,在 (1) 的情况下,虽然代价 G 还没有被支付,但再投资却成为可能。在 (2) 的情况下,即使处于尚未找到销售对象的阶段,进行再投资开辟循环持续道路的途径也会被打开。

自此,马克思的思想有了更大的飞跃。在这里人们所看到的是,销售从"现实的需求"中独立了出来,"虚拟的需求"取代了"现实的需求",不是这样吗?这样的运作被累积起来,就会产生如下状况:在应对"虚拟的需求"的过程中,销售行为与"现实的需求"之间的脱节就会不断

《资本论》是怎样形成的
追溯马克思经济学的发展历程

递增、扩大。① 资本主义生产方式在发展过程中必然周期性地形成生产过剩,最终爆发危机。这就是马克思一直在探究的危机运动论的基本形态。在写这篇短文的时候,马克思的脑海里强烈翻腾着的应该是这样一种思绪吧。

马克思认为这一事态具有从"销售"的"现实需求"走向"独立"的特征,这一点具有特别重要的意义。

但凡市场经济,不管是在什么情况下,总会发生各种各样的动摇和不平衡。但是,随着需求和供给的变化引起价格变动时,不平衡的反作用机理会促使平衡恢复,市场经济的特征就存在于这样的恢复平衡的机制里。不过,发生生产过剩的时候,这种恢复平衡的机制将难以启动,生产和消费之间的矛盾会不断扩大,最终导致危机。这是为什么?这其中存在着危机运动论必须要给出答案的一个难题。"流通过程的缩短"这一运动形态的发现,具备解决这一难题的力量。"销售"从"现实的需求"中独立出来,"销售"行为脱离了现实的 W—G—W,跑上了"架空的

---

① **探索到危机的运动形态与马克思的预想** 在发现危机运动论的两年前,马克思在《1861—1863 年手稿》中 1862 年 10 月所写笔记的一册里,推测导致危机的运动形态在市场经济中的存在形式时,写了如下一段文字。

"偏差一部分体现为表面上短期内均衡的动摇,另一部分则呈现为偏差的逐步累积,这种偏差最终演变为恐慌,成为对旧关系强有力的外在回归,或者首先极其缓慢地承认条件的变化。"(《〈资本论〉手稿集》第 7 卷第 502 页)

马克思在这里,按照他所预想的内容对运动形态作了描述,他所预想到的导致危机的运动形态——各种偏差渐次累积,终于在危机中爆发,强制性地让生产与消费的旧有平衡再度恢复。

第五章

危机运动论——1865年的发现及其意义

W—G—W"轨道,这里暗藏着一种机制,让生产与消费的矛盾不断扩大成为现实。

危机运动论的重要特征在此得到了充分彰显。危机,作为再生产过程中的"生产与消费之间矛盾"不断扩大的结果,与利润率趋向下降规律之间的关系,在看似毫无关系的背景下得到了应有的阐释。

圆满实现对经济循环的模拟

马克思再一次回到这个问题是在基本结束对循环的各种形态的考察之后。在这期间,马克思使用"流通过程的缩短"这一说法,对其所表述的内涵重新做了探讨。

在先前的考察里,我们把在这一过程中的主角指向了银行。仔细想来,其实代理 W—G 这一过程直接发挥作用的主角并非银行,而是商人。商人站在资本家 A 和消费者之间,代理了把商品最终送到消费者之手的 W—G 这一过程。银行给这些商人们提供信贷,为扩大他们之前的购买力,发挥了后方支援的作用。以前文中的(2)为例,银行把还未售出的商品作为担保,向资本家 A 预支 G(银行券),这样的情况当然是有的。但是,在这种情况下,商品销售的责任依然是由资本家 A 来承担,这种情况是不足以让"流通过程"缩短的。

对于在危机由浅到显的演进过程中,商人扮演的角色所具有的重要分量,马克思在《1857—1858 年手稿》开头

《资本论》是怎样形成的
追溯马克思经济学的发展历程

部分就予以了关注（参阅本书第四章）。现在，它已被设定为危机运动论的主要构成部分。

在主角从银行变更为商人的基础上，马克思利用所发现的新的运动形态，尝试着对产业循环进行模拟。

下面这段文字是对迄今为止的研究思路所做的一个梳理。

"W′一旦卖出，转化为货币，就可以再转化为劳动过程的从而再生产过程的各种现实因素。因此，W′是由最后的消费者购买，还是由想转卖的商人购买，这都没有什么直接影响。"（全集第24卷第88页）

接下来，我们开始展示马克思所做的经济循环模拟。原文是一篇连续的文章，在这里，以追溯经济循环各个局面的形式，把文章分成段落来读。

（1）"在一定的界限内，尽管再生产过程生产出的商品还没有实际进入个人消费或生产消费，再生产过程还可以按相同的或扩大的规模进行。

（2）"如果这种过程扩大了——这包括生产资料的生产消费的扩大——那么随着资本的这种再生产，工人的个人消费（需求）也可能扩大，因为这个过程是以生产消费为先导和媒介的。

（3）"这样，剩余价值的生产，从而资本家的个人

第五章

危机运动论——1865年的发现及其意义

消费,可以增长起来,整个再生产过程可以处在非常繁荣的状态中,但商品的一大部分只是表面上进入消费,实际上是堆积在转卖者的手中没有卖掉,事实上仍然留在市场上。

(4)"这时,商品的潮流一浪一浪涌来,最后终于发现,以前涌入的潮流只是表面上被消费吞没。商品资本在市场上互相争夺位置。后涌入的商品,为了卖掉只好降低价格出售。以前涌入的商品还没有变成现金,支付期限却已经到来。商品持有者不得不宣告无力支付,或者为了支付不得不给价就卖。这种出售同需求的实际状况绝对无关。同它有关的,只是支付的需求,只是把商品转化为货币的绝对必要。

(5)"于是危机爆发了。它不是表现在消费需求,即个人消费需求的直接缩减上,而是表现在资本对资本的交换,即资本再生产过程的缩减上。"(全集第24卷第89页)

经济循环的模拟圆满成功。把"流通过程的缩短"这一运动形态作为推演的核心,一边十分具体地再现每个循环局面的各种特征,一边成功地描绘出了经历繁荣,走向瓦解与危机的全过程。

这个模拟,阐明了新运动论的另一个重要意义。马克思1858年在《纽约每日论坛报》① 的社论中提到的问题,

---

① 参见本书第四章开头的介绍。

《资本论》是怎样形成的
追溯马克思经济学的发展历程

"现代工业国的国民"为什么"周期性地陷入放弃自有资产的病态"?对这个危机的周期性问题,马克思在理论上给出了圆满的回答。

产业循环的问题左右着资本主义经济,这一事实是马克思很早就注意到的问题。① 发现了危机运动论以后,马克思着眼于从理论上把握资本主义经济规律的运动形态,开始研究产业循环或称经济循环。

我认为,与就在几个月之前还在试图从"利润率趋向下降规律"出发,尝试着在理论上再现过剩生产以及陷入危机过程的艰苦工作相比,对马克思来说,成功地阐明了"运动论"是十分重要的,对深化"危机论"的研究具有决定性的意义。②

"世界市场"与"信用"问题

"流通过程的缩短"这一新的运动形态的发现,还解决

---

① **产业循环与马克思** 马克思在《哲学的贫困》(1847年)中就已经围绕着产业循环发表了相关论述。

"随着大工业的产生,这种正确比例必然消失。由于自然规律的必然性,生产一定要经过繁荣、衰退、危机停滞、新的繁荣等等周而复始的更替。"(全集第4卷第109页)

② **模拟在《资本论》中再现** 马克思对这个模拟十分满意,他在十二年之后的1876—1877年写作第二卷第五份手稿"生产资本的循环"一节时,把我们在上面所看到的第一份手稿中的模拟部分,全文作为"注"收录(《马克思恩格斯全集》国际版(MEGA)第二部分第十一卷第611—612页)。

恩格斯在编纂《资本论》第二卷时,将"注"的全文收录进正文里。

第五章
危机运动论——1865年的发现及其意义

了一个令人关注的问题。马克思和恩格斯计划在"世界市场"里阐明东印度贸易问题,这并非世界市场里的独特现象,问题的根本还是由于商人的介入而引发的"流通过程的缩短",东印度贸易问题不过是存在于人们身边的这一运动形态的东印度贸易版。"运动论"的秘密就潜藏在人们身边,而且是这样一个极其单纯的运动形态里。可以说,"信用"问题也是同样的问题。

这样讲,并不意味着对危机论来说,关于"世界市场"和"信用问题"的特别研究是无用的。马克思在继"模拟"之后的文章中,指出了在新发现的运动论视野中"世界市场"和"信用"所承担的特殊角色,并指出了今后的研究方向。

在此介绍两段文字。

"这种现象之所以发生,是因为商品向货币转化的完成——由于世界市场和信用制度——与商品是否出售给最终的买者无关。因此,商品向货币转化的提前和完成,不取决于——在一定界限内——这些商品的真正的个人消费过程。"(全集第49卷第292页)

"资本主义生产方式为自己创造出适合于生产过程规模的、缩短流通过程的必要形式,而由这种生产方式同时形成的世界市场,有助于在每个个别场合把这种形式的作用掩盖起来,并且为这种形式的扩大提供非常广阔的余地。把危机解释为滥用信用,就等于把危机解释为资本流通的表现形式。"(全集第49卷第292页)

《资本论》是怎样形成的
追溯马克思经济学的发展历程

我认为，与"流通过程的缩短"这一运动形态相关联，"信用"成为一个提供"其（生产）过程的规模所必要的"、用作手段和方法的平台，"世界市场"在帮助遮蔽着这一形态作用的同时，还为这一形态的扩张"提供活动的特别场所"，马克思的这一判断，明确地点明了今后的研究方向。

把危机作为资本主义经济"生命循环"的一部分

值得注意的是，在确立了危机运动论的同时，马克思摆脱了认为危机直接与资本主义体制危机相关的旧的危机观。新的危机观的核心在于，把危机作为资本主义生产"生命循环"的一部分来把握，这种危机的结局将不可避免地周期性发作，这是体制性的病理所在。

在第二卷的第一份手稿里，新的危机观还没有正式展开。但是，在这个手稿的第二章出现了关于新危机观的论述，比如以下文字。

"固定资本的总周转期间也同固定资本的周转相联系，以及不间断的再生产过程的较长的生命周期（危机、劳动的不间断性）。"（全集第49卷第395页）

在这段文字里的"生命循环"一词之后，加括号首先写下了"危机"的字样。这表明在这里所说的"更长期的生命

第五章

危机运动论——1865年的发现及其意义

循环"指的是，把危机作为重要节点的经济循环。接下来是"劳动的连续性"，我认为，它所指的是，物质的生产活动通过循环的各种环节而呈现出连续性。从这个意义上讲，马克思是在通过这篇文章以清晰的语句证明自己已达到了将危机定义为资本主义经济"更长的生命循环"这一新境界。[①]

马克思在这里还没有进一步界定"生命循环"各个局面的特征。在继第二卷第一份手稿之后，马克思写作第三卷手稿时涉猎此问题。我打算在解读第三卷手稿时一并介绍相关内容。

共产国际的报告（《工资、价格和利润》）

马克思在经济学研究中关于危机论的转变，从时间上来看，与马克思在革命实践中克服了把危机与革命直接联系起来的革命观的过程基本上是一致的。通过马克思在共产国际的活动，可以明确地看出他在这方面的转变。

正如人们所看到的那样，把危机与革命直接联系起来的观点，曾经深深地植根于马克思的革命论中。

马克思参与了1864年9月的共产国际的创立，成为其

[①] **生产过程的"生命循环"** 作为概括资本主义生产循环的用语，马克思在这里使用了"生命循环"一词。这一表述非同凡响，马克思从理论上掌握了经济循环的过程，这个用语表现出了他所达到的这样一种境地。

作为经济循环的整体表述，马克思曾使用过各种说法，如在《资本论》第一卷中的"现代工业特有的生活过程"（全集第23卷第694页）这一提法，与最初的表述具有非常相似的含义。

《资本论》是怎样形成的
追溯马克思经济学的发展历程

领导机关中央评议会中的一员。写作第二卷第一份手稿的1865年的上半年,正好与其正式开始在这里参加活动的时期重叠。因此,在马克思参加活动期间产生的力作中,可以从实践层面看出危机理论的重要发展。

1865年4月,在共产国际评议会上,工人的经济斗争和工会的是非论成为焦点。在6月的总委员会会议上,马克思为了从根本上推翻经济斗争否定论,做了一次从剥削的根源来分析问题的长篇报告。这就是在马克思去世之后,由他的小女儿公开出版的《工资、价格和利润》。

这个报告从理论上说明了价值论和剥削论,随后又用后半部分的大部分篇幅(十二章至十四章)来阐述经济斗争的实践论。令人印象深刻的是,马克思对危机论和产业循环的新见解做了具体阐释。

这个报告以危机为重要节点,将产业循环视为资本主义生产的日常性病理,阐述了劳动者应该如何通过这种产业循环来开展经济斗争。下面引用的是第十三章第四节里的一段话。

"你们都知道,由于某些原因——对于这些原因,现在没有说明的必要——资本主义的生产要经过一定的周期性的循环。它要经过消沉、逐渐活跃、繁荣、生产过剩、危机和停滞等阶段。"(全集第16卷第162页)

马克思在这里把繁荣和危机交替的现象,作为资本主

第五章
危机运动论——1865 年的发现及其意义

义生产的日常性病理来看待，论述了在这一前提下，工人阶级应该怎样开展斗争。他主张，围绕工资斗争，应该把它放在产业循环的整个视野下展开，为了实现"平均工资或自己劳动的价值"（同前第 162 页），在经济景气的情况下，必须争取更高水平的工资，否则就无法填补在经济不景气时被削减工资的损失。然后他呼吁，为了使工人阶级的斗争，从资本主义条件下的经济斗争发展为争取工人阶级解放的斗争，要举起自己的旗帜，写上"废除工资制度"的口号，为此，要提高这方面的觉悟。

与马克思、恩格斯在此前所期待的认为危机的到来是革命形势成熟的转机的观点不同，在这里我们看到的是，有着质的不同的产业循环论及其革命观的发展。

1857 年的危机是马克思、恩格斯带着一种直接与革命形势到来的期待所迎来的最后一次危机。接下来的危机，1866 年发生在英国，1873—1879 年期间发生的、以美国为起点、广泛波及欧洲的慢性危机，在这期间，马克思并没有从政治或关乎革命运动的维度来关注上述危机。①

这样的变化，是经过了 1848 年革命后反弹时期，与再

---

① 关于 1866 年的危机，围绕其性质和经过，马克思和恩格斯通过书信交换了意见（马克思致恩格斯 1866 年 5 月 17 日，恩格斯致马克思 1866 年 5 月 25 日，全集第 31 卷）。

1873—1879 年的危机，马克思在 1873 年致弗里德里希·阿道夫·左尔格的信（全集第 33 卷 607 页）、1878 年、1879 年致尼古拉·弗兰策维奇·丹尼尔逊的信（全集第 34 卷第 332—334 页、第 344—350 页）等信件中均有所论及。都是从经济学角度谈论危机的特征及前景。

《资本论》是怎样形成的
追溯马克思经济学的发展历程

次走上新兴之路的欧洲工人运动具有密切关系的实践经验的反映。同时也折射出马克思以发现危机运动论为转机,把危机和产业循环看作资本主义生产的日常性病理,从而建立起新的危机观。我认为,这对于追溯自此以后的经济学的发展过程很有价值。

这是一个站在经济学研究新高度上,阐述工人运动实践中各种问题的报告,通过从工人运动实践的角度研究资本主义的生产,来反证其给经济学研究带来的积极影响,该报告提出了一个很好的问题。上面所讨论的危机观的问题就是其中的一个实例。这其中包含着更大的问题,只好留在今后讨论了。

第六章

《资本论》第三卷后半部分的运动论研究（1865年）——对第四卷构思的重大改变

继第二卷第一份手稿之后，马克思于1865年夏天开始写作第三卷的后半部分。在此，他好像做出了一个计划，在发现危机运动论的基础上，在商人资本与信用制度的领域内进一步拓展这一发现，让"运动论"更加具体化。然而，第三卷后半部分的结构调整，引发了具体问题，主要波及第四篇里先前计划的部分。

手稿最初是把现行《资本论》第四篇和第五篇的内容合在一起的，题目是：第四篇"商品经营资本和货币经营资本。利润分为利息和企业主收入。生息资本"。这个结构发生改变，分成了两篇。

我认为，因为已经明确了是商人资本在发挥着承担"流通过程的缩短"这一运动形态的作用，所以也就有了在

《资本论》是怎样形成的
追溯马克思经济学的发展历程

这个领域里重新进行独自考察的必要，特别是在结构上做了很大的调整，把生息资本作为第五篇独立出来。最初没有列入计划的针对信用制度的研究，被编入了这一篇里。①在这两篇里，分别探究了在导致危机的运动过程中，商人资本以及信用所承担的角色。

"流通过程的缩短"这一运动形态的载体——商人资本

首先是第四篇"商品资本和货币资本转化为商品经营资本和货币经营资本（商人资本）"，这一篇沿着新发现的路线，加入了商人资本在引发危机上所起的作用。②

马克思在《1861—1863年手稿》中，以"商业资本"为题展开研究，对商业利润的问题和商业劳动者被剥削的问题，还有作为资本的派生形态，与商业资本起源相关的历史问题等，进行了相当深入的研究。对于危机过程中商人资本所起的作用问题，马克思此时还没有将其纳入研究

---

① **新纳入信用制度** 第五篇手稿中专门研究生息资本的"1)"到"4)"，也是《资本论》现行版本中第二十一章至第二十四章明确设立的章节，内容完备，但是"5)信用。虚拟资本"（现行版本第二十五章至第三十五章），却只有"信用。虚拟资本"这一笼统的标题。内容上，它在连贯的论述当中，混杂着从会议报告和各种著作中摘抄的片段性的评论，是一份未经整理的手稿式的集大成之作。在先行的《1861—1863年手稿》中，也并不包含与这一部分内容相对应的手稿。这些情况说明，后半部信用制度的部分，是改变了构思之后才加进去的内容。

② 参见全集第3卷第297—376页。

第六章

《资本论》第三卷后半部分的运动论研究（1865 年）——对第四卷构思的重大改变

视野。

加写的文章，与先前介绍的第二卷第一份手稿中的"生产资本的循环"一节记述经济循环的模拟（本书第五章中"圆满实现对经济循环的模拟"一节），以及在《资本论》里对危机的新运动论的直接记述，都是珍贵的。在现行《资本论》中，记述新运动论内容的文章，只有这两处。

在前面的模拟中，是以导致危机过程中经济形势是怎样发展的为中心记述的，在这里则是把焦点放在担负"流通过程的缩短"这一运动形态的主角——商人资本，首先以这个商人资本所起的作用为核心，描绘出导致危机的过程。

马克思对在第二卷第一份手稿中所提出的担负"流通过程的缩短"主角的商人资本的作用，在内容上做了更加具体深入的追踪。下面，我们按照马克思的叙述顺序，梳理一下这一追踪过程。

（一）马克思首先这样描述，商人资本发挥着重要作用，通过缩短 W—G 这一流通过程造就了"虚假的需求"，借助信用制度动员起"社会总货币资本的一个很大的部分"，使得原本就具有巨大伸缩性的再生产过程，进一步得到了超极限的扩大。

"第一，商人资本会缩短生产资本的 W—G 阶段。第二，在现代信用制度下，商人资本支配着社会总货币资本的一个很大的部分，因此，它在已买物品最终

《资本论》是怎样形成的
追溯马克思经济学的发展历程

卖掉以前可以再进行购买。在这里,无论是这个商人直接把商品卖给最后的消费者,还是在这二者之间另有十二个商人,都与问题无关。再生产过程有巨大的伸缩性,能够不断突破每一次遇到的限制时,它在生产本身中不会发现任何限制,或者只会发现有很大伸缩性的限制。因此,除了由于商品性质造成的 W—G 和 G—W 的分离以外,这里将会产生一种虚假的需求。"(全集第 25 卷上第 340 页)

但是,商人资本的活动,虽然看上去好像是一种驱使着巨大货币资本的独立的运动,但其所起的作用,归根结底是产业资本运动的媒介,无法切断它对产业资本的依赖关系。马克思对商人资本与产业资本之间关系的两个方面,用"内部的依赖性和外部的独立性"来表述。他指出,这一矛盾借助商人资本超越了再生产过程的各种限制,终于使其闯进了危机之中。

"尽管商人资本的运动已经独立化了,它始终只是产业资本在流通领域内的运动。但是,由于商人资本的独立化,它的运动在一定界限内就不受再生产过程的限制,甚至还会驱使再生产过程越出它的各种限制。内部的依赖性和外部的独立性会使商人资本达到这样一点,这时,内部联系要通过暴力即通过一次危机来恢复。"(全集第 25 卷上第 340 页)

第六章

《资本论》第三卷后半部分的运动论研究（1865年）——对第四卷构思的重大改变

在接下来的文章中，马克思首先把关注点放在了危机于何时何地爆发这一主题上，这也是站在新运动论立场上，阐明"危机论"的一个重要论点。

"因此，在危机中可以看到这样的现象：危机最初不是在和直接消费有关的零售商业中暴露和爆发的，而是在批发商业和向它提供社会货币资本的银行中暴露和爆发的。"（全集第25卷上第340页）

（二）接下来，马克思揭示了一个特殊现象：当商人资本的运作与现实再生产过程之间的矛盾日益激化、客观形势趋近经济危机之际，社会经济却往往呈现出表面繁荣的症候。针对这一悖论，他展开了双重维度的理论解析。

第一个解析维度聚焦于：产业资本家与国内外商业资本之间构筑的多维流通网络，即便出现部分商品销售低迷与库存积压的情况，仍能通过复杂的矛盾转嫁机制，形成遮蔽危机本质的症候性繁荣。

"的确，工厂主可以把产品卖给出口商人，出口商人可以再把它卖给外国主顾；进口商人可以把他的原料卖给工厂主，工厂主可以把他的产品卖给批发商人，等等。但是，在某一个看不见的点上，商品堆起来卖不出去了；或者是一切生产者和中间商人的存货逐渐变得过多了。消费通常正好是在这个时候兴旺到了极

《资本论》是怎样形成的
追溯马克思经济学的发展历程

点,这部分地是因为一个产业资本家推动了一系列其他的产业资本家,部分地是因为他们雇用的工人由于充分就业,能比平时多支出。资本家的支出也会随着他们的收入增加而增加。"(全集第 25 卷上第 340—341 页)

马克思展开的第二个理论维度聚焦于:不变资本的流通进程与个人消费领域之间的结构性矛盾。不变资本,即生产资料是在产业部门消费的东西,所以直接在产业资本家的各部门之间进行交易。也就是说,是在众多生产部门之间,进行着不变资本与不变资本的交换,从表面上看它是从个人的消费中独立出来的,因此会产生在经济活动中生产资料部门优先发展的倾向,以及这一部门的独立性被绝对化的倾向。但是,社会构成人员全体个人消费的总体,构成了社会经济活动的基础,生产资料的生产,说到底也是为此而进行的,不变资本的生产与流通,最终也不可避免地要受到个人消费的制约。马克思在先前的经济循环模拟文章的结尾部分写道,危机的爆发不是表现在"消费需求"的直接缩减上,而是表现在"资本对资本的交换,即资本再生产过程的缩减上"。[1] 下面这段文字,正是对这个问题的考察。

"此外,正如我们以前说过的(第 2 卷第 3 篇),

---

[1] 参见本书第 101 页。

第六章

《资本论》第三卷后半部分的运动论研究（1865年）——对第四卷构思的重大改变

不变资本和不变资本之间会发生不断的流通（甚至把加速的积累撇开不说也是这样）。这种流通就它从来不会加入个人的消费来说，首先不以个人消费为转移，但是它最终要受个人消费的限制，因为不变资本的生产，从来不是为了不变资本本身而进行的，而只是因为那些生产个人消费品的生产部门需要更多的不变资本。由于所期望的需求的刺激，这种生产在一段时间内能够安稳地进行下去，因此，在这些部门，商人和产业家的营业非常活跃。一旦那些把货物运销远处（或存货在国内堆积起来）的商人的资本回流如此缓慢，数量如此之少，以致银行催收贷款，或者为购买商品而开出的汇票在商品再卖出去以前已经到期，危机就会发生。这时，强制拍卖，为支付而进行的出售开始了。于是崩溃爆发了，它一下子就结束了虚假的繁荣。"（全集第25卷上第341页）

马克思在此前，作为危机的根本原因，在关注生产与消费之间的矛盾的同时，还关注到"不同生产部门的比例"问题（《资本论》第三卷）。我认为，在这里所谈到的不变资本的生产与个人消费的关系同此前所关注的问题是有联系的。

正式着手研究"信用理论"

在第五篇里，马克思的相关研究呈现出另外一番景

《资本论》是怎样形成的
追溯马克思经济学的发展历程

象。在以"资本一般"为基本框架的这篇著述里,"信用问题"被排除在视野之外。最初的构思是按照"a. 资本一般""b. 竞争""c. 信用""d. 股票资本"的顺序,准备在后续项目里将其列为研究对象。但是,马克思突然改变了这一构思,决定在这部著作中正式研究"信用"问题。

第五篇的标题被确定为"利润分为利息和企业主收入。生息资本",没有"信用"的名目,但是,浏览实际写成的第五篇手稿,在多达 129 页的庞大手稿中,前半部分用在"生息资本"的篇幅是 31 页,用于后半部分"信用"的篇幅是 86 页,最后的历史部分是 12 页,在结构上"信用"部分占据了绝对数量。

再看叙述的内容,与"生息资本"相关的部分,由四章构成很严整,但是,"信用"部分全篇 86 页只使用了"5)信用。虚拟资本"①一个标题做概括。全篇内容,就好像是在未开垦的土地上插上了分析与阐释的铁锹,然后就将其原封不动地展示出来,留下来的完全是一部不定稿。恩格斯从 1889 年 10 月开始到 1893 年 3 月,大约用了三年半的时间整理这部手稿,编纂成我们现在所看到的这个样子,在《马克思恩格斯全集》国际版(MEGA)里看到手稿原文时,不由得引人联想,恩格斯为把手稿编纂成现行版本,付出了多少辛劳!

---

① 恩格斯把这部分最初章节的题名定为"信用和虚拟资本"(《资本论》第三卷第二十五章),是援用了马克思为"信用"部分整体所设的标题"信用。虚拟资本"。

第六章

《资本论》第三卷后半部分的运动论研究（1865 年）——对第四卷构思的重大改变

从手稿内容的排布上看，可以分出性质完全不同的六个部分。为叙述方便，分别用"第一部分""第二部分"来加以标注，各部分的大体内容，可概括如下。

第一部分是一篇解说商业信用以及银行信用基础结构的短文。加"注"部分分作十项，比正文还长（占手稿两页）。

第二部分以从经济学家和议会报告中的摘录为主，加若干短评（占手稿八页）。

第三部分对信用制度做理论考察（占手稿三页）。没有资料部分。

第四部分对信用问题做理论探究。马克思把这部分内容分作三个部分，加上了Ⅰ）、Ⅱ）、Ⅲ）的序号（占手稿二十三页）。在中间有标记"混乱"字样的摘录。

第五部分是标记"混乱"字样的，从议会报告中的摘录集（占手稿十页）。

第六部分在开头部分写了一些理论研究的文字，很快就转移到对议会报告和经济学家各种著作的摘录（占手稿三十三页）。

分解后可以看出，若从"信用"论领域里追溯马克思研究危机运动论的历史经纬，应重点研读"第一部分""第三部分""第四部分"。恩格斯从"第一部分"中整理出信用论的最初的第二十五章"信用和虚拟资本"；从"第三部

《资本论》是怎样形成的
追溯马克思经济学的发展历程

分"整理出第二十七章"信用在资本主义生产中的作用";从"第四部分"整理出第二十九章"银行资本的组成部分"以及第三十章至第三十二章的"货币资本和现实资本"。①

马克思在第三卷后半部分的写作中,关于这些议会报告书的问题,给恩格斯写了内容如下的信。

"1857年和1858年国会关于银行事务等等的报告,不久以前我不得不再翻一翻,这些报告荒谬的程度,你真是一点也想象不到。如在货币制度中,资本=黄金。有时又是对亚当·斯密的羞答答的回忆以及把关于金融市场的胡说八道和他的'开明'观念调和起来的骇人听闻的企图。最突出的是现在终于走完了人生的道路的麦克库洛赫。这家伙显然从奥维尔斯顿勋爵那里领到了一笔可观的小费;因此他不得不宣布后者是'金融界的巨子',并千方百计地替他辩解。对所有这些宝贝东西我只能在以后的一部著作中来进行批判。"(全集第31卷上第150—151页)

也就是说,对于这些来自议会报告的庞大的摘抄笔记,

---

① **其他部分的编纂** 恩格斯从"第二部分"中编纂出第二十六章"货币资本的积累,它对利息率的影响";以"第五部分"和"第六部分"(其中从议会报告中的摘录占绝大部分)为素材,写出了第三十三章"信用制度下的流通手段",第三十四章"通货原理和1844年英国的银行立法",第三十五章"贵金属和汇兑率"。

第六章

《资本论》第三卷后半部分的运动论研究（1865 年）——对第四卷构思的重大改变

马克思将其用作写作信用论的参考，而对它直接的批判性分析，不放在当下写作的"信用论"中，而是打算在"以后的一部著作中来进行"。马克思把"报告"用作写信用论的素材，但又费心耗力地撰写了三篇关于信用论的文章。我认为这是由恩格斯的误解所致。关于这一部分恩格斯所做的工作和问题所在，我在《马克思与〈资本论〉——再生产理论与危机》一书"[补论Ⅱ]关于信用论的第三十三章至第三十五章的编纂"（该书第 326—349 页）中，展示了必要的资料并对此进行了探讨。

另外，马克思信中出现的奥维尔斯顿是英国的银行家、著名的经济学家。在审议危机问题的 1848 年以及 1857 年议会银行法委员会上，他是主要证人之一。麦克库洛赫是一位与奥维尔斯顿观点相同的经济学家，马克思在"诸学说"中评价他"是把李嘉图经济学庸俗化了的男人，同时是让其解体的最悲惨的象征"。

马克思研究的涉及面很广泛。在迄今为止的研究中，他提出了两个命题作为在危机运动论中思考信用所发挥的作用时的指针：一是在第二卷第一份手稿中提出，"资本主义生产方式为自己创造出适合于生产过程规模的、缩短流通过程的必要形式"①；二是在第三卷论述商人资本时提出，商人资本使用通过近代信用制度所获得的"社会总货币资本的一个很大的部分"②，把再生产过程推到最大限度的可

---

① 全集第 49 卷第 292 页。
② 全集第 25 卷上第 340 页。

《资本论》是怎样形成的
追溯马克思经济学的发展历程

能规模。以这两个命题作参考,我们来简略梳理一下,马克思在第五篇中所留下的研究轨迹。

手稿的第一部分引人关注的是,马克思在这里给出了一张大概的示意图,它告诉我们,近代的信用制度,特别是银行资本,是怎样从社会的某些地方,收集到了怎样的资金,如何建立起可以利用的巨大货币资本积蓄的(第二十五章"信用和虚拟资本")。这一巨大的货币资本,通过商人资本等其他活动,被投入再生产过程,成为其走向无限扩大的推动力。

第三部分(第二十七章"信用在资本主义生产中的作用")值得注意的是,马克思提出了在推进研究时,必须谨记的要点。

"如果说信用制度表现为生产过剩和商业过度投机的主要杠杆,那只是因为按性质来说可以伸缩的再生产过程,在这里被强化到了极限。它之所以会被强化,是因为很大一部分社会资本为社会资本的非所有者所使用,这种人办起事来和那种亲自执行职能、小心谨慎地权衡其私人资本的界限的所有者完全不同。这不过表明:建立在资本主义生产的对立性质基础上的资本增殖,只容许现实的自由的发展达到一定的限度,因而,它事实上为生产造成了一种内在的但不断被信用制度打破的束缚和限制。因此,信用制度加速了生产力的物质上的发展和世界市场的形成;使这二者作为新生产形式的物质基础发展到一定的高度,是资本

第六章
《资本论》第三卷后半部分的运动论研究（1865年）——对第四卷构思的重大改变

主义生产方式的历史使命。同时，信用加速了这种矛盾的暴力的爆发，即危机，因而加强了旧生产方式解体的各种要素。"（全集第25卷上第498—499页，不破依据手稿重做翻译，并加着重点）

这里在揭示关于信用制度基本规律的同时，还向我们提示了今后的研究方向。

这篇文章特别吸引人的地方是，对推动再生产过程发展到极限的信用制度的作用，进行了更进一步的深入考察。

资本主义的生产，在其发展过程中，不断地与具有利润至上主义体制固有的狭隘结构相冲突，作为"内在的束缚和限制"，它遏制了各种生产力的进一步发展。信用制度通过把"很大一部分社会资本"提供给"非所有者"（企业家和商人），从而"打破"了"束缚和限制"，使生产力得以跃升至原本无法企及的高度——在这里发挥着信用制度的特殊作用。我认为，这才是马克思这篇文章的核心所在。

在第四部分，关于危机论的问题，特别是马克思用Ⅲ）区分开的部分（《资本论》现行版本第三十章至三十二章"货币资本和现实资本"）很重要。

在这里，我们采用与前述理论推演相呼应的分析方法，追溯着一直到最后因崩溃和危机而谢幕的经济循环的各种局面，看一看再生产过程中信用所发挥的作用。

《资本论》是怎样形成的
追溯马克思经济学的发展历程

(1)"最初聚焦在商业信用,也就是"从事再生产的资本家互相提供的信用"所发挥的作用,从这一角度,看再生产的圆满进行和从扩张的局面到停滞的局面,再进一步发展到危机局面,在这一过程中追踪信用的作用是怎样变化的。"(全集第25卷下第542页)

(2)"接下来加入原本的货币信用,也就是对由"银行家和贷款人"向产业资本家和商人们"贷款",考察在这种情况下借贷资本的运动与产业循环各种局面的关系。"(全集第25卷上第548页)

(3)"进一步是其后续部分,货币资本的积累并将其投入再生产过程,引发过剩生产、过度投机问题,从更广泛的角度提出研究问题。"(全集第25卷上第549页)

如上所述,马克思是从各种角度进行考察,他的考察虽然并没有完结,但是,在这个领域里,马克思迈出了科学分析的重大一步,这是毫无疑问的。①

运动论的发现急剧改变了马克思的"危机论"

至此,我们以商人资本论和信用论两个问题为中心,

---

① 在这里只能概略地对上述问题做一个介绍,关于马克思以第三卷手稿为基础的信用论研究,我在十余年前所写的《马克思与〈资本论〉——再生产理论与危机》中卷第五篇"读信用论手稿"(第151—277页)中做过总结,可供参考(本书提到的如何对待议会报告的问题,也是该书讨论的问题之一)。

第六章

《资本论》第三卷后半部分的运动论研究（1865年）——对第四卷构思的重大改变

梳理了马克思发现"流通过程的缩短"这一运动形态之后，在第三卷手稿中对"危机论"的拓展过程。与前一时期——在利润率趋向下降的规律中探求运动论基本形态的时期相比，可以看出马克思的"危机论"、危机观发生了明确的、巨大的变化。

第一大变化是，马克思在讨论危机问题时，不再提及利润率趋向下降的规律。回顾一下《资本论》第三卷第三篇就会很清楚，以前的定位是，危机正是这个规律在发挥作用的最好确证，对危机中的矛盾爆发，也反复尝试着依照利润率趋向下降的规律做出解释。

比如，在《1861—1863年手稿》中指出，承受着利润率趋向下降的压力，资本所采取的"疯狂冒险"是造成危机的原因，并追加说明其罪魁祸首是"更小的分散的小资本"。但是，新的分析认为，这样的推理是没有任何事实根据的。造成"疯狂冒险"的是信用制度的产物"他人资本"，不是分散的小资本，而是把交易所当成私有物来掌管的金融贵族们。

《1861—1863年手稿》还提出了"资本过剩"问题，并向利润率趋向下降追究其原因。同样的问题，在《资本论》第三卷第三篇中被重复提起，在这里马克思提出"利润率的下降在促进人口过剩的同时，还促进生产过剩、投机、危机和资本过剩"[①] 这样的观点，但并没有依据事实对其展开深入的论证。

---

① 全集第25卷上第270页。

《资本论》是怎样形成的
追溯马克思经济学的发展历程

不过,就在这一部分开始动笔写作大约半年之后,掌握了新运动论的马克思,尝试着对"过剩、投机、危机和资本过剩"等各种现象进行科学剖析,并取得了巨大的成功。但他并没有再提及"利润率趋向下降的规律"。

马克思采用信用论的新分析方法,从正面提出了什么是"资本的所谓过剩(plethora)"、它起源于何处等问题。[①] 在没有借助利润率趋向下降之规律的情况下,得出了圆满的答案。"为生产而生产"的资本主义生产的原始冲动,以及用于消除有碍这种原始冲动的障碍的信用制度的确立,这二者的结合成为可以说明"资本过剩"现象的现实证据。

第二,摆脱了通过与"利润率下降的规律"相关联,继而将"危机"认定为资本主义的末期景象这一狭隘认知,确立了以危机为节点的产业循环是资本主义的病理性现象之观点。对于这个观点,马克思在共产国际的报告《工资、价格和利润》中做过十分详细的论述,但在信用论的第三十章里,是第一次立足于新观点对产业循环的各个环节进行阐述。

在产业循环的各个环节上,对利润率是怎样波动的做了探讨之后,马克思围绕产业循环写了如下一段文字。

"这种产业周期的情况是,同样的循环一旦受到最初的推动,它就必然会周期地再现出来。在松弛的情况下,生产下降到上一个周期已经达到并且现在已经奠定技术基础的那个水平以下。在繁荣期——中期,

---

① 参见全集第 25 卷下第 539 页。

第六章

《资本论》第三卷后半部分的运动论研究（1865年）——对第四卷构思的重大改变

生产在这个基础上继续发展。在生产过剩和欺诈盛行的时期，生产力紧张到极点，直至越过生产过程的资本主义限制。"① （全集第25卷下第553—554页）

如果不算《工资、价格和利润》中的有关记述，这篇文章可以视作马克思借助《资本论》及其他手稿就产业循环形态作的第一次宏观阐释。

经济危机于1825年第一次袭击英国，接下来是1837年、1847年，几乎以十年为周期英国就要遭遇一次危机。危机是有周期性的，在马克思开始经济学研究的十九世纪四十年代，在1847年之前，已经成为社会常识，马克思和恩格斯也经常会在社论、书信中提及。但是，作为经济学的问题，在《1857—1858年手稿》和《1861—1863年手稿》中都没有形成把产业循环看成是资本主义经济的一种自然形态的观点。由于人们认为危机的爆发必定迎来革命运动的新时代，因而普遍抱有期盼危机爆发的心态。在这

---

① **产业循环各种局面的特征** 马克思在《资本论》中多处对产业循环各种局面的特征做出阐述，其界定并没有统一。将其主要内容按写作时间顺序介绍如下。

第三卷第三十章"货币资本和现实资本。I"（前文介绍过的文章）：
松弛的情况—繁荣期（中期）—生产过剩和欺诈盛行的时期
第一卷第十三章"机器和大工业"：
中常活跃—繁荣—生产过剩—危机—停滞
第一卷第二十三章"资本主义积累的一般规律"：
中常活跃—生产高度繁忙—危机—停滞
第二卷第九章"预付资本的总周转。周转的周期"：
松弛—中等活跃—激剧上升—危机

《资本论》是怎样形成的
追溯马克思经济学的发展历程

种背景下,没有人思考在危机平息之后会迎来新的循环的问题。

所以,在这些文章里平淡地谈论着反复出现的产业循环,明确地反映出了马克思已经从以往的观念中走出来,他的危机观发生了变化。

第三,这件事对马克思的革命论也产生了积极的影响。

马克思在写作《1857—1858年手稿》时,表明了危机的爆发与革命的到来密不可分之观点。在这部手稿中,他阐述了这样一种理论:"利润率趋向下降的规律"不断地引发危机,最终导致"资本的强烈颠覆"。危机必然导致革命是革命论的基调。

但是,在这里我们必须注意到,"利润率趋向下降的规律"是一个严格的数学上的定式。它与革命势力的强弱毫无关系,只按其自身规律演进。把这样一个数学上的规律与革命这一社会变革的必然性结合起来的理论,到头来会不会陷入科学社会主义实践中,我们一直戒备的资本主义自动崩溃论,以及由于经济上的矛盾和破绽,资本主义制度必然走向灭亡的经济自动崩溃论中去呢?我认为,这样的质疑是无法回避的。

其实,同样的质疑,对《1861—1863年手稿》和《资本论》第三卷第三篇手稿中的定式也是相通的。虽然这两部著作没有像《1857—1858年手稿》那么突出强调"利润率趋向下降的规律"必然导致革命,但是,这些文章强调"利润率趋向下降的规律"是决定资本主义生产方式必然向

第六章

《资本论》第三卷后半部分的运动论研究（1865年）——对第四卷构思的重大改变

新的生产方式转换的历史性法则，并基于这一认知将它定义为经济学上最重要、最根本的法则，其思想脉络皆来自《1857—1858年手稿》言及的"经济崩溃论"与"自动灭亡论"，虽然表达方式不同。这一点是不能否定的。

以上三点，总结了以发现危机运动论为拐点而出现危机观转变的几大特征，这些变化并不局限在"危机论"本身，它还关系到当前乃至今后人们对资本主义生产方式的认识密不可分的更宏大的理论拓展。

这一理论拓展，被正式纳入《资本论》第一卷的定稿中，为便于观察这一理论拓展，对发现危机运动前后所关注的另一个理论问题——"特殊的资本主义生产方式"新规律形成过程的探究，也是不可缺少的课题。我们将在下一章探讨这个问题。

第三部分 "特殊的资本主义生产方式"
——追踪这一规律的形成和发展

第七章
"特殊的资本主义生产方式"定义的诞生——"机器论"续稿

"机器论"为什么中断

在前面的章节里,从《1857—1858年手稿》到《1861—1863年手稿》《1863—1865年手稿》,对马克思的"危机论",尤其是马克思从事危机运动论的研究历程进行了追溯。接下来讨论的问题,在时间上几乎重叠,从内容上看也是一个紧密相关、不可分割的问题——"特殊的资本主义生产方式"的定义及围绕它的认识发展问题。

关于这个问题,我的研究起点是,《1861—1863年手稿》中的"机器论"在写作时中途停下来的问题。

马克思1861年开始写作《1861—1863年手稿》时,按

《资本论》是怎样形成的
追溯马克思经济学的发展历程

"计划"① 倾注多年经济学研究的积累，比较顺利地写下了"相对剩余价值"一章中的 α 协作、β 分工。但是，进入"γ 机器、自然力和科学的应用（蒸汽、电、机械的和化学的因素）"② 一节，在写完二十几页手稿时，突然中途停止了写作。正像在前面所看到的那样，在这里马克思开始转而写作第三篇"资本和利润"，并进一步展开了未列入计划中的针对"关于剩余价值各种学说"的研究。这项研究的结果，最终发展成了占据《1861—1863年手稿》一半以上篇幅的庞大研究，在该研究基本接近尾声的时候，又重新开始已中断一年半的"机器论"的写作。

马克思到底为什么中断了"机器论"？再次开始写作时，在理论上取得了什么样的进展？这个问题成了1978年《1861—1863年手稿》第一分册的日文版出版，即我第一次接触到这个手稿以来，一直放不下的问题。1994年包括重新写作的"机器论"续稿在内的第六分册（《〈资本论〉手稿集》第九卷）出版了，我阅读之后，也没能读懂与解决这一问题有关的内容。

如前所述，我这几年一直和一些有心人，在日本共产党本部坚持举办《资本论》手稿轮读会。通过这个轮读会，在重新阅读《1861—1863年手稿》的过程中，我感觉好像

---

① 马克思在写作《1861—1863年手稿》之前，制定了一个"关于资本章节的计划草案"（《〈资本论〉手稿集》第三卷第444—464页）。推测制定时间大约是在1859年春或1861年夏。

② 全集第47卷第3章。——译者注

第七章

"特殊的资本主义生产方式"定义的诞生——"机器论"续稿

找到了可以解决这个疑问的一些线索。

在1861年撰写的"机器论"手稿中,存在一个显著特征:本应作为研究核心对象的机器本身,在具体形态描述层面完全缺席。由于机器的采用,资本和劳动者间的关系发生了怎样的变化?文中出现了劳动过程与价值增殖过程的关系、资本和剩余价值间的关系如何变化,出现了劳动时间等与雇佣的关系,甚至出现了有关机器在对抗罢工时所发挥的作用的论述,但关于机械、工厂制度本身的研究,劳动过程将怎样变化,资本主义生产将会产生什么新特征等涉及本质的研究,却未提及。

有两个概念对马克思后来的资本主义分析具有重要意义,与"特殊的资本主义生产方式"这一定义的形成具有直接关系,一个是对资本的劳动者的"形式上从属"[1],一个是"实际上从属"。这两个概念,对通过劳动力的买卖,劳动者以原来不变的劳动形态被置于资本统治之下的阶段,以及劳动形态本身变化为资本主义特有形态的阶段做出了区别,在《1861—1863年手稿》里,最先在第一章"货币转化为资本"[2] 中就已经对这两种形态的区别做了规定。

形式上从属。"事实上在历史上是这样的:资本在它开始形成的时候不仅控制了一般劳动过程(使劳动

---

[1] **形式上从属** 《〈资本论〉手稿集》中的翻译是「形態的包摄」,不破书稿中统一翻译为「形式的包摄」,中文译为"形式上从属"。

[2] 全集第23卷第2篇第4章。——译者注

《资本论》是怎样形成的
追溯马克思经济学的发展历程

过程从属于自己),而且还控制了特殊的实际劳动过程,这些劳动过程在工艺上处于资本找到它们时的状况,并且是在非资本主义生产关系基础上发展起来的。资本找到实际的生产过程,即特定的生产方式①,最初只是在形式上使它从属于自己,丝毫也不改变它在工艺上的规定性。"(全集第47卷第99页)

实际上从属。"资本只有在自己的发展过程中才不仅在形式上使劳动过程从属于自己,而且改变了这个过程,赋予生产方式本身以新的形式,从而第一次创造出它所特有的生产方式。"(全集第47卷第99—100页)

"形式上从属"和"实际上从属"的区别,在对机器与大工业阶段的分析中具有十分重要的意义。马克思在《1861—1863年手稿》中,对"实际上从属"的初步、初期阶段"协作"与"分工"(工场手工业)进行考察时使用了这个概念,论述中以"特殊的资本主义生产方式"做出定位。可是,在对最具有重要意义的机器与大工业的考察中,这个概念却未被提及,几乎没有再从这一角度展开讨论。这一点,在"γ机器"一项的考察中也类似,同对"协作"与"分工"项目的考察相比,也明显不够

---

① **生产方式** 马克思在上面两段文字里所使用的"生产方式"(weise)一词,指的是技术层面上的生产方式。换句话说,是生产方法的意思。在"从属"论的说明中,同一个德语词会像这样用于不同的意思,应在阅读时引起注意。

第七章

"特殊的资本主义生产方式"定义的诞生——"机器论"续稿

精当。

马克思中断了"机器论"的写作后,找出了《工艺学笔记》①再次阅读,并把这件事告诉给恩格斯(1863年1月28日),可见,在这个时期马克思并不缺乏关于机器的知识。可是,这一时期,他将机器概括为具有高度生产力的"不变资本",仅限于从量的角度对其进行考察、研究。而机器与工厂制度本身,作为独自的经济学研究对象,还没有正式纳入马克思的视野,写作"机器论"时,马克思所感到的最大困难是不是就在这里呢?

马克思于1845—1846年与恩格斯一起写作《德意志意识形态》一书时,对经济社会当今的发展阶段用"大工业"一词来表述,其所指的正是英国正在迅速兴起的机器大工业。可是,一旦开始了对"机器"的分析研究,对采用机器给工人所带来的后果,仅仅从"协作"和"分工"的延长线上进行分析,就没有办法从正面去把握自己曾经用"特殊的生产方式"这一表述定位的机器大工业是社会发展的阶段性特征。我认为,正是意识到了这一点,才促使马克思下决心改变研究方向。

---

① **马克思的《工艺学笔记》** 全集第三十卷对马克思致恩格斯的信(1863年1月28日)的注释中说,马克思关于工艺学的笔记(摘录)是许多作者的著作的详细摘要,其中包括:约·亨·摩·波佩《从科学复兴时期到十八世纪末工艺学的历史》1807—1811年哥丁根版第1—3卷;安·尤尔《技术词典》,克腊马尔什和黑伦整理,1843—1844年布拉格版,共三卷;约·贝克曼《论发明史》1782—1805年哥丁根版第1—5卷。

另外,这些笔记写作的时间是1861—1863年,但是现在作为《伦敦笔记》中的一部分,被视为1852年的笔记。

《资本论》是怎样形成的

追溯马克思经济学的发展历程

在这个问题里,还有一点很重要,即应该如何把握"为了生产而生产"这一口号所代表的资本主义的本质性冲动。

马克思从《1857—1858年手稿》正式开始对资本主义经济进行研究时起,就一直指出,毫无节制地扩大生产的取向是资本的本质。其根据,基本上是来自一味追求剩余价值最大化的资本的本性。在需要做出具体说明的时候,如同在"资本的流通过程"研究开始部分所做过的那样,举出了先行扩大市场的例子,不断地追求流通区域的扩大,企图建立世界市场的资本的本性,追求着生产的无限扩大。①

在资本主义生产处于工场手工业阶段的时代,这样的说明也许是说得通的。但是,从根本上改变了这种状况的是机器大工业的诞生。一个时代已开启,不是生产在追随市场,而是物质生产的变革在无条件地要求市场迅速扩大。这个问题最终成为马克思"机器与大工业"论的中心命题,"为生产而生产"的资本主义生产至上主义,也有了与其相吻合的物质基础。但是,1861年,在刚开始写作"机器论"的马克思的视野里,还没有形成这样一个看问题的角度。

马克思研究"利润率趋向下降规律",虽然圆满成功地解决了问题,但是,也正是在这一时期,险些将努力取得的经济科学的成果与对危机论的错误理解联系到了一起。

---

① 参见全集第46卷第14—18页。

第七章
"特殊的资本主义生产方式"定义的诞生——"机器论"续稿

还有一个需要思考的问题，马克思在整体构思经济学著作的时候，把"资本"和"工资"分别设定在不同的卷里论述。根据这一构思，在资本主义剥削制度下工人所处的状态以及作为肩负新社会的阶级其成长和发展的过程等，应该是被定为在"工资"卷里进行正式研究的对象。实际上，在《1857—1858年手稿》里会经常看到一些马克思在自我约束的场面，一边大谈剥削与压迫，一边又说这本不是在本书讨论的问题。

马克思自己设定的这些限制，当然也被《1861—1863年手稿》继承了下来。这个情况清楚地出现在讨论"工作日"的"绝对剩余价值"的部分里。文章大部分的内容是用方程式的形式讨论考察必要劳动和剩余劳动之间的关系，在现行的《资本论》中所论及的活生生的剥削现场状况，围绕着工作日的工人斗争的宏大历史，仅在"追述"中略有提及。马克思自己好像并没有意识到这个问题，同样的限制也成了"机器论"中的研究没有能够展开的原因之一，这是不可否认的。

直面机器大工业的实际状态

马克思在中断一段时间之后，再次开始写作"机器论"续稿是在1863年1月。马克思在1月28日写给恩格斯的信中，对这期间的学习情况作了介绍。

《资本论》是怎样形成的

追溯马克思经济学的发展历程

"我正在对机器这一节作些补充。在这一节里有些很有趣的问题,我在第一次整理时忽略了。为了把这一切弄清楚,我把我关于工艺学的笔记(摘录)全部重读了一遍,并且去听韦利斯教授为工人开设的实习(纯粹是实验)课(在杰明街地质学院里,赫胥黎在那里也讲过课)。我在力学方面的情况同在语言方面的情况一样。我懂得数学定理,但是属于直观的最简单的实际技术问题,我理解起来却十分困难。"(全集第30卷上第317页)

在这封信的后文里,谈到了机器与工具的区别,以及在工场手工业时代储备的机器工业的物质基础等有关这一期间的研究成果,从上面所引用的文字里也可以看出,关于机器论的研究似乎还处在探索阶段。

这个问题,在重新开始写作的"机器论"的续稿(《1861—1863年手稿》上卷)里也反映得十分清楚。

马克思首先在以前拟定的题目"γ机器、自然力和科学的应用(蒸汽、电、机械的和化学的因素)"下写作续稿。这篇续稿多达131页,从内容上看,手稿最初的80多页(在成书的《〈资本论〉手稿集》上是180多页)的部分,是由机器的历史研究和现在机械工厂的实况记录以及劳动力配置的统计,还有在其前后加写的一部分评论文章构成,但没有看到这期间与马克思的研究密切相关的机械论的具体成果。但是,伴随着机器的出现,"劳动的浓缩"(全集

第七章

"特殊的资本主义生产方式"定义的诞生——"机器论"续稿

第47卷第403页),"童工"(同前第505页),在机械工厂的"新的分工"体系(同前第519页),"机器代替劳动"(同前第542页),工人的"抛出与吸收问题"(同前第556页),从工场手工业到机器的转移过程等,后来在《资本论》中所涉及的一系列的论点和分析问题的角度在这里都出现了,让人们强烈地感受到了马克思研究机器论的基础和视野是多么广阔。

尤其是,马克思将"尤尔博士的和弗里德里希·恩格斯的"著作①列为"关于工厂制度的著作中最好的两本书"(同前第533页),一方面给尤尔的立场定性,认定他是"工厂制度的无耻辩护士"(同前第526页),一方面指出尤尔把工场制度,作为由工人们看管着的"一个中心发动机不断推动的、进行生产的机械体系"(同前第536页)给描绘了出来,所指出的这些内容后来被照样纳入了《资本论》。

我认为,在这里,马克思对当下正在运行中的机械工厂的现状所做的详细研究记录,无疑为后来形成的"机器论"提供了丰厚的土壤。

其中,马克思写下的一些评论的片段中,包含了一些意义深刻的思考,下面这段内容就是其中之一。

---

① 尤尔的著作是《工厂哲学》(1835年);恩格斯的著作是《英国工人阶级的状况》(1845年)。

《资本论》是怎样形成的

追溯马克思经济学的发展历程

"正像各种不同的地质层系相继更迭一样,在各种不同的社会经济形态①的形成上,不应该相信各个时期是突然出现的,相互截然分开的。在手工业内部,孕育着工场手工业的萌芽,而在有的地方,在个别范围内,为了完成个别过程,已经采用机器了。……在这里,起作用的普遍规律在于:后一个[生产]形式的物质可能性——不论是工艺条件,还是与其相适应的企业经济结构——都是在前一个形式的范围内创造出来的。机器劳动这一革命因素是直接由于需求超过了用以前的生产手段来满足这种需求的可能性而引起的。而需求超过[供给]这件事本身,是由于还在手工业基础上就已作出的那些发明而产生的,并且是作为在工场手工业占统治地位的时期所建立的殖民体系和在一定程度上由这个体系所创造的世界市场的结果而产生的。随着一旦已经发生的、表现为工艺革命的生产力革命,还实现了生产关系的革命。"(全集 47 卷第 472—473 页)

---

① **地层与构成体** 经济社会构成体中有"构成体"(formation)这一概念,通常被认为是引用自地质学中表示各时代的"地层"一词。但是,在这篇文章中,马克思首次谈及了两者的关系。延续这一问题的讨论,马克思曾在《给维·伊·查苏利奇的复信(初稿)》中写过这样一段话:

"各种原始公社(把所有的原始公社混为一谈是错误的;正像地质的形成一样,在这些历史的形成中,有一系列原生的、次生的、再次生的等等类型)的解体的历史。"(全集第 19 卷第 432 页)

第七章
"特殊的资本主义生产方式"定义的诞生——"机器论"续稿

马克思在这段文字里,把工场手工业向机器劳动的转移解释为,是由于"在工场手工业占统治地位的时期所建立的殖民体系和在一定程度上由这个体系所创造的世界市场",产生出依靠旧的生产方式已经无法得到满足的需求。可见,在这一阶段,扩大的市场需求推动了生产的变革之现象引起了马克思的关注。需要注意的是,马克思将这一转移称为生产力及其生产关系的革命,强调说"不应该相信各个时期是突然出现的",社会经济形态的形成与地质层系相继更迭是一样的。

我一边阅读这段内容一边在想,这个道理与我们所追求的马克思经济理论的发展史也是相通的,它是一个从对机器与大工业的各种统计、实地记录、历史论、各种片段的考察积累中,逐步形成的新的研究成果。

马克思在最初阶段关注的几个问题

在"机器论"续稿"γ"项的最后,在一个小标题为"积累"的部分里,对机器与劳动者之间的关系进行了多角度的考察,特别引人注意。[①]

首先是对机器与劳动者雇佣之间关系的考察。马克思在重视工人被从工厂中"抛出""排斥"的趋势的同时,又注意到工人有不断被"吸收"的趋势,"工人生活的经常波

---

① 参见全集第 47 卷第 546 页。

《资本论》是怎样形成的
追溯马克思经济学的发展历程

动,是特有的现象"(全集第47卷第566页)。

"可见,机器一方面具有不断抛出工人的趋势——无论是从机械工厂本身中抛出,还是从手工业企业中抛出——另一方面机器还具有不断吸收工人的趋势,因为,在生产力发展的一定阶段上,剩余价值只有靠增加同时雇用的工人人数的办法才能提高。对工人的这种吸收和排斥,因而,工人生活的经常波动,是特有的现象。"(同前)

在后续文章里,马克思引用《工厂哲学》作者尤尔的话说:"这种(对工人的)排斥和吸收是工厂制度的典型特征。"(同前第576页)

马克思在此没有对这个问题做更深入的探究,后来的相关研究是如何发展的呢?我们想继续关注并跟踪下去。

另外,马克思开始以更广泛的视野,探讨关于资本主义生产与科学的结合问题,这一点也很重要。关于这个问题,虽然在"γ机器、自然力和科学的应用(蒸汽、电、机械的和化学的因素)"一项标题中特意标记出来,但是,在中断前的手稿中却是一个几乎没有提及的问题。

"大生产——应用机器的大规模协作——第一次使自然力,即风、水、蒸汽、电大规模地从属于直接的生产过程,使自然力变成社会劳动的因素。"(同前第

第七章

"特殊的资本主义生产方式"定义的诞生——"机器论"续稿

569页）

"自然因素的应用——在一定程度上自然因素被列入资本的组成部分——是同科学作为生产过程的独立因素的发展相一致的。生产过程成了科学的应用，而科学反过来成了生产过程的因素即所谓职能。每一项发现都成了新的发明或生产方法的新的改进的基础。只有资本主义生产方式才第一次使自然科学为直接的生产过程服务，同时，生产的发展反过来又为从理论上征服自然提供了手段。……现在，科学，人类理论的进步，得到了利用。资本不创造科学，但是它为了生产过程的需要，利用科学，占有科学。"（同前第570页）

"因此，随着资本主义生产的扩展，科学因素第一次被有意识地和广泛地加以发展、应用并体现在生活中，其规模是以往的时代根本想象不到的。"（同前第572页）

马克思的这些论述值得关注，他不仅仅是把利用科学和技术发展物质生产力作为一个工艺学对象来研究，而是把它当成一个从经济学角度研究资本主义生产的重大问题。

上述内容，是从手稿中所摘录的几段论述，在此基础上我想再做一点补充，马克思在这一时期的研究，正面对着英国资本主义飞跃发展的现实，机器大工业的发展将给资本主义生产打开怎样的局面，他是通过非常现实且具体的资料并在亲身体验中进行研究的，这件事的重要性是必须加以强调的。这些经历是马克思后来的研究不断拓展出新天地的一个重要原因。

"特殊的资本主义生产方式"——马克思要表达什么

马克思接下来在后续"h 相对剩余价值和绝对剩余价值"一项里，将研究主题转向探讨剩余价值各种形态的量的关系。在此之后新设立的项目，"i 劳动对资本的形式上的从属和实际上的从属……"里，马克思在"机器论"续稿中，在此前的研究基础上，从正面开始了对"机器与大工业"这一资本主义生产的新的发展阶段的研究。

关于劳动对资本"形式上的从属"以及"实际上的从属"，《1861—1863年手稿》里已经做过论述，马克思再一次对这个概念作了更透彻的阐释，在此基础上，进一步描绘出"劳动对资本的实际上的从属"是怎样使资本主义经济从根本上发生变化的。在这里要注意的是，继"自然界诸多因素的应用"篇之后，马克思又强调自然界诸多力量的大规模应用，以及科学和机械装置直接运用于生产带来的效果将更为显赫。

"在劳动对资本的实际上的从属下，在工艺过程，劳动过程中发生了我们已经叙述过的一切变化，伴随这些变化，工人对自己的生产和对资本的态度也发生

第七章

"特殊的资本主义生产方式"定义的诞生——"机器论"续稿

了变化;最后,劳动的生产力发展了,因为社会劳动的生产力发展了,并且只有随着这些变化一起,才有可能在直接生产中大规模应用自然力、科学和机器。因此,在这里不仅是形式方面发生了变化,而且劳动过程本身也发生了变化。一方面,只是现在才表现为特殊生产方式的资本主义生产方式,改变了物质生产的形态。另一方面,物质形态的这种变化构成了资本主义关系发展的基础,所以与资本主义关系完全适合的形态只是与物质生产力的一定发展阶段相适应的。"(全集第48卷第18页)

马克思在以后的一系列文章中,把在这里称为"现在才表现为特殊生产方式"的资本主义生产方式的发展阶段,统称为"特殊的资本主义生产方式"①。马克思在其后的《资本论》第一卷手稿(1863—1864年写作)、第二卷第一份手稿(1865年写作)、《资本论》第一卷定稿(1866—1867年写作)中,都发展性地使用了这一定义,上面所引用的这段文字,是马克思对《资本论》及其整个手稿中,关于"特殊的资本主义生产方式"这一新定义所做的最全面的阐释之一。

重要的是,在上面这段引文里所讨论的内容,明确指的是进入了机器大工业阶段的资本主义的生产方式。"特殊的资本主义生产方式"这一定义,从与"形式上从属"阶

---

① 全集第48卷第22页、第30页、第32页、第37页、第62页等。

《资本论》是怎样形成的
追溯马克思经济学的发展历程

段的概念区别，以及其历史的发展过程来看，它是一个作为包括了协作与工场手工业阶段在内所设定的概念，但是，马克思在各种手稿和《资本论》中，实际使用这一定义讨论资本主义的发展阶段时，在绝大多数场合，指的都是进入了机器大工业的资本主义生产方式。希望读者牢记这一点。

"为生产而生产"的物质基础的形成

马克思继这段论述之后指出，在"特殊的资本主义生产方式"这一发展阶段，才真正让超越了各种限制的"为生产而生产"变成了客观现实。

> "第二点——就是资本主义生产现在完全抛掉了为生活而生产的形式，变成了为贸易而生产，而且无论是自己的消费，还是已有的买者们的直接需要，都不再是生产的界限；只有资本本身的量才是这种界限。"（全集第48卷第19页）

所谓"自己的消费"和"已有的买者们的直接需求"的表述，指的是那个社会的消费规模。在此之前，迎合这样的消费规模，曾是设定生产规模的最重要的条件。但是，在机器大工业阶段，除了资本的规模以外生产是无限制的。马克思进一步指出，在这个阶段里，资本家要适应技术的

第七章
"特殊的资本主义生产方式"定义的诞生——"机器论"续稿

发展,就必须无条件地成为更大规模生产资料、"社会规模生产资料的所有者或占有者"(同前),在这样的压力下,从某个生产部门挤压出来的资本,开始寻求新业型的各个部门,在那里又开始以社会性规模发展生产,由此不断地持续着"资本将表现为大量社会生产资料在一些人手中的集中"(同前第20页)的过程。

"特殊的资本主义生产方式"这个定义所表达的是,资本主义的生产在此阶段赢得了全面满足"为生产而生产"这一资本要求的物质基础。

在这里还找到了阐释危机问题的新视点。资本企图超越一切限制扩大生产的冲动与来自资本本性的限制这对矛盾,马克思在《1857—1858年手稿》"资本的流通过程"曾有所涉猎。当时说,这不是"这里要讨论的问题",便把它搁置了起来。当"为生产而生产"的冲动连同其物质基础共同作为"特殊的资本主义生产方式"的本质特征凸显时,这些制约条件在此处已不再成为问题。正是在这一点上,马克思正面提出了存在着一个直逼"危机论"的重要视角。

> "为生产而生产,即超出一切事先决定的和事先被决定的需要界限来发展人类劳动生产力。下面将更详细地说明,即使是在资本主义生产的内部,这种生产虽然作为一种趋势也竭力追求达到这一点,为生产而生产还是和它自己的界限相矛盾的。因为,虽然资本

《资本论》是怎样形成的
追溯马克思经济学的发展历程

主义生产是过去一切生产方式中最有生产效力的,但由于它的对立性质,它自身中包含着生产的界限,它总是力求超出这些界限——由此就产生危机,生产过剩等等。另一方面,为生产而生产从而表现为它的直接对立物。"(全集第 48 卷第 21—22 页)

这是为了从正面阐释资本主义经济为什么会引发危机这一根本问题而提出的一个"危机论"的新视角。资本主义生产已经获得了为满足其本性"为了生产而生产"的冲动所必需的物质基础,有关所谓危机的"根据"的各种命题,其真正的起点都源于此。可是,在此时,马克思好像还并没有准备站在新的角度正式展开对危机论的研究,只是停留在对上述引文所涉及命题的确认上。

未来社会的建设者——工人阶级的成长与发展

马克思以"特殊的资本主义生产方式"这个定义为抓手,展开了另一个新的重要研究,这对在这一发展阶段展望着新社会的工人阶级来说,也具有特别的意义。

(一)上面所引用的这段论述"为生产而生产"的内容之前,马克思用括号形式插入了一段文字(全集第 48 卷第 20—21 页)。马克思在这里所展开的是这样一个有客观意义的命题,即"特殊的资本主义生产方式"通过其自身的发展,推动工人阶级成长为在未来社会里发达生产力的主体

第七章

"特殊的资本主义生产方式"定义的诞生——"机器论"续稿

承担者,继而为未来社会的形成创造条件。这个问题的提出,最终在《资本论》的未来社会论中得以展开,是具有重要意义的。

下面将马克思在这里所展开的这些命题,按顺序加以解说,介绍如下。

1. 马克思首先指出,伴随着生产的大规模发展的社会生产资料的大量集中,与"个别人占有生产条件"是不相容的事情(同前第20页)。

2. 实际情况是,在资本主义的生产方式下,社会的大量生产资料所有者是"资本家即非工人","实际上,在对工人的关系方面,他决不代表他们的联合①,不代表他们的社会团结"(同前第21页。工人的联合不是根据工人自己的意志的联合,而是在资本家指挥下的联合)。在现实的生产过程中,占有生产资料,为物质生产而使用它们,这样"联合"起来的工人们,只是一个共同运用社会生产方式的工人集团。

3. 因此,如果剥掉资本主义的形态,作为生产过程的现实状况所留下来的是,工人们是"社会地占有而不是作为各个私的个人占有这些生产资料"(同前)。

4. 为了从"非工人"的资本家是生产资料的所

---

① 马克思论述在资本主义生产方式下的工人"联合"时,使用的是"联合"一词,而这段引文中使用的是"团结"一词,强调自觉的"联合"。

《资本论》是怎样形成的
追溯马克思经济学的发展历程

有者这一对立形态中摆脱出来，需要"物质生产力达到一定的发展阶段"（同前）。所有与劳动分离这一状况是"生产条件的所有制转化为公有制的必要过渡阶段"（同前），大规模生产的发展，为此而准备着客观条件。

5. 从这里所得出的结论是，只有改变"资本家对这种劳动的异己的所有制"，让生产资料所有"改造为联合起来的社会个人的所有制"，这才是克服劳动与所有分离的途径（同前）。

如上所述，在资本主义的生产方式下，工人们的联合，只是在资本家的指挥和监督下的"联合"，但是，一旦资本主义生产方式发生变革，这种"联合"就有可能转变成由团结起来的劳动者掌握社会的生产资料这一未来社会经济形态的平台。

工人的"联合"在资本主义的生产方式下发展，在打破资本主义各种关系的同时，向工人的自觉"联合"转化，这一命题，马克思在很早之前就论述过。我认为，马克思将这一思想作为"特殊的资本主义生产方式"论中的一个方面正式展开讨论，这是特别值得关注的。

（二）接下来的部分是题为"k 资本的生产性。生产劳动和非生产劳动"的章节，马克思对在机器制造厂里劳动的集体性质，做了进一步的深入考察。

这一章节的主题是，什么是"生产劳动"，它在机器

第七章

"特殊的资本主义生产方式"定义的诞生——"机器论"续稿

大生产阶段发生了怎样的变化？马克思在他的研究中关注到，在机器制造厂里，工人的劳动和生产对象之间的关系，由于在工厂所处的地位各不相同，其表现形式是多种多样的。

"在特殊的资本主义生产方式中，许多工人共同生产同一个商品；随着这种生产方式的发展，这些或那些工人的劳动同生产对象之间直接存在的关系，自然是各种各样的。例如，前面提到过的那些工厂小工①，同原料的加工毫无直接关系；监督直接进行原料加工的工人的那些监工，就更远一步；工程师[对生产的物品]又有另一种关系，他主要只是从事脑力劳动，如此等等。"（全集第48卷第62—63页）

正如本页脚注所示，关于在机器制造厂所特有的最新分工，在这部手稿中已经做了研究。马克思在这里提出了一个新的问题：生产劳动的概念如何运用于这一独特的分工体制？

---

① **小工** 马克思在这里所说的"前面提到过的"，指的是阐述在机器制造厂新的分工的章节"机器论"的续稿"γ机器"。马克思指出，这里的主力几乎都是看管机械运作的工人，同时也举出了机器制造厂特有的最新的分工，各种"辅助工人"，给原动机加煤、加水的锅炉工，清除炉灰等的清洁工，修理机器的机械师和配备在工厂的工程师，打扫工厂垃圾、运走工厂废料的辅助工（这是儿童劳动的主要形式）。

在这一部分里，马克思还把监督劳动的问题定位为新的分工的一部分，将这一分工定义为，作为产业资本家的代理人实施监督劳动的劳动者。

《资本论》是怎样形成的

追溯马克思经济学的发展历程

马克思给出的答案如下。

"所有这些具有不同价值的劳动能力(虽然使用的劳动量大致是在同一水平上)的劳动者的总体进行生产的结果——从单纯的劳动过程的结果来看——表现为商品或一个物质产品。所有这些劳动者合在一起,作为一个生产集体,是生产这种产品的活机器,就像从整个生产过程来看,他们用自己的劳动同资本交换,把资本家的货币作为资本再生产出来,就是说,作为自行增殖的价值,自行增大的价值再生产出来。资本主义生产方式的特点,恰恰在于它把各种不同的劳动,因而也把脑力劳动和体力劳动,或者说,把以脑力劳动为主或者以体力劳动为主的各种劳动分离开来,分配给不同的人。但是,这一点并不妨碍物质产品是所有这些人的共同劳动的产品,或者说,并不妨碍他们的共同劳动的产品体现在物质财富中;另一方面,这一分离也丝毫不妨碍:这些人中的每一个人对资本的关系是雇佣劳动者的关系,是在这个特定意义上的生产工人的关系。"(全集第48卷第63页)

包括脑力劳动和劳动监督在内的"劳动者的总体",从严格的意义上讲属于生产工人这一命题,是对"生产劳动"这一概念的大胆的发展,在经济学的理论建设上具有重要意义。但是,"生产劳动"的问题并不在本书的讨论框架之

第七章
"特殊的资本主义生产方式"定义的诞生——"机器论"续稿

内,关于这个问题不想在此做更多的论述。

希望引起关注的是,马克思通过对上述问题的阐述,为从实践维度和理论维度探讨资本主义生产方式下的工人联合这一关系到社会变革和未来社会的课题,奠定了更加坚实的基础。对这个问题的探讨,以《1861—1863年手稿》中的研究成果为起点,经过后来的手稿以及《资本论》的定稿,得到进一步的深化,我们把它作为本书第八章以后的研究主题。

尝试概括新定式的意义

在这一阶段的"特殊的资本主义生产方式"讨论中,从"机器论"续稿中开始进行探讨的机器大工业下,工人的抛出与吸收问题几乎没有触及。比较一下后来马克思围绕相关问题的研究就可以看得很清楚,这是一个需要今后进一步开展研究的弱项。

虽然留下了这样的问题,但马克思在《1861—1863年手稿》的最终阶段,以围绕"机器论"的新研究为基础,完成了对"特殊的资本主义生产方式"的定义,对机器与大工业这一发展阶段的重要性质和内容,做出了明确阐述。

第一,资本主义生产在这一阶段,获得了体现"为生产而生产"这一原始冲动的物质基础,迎来了社会生产力大幅度飞跃发展的时期。

第二,这个定义廓清了危机理论的核心问题所在,即

《资本论》是怎样形成的
追溯马克思经济学的发展历程

周期性打击资本主义生产的危机的根源,存在于"为生产而生产"和资本主义固有的社会消费能力的瓶颈中。

第三,这项规定昭示出,社会生产力的发展加剧了资本与劳动之间对立的同时,也为更高层次的社会形态创造了主体条件与物质基础,从而为未来社会发展前景注入了新的光明。

从这个意义上讲,结出"特殊的资本主义生产方式"这一定义之果实的马克思的机器论研究,为进一步加强对资本主义生产现阶段的深入研究,打开了一个大的突破口。

第八章

《资本论》的《1863—1865年手稿》及新定义

"直接生产过程的结果"(第一卷手稿)——新定式的定位

马克思于1863年6月至7月完成《1861—1863年手稿》的写作后,8月份开始写作《资本论》的手稿。我已在本书的序章中介绍过,我把这一时期写作的手稿全部概括起来称为《1863—1865年手稿》。关于该手稿第二卷和第三卷,我在本书的第五章里从危机论的角度作了研读,在这一章里,我打算对包括第一次涉及的第一部手稿在内的《1863—1865年手稿》的全部三卷手稿,开展深入研究。

在这些手稿里,马克思最先写作的是第一卷的手稿。关于第一卷,在《1861—1863年手稿》中估计是写于

《资本论》是怎样形成的
追溯马克思经济学的发展历程

1862年12月至1863年10月的这一部分里,记载着章节计划。这一计划的概要如下。

"第一篇——《资本的生产过程》——分为:(1)导言:商品,货币。(2)货币转化为资本。(3)绝对剩余价值……。(4)相对剩余价值……。(5)绝对剩余价值和相对剩余价值的结合。雇佣劳动和剩余价值的比例。劳动对资本的形式上的隶属和实际上的隶属。资本的生产性。生产劳动和非生产劳动。(6)剩余价值再转化为资本。原始积累。威克菲尔德的殖民学说。(7)生产过程的结果。(占有规律的表现中的变革可以在第6点或第7点中考察。)(8)剩余价值理论。(9)关于生产劳动和非生产劳动的理论。"(全集第26卷上446页)

在写作第一卷最初的手稿时,马克思对这个计划做了大幅度的修改。①"(1)导言:商品,货币"和"(8)剩余价值理论""(9)关于生产劳动和非生产劳动的理论"被删掉了,"(7)生产过程的结果"的标题被改成"直接生产过程的结果",内容改编为第一卷的最后一章,即第

---

① 关于第一卷最初手稿的构成问题,在本书的第一版、第二版中,笔者认为这个最初手稿依然是按照《1861—1863年手稿》原来的章节计划写成的,结果对整体构成的把握出现错误。接受大谷祯之介的指正,将这一部分做了改写,对相关部分也做了修正。

第八章

《资本论》的《1863—1865年手稿》及新定义

六章。在改变时,计划中"(5)"的内容里相当大的一部分被并入了第六章,剩下部分的编纂也有很大改动。这在很大程度上反映出计划写好之后,进入《1861—1863年手稿》最后阶段的一些研究成果。然而,第一卷最初的手稿中,现在留下来的只有"(6)直接生产过程的结果"。①

在第六章"直接生产过程的结果"的开头部分,马克思阐述了将这一章分为三项的核心意图,对最后一项的定位是"向第二卷——资本的流通过程——的过渡"。由此可以看出,马克思在着手写《资本论》第一卷手稿时,已经开始考虑要改变计划,删掉按照理论史设立的各个项目中的(8)和(9)。删掉理论史部分,在第三卷手稿中也是同样的。此前已经做过介绍,马克思于1862年12月至1863年1月,在第一卷的计划目录之前,写下了第三卷的计划目录,当时在第三卷的计划目录里,也同样是按项列出了几个相关理论史的项目。但是,当1864—1865年写作第三卷手稿时,这些理论史的项目全部被删除了。

这个第六章"直接生产过程的结果"的最大特点就是,它把在《1861—1863年手稿》最后阶段的研究成果"特殊的资本主义生产方式"这一定义,定位为《资本论》第一

---

① 第一卷手稿中,为什么只留下了第六章,对这个问题的探讨,将放在研究第一卷定稿的第九章里进行。

《资本论》是怎样形成的
追溯马克思经济学的发展历程

卷"资本的生产过程"整体的结论。

在这里,以更加精炼或者说是更加简洁的内容,从整体上再现了在《1861—1863年手稿》中所确认的这一阶段的特征。

第一,首先对"为生产而生产"这一资本的固有倾向和在这一发展阶段的特征做了如下说明。

> "'为生产而生产'——作为目的本身的生产——就确实会随着劳动对资本的形式上的从属而发生。然而,只有当特殊资本主义生产方式发展起来以及劳动对资本的实际上的从属随着这种生产方式也发展起来的时候,资本关系所固有的这种趋势才以适当的方式得到实现——而且这种趋势本身会成为必要的条件,在工艺上也是如此。"(全集第49卷第97—98页)

这里所说的意思是,"为生产而生产"原本就有一种倾向,它从一开始就内在于资本主义生产,然而,这一倾向到了"特殊的资本主义生产方式"阶段,才获得了"十分适应的"各种条件,也可以转化成让"为生产而生产"这一生产方式存续下来的"必要的技术条件"。换句话说,也就是获得了让"为生产而生产"这一内在倾向得以实现的、充分且必要的物质基础。

第二,关于危机问题,在这段文字的后续文章中是这样写的。

第八章

《资本论》的《1863—1865 年手稿》及新定义

"前面实际上已经详细地阐述了劳动对资本的实际上的从属,因此这里的阐述非常简短。它是一种没有预先决定和预先被决定的需要界限所束缚的生产。(它的对立性质包含着生产的界限,而它总是力图越出这个界限。因而就发生了危机、生产过剩等等。)"(全集第 49 卷第 98 页)

这是在前一章介绍过的《1861—1863 年手稿》(机器论续稿)中有关"危机论"的内容,做一下比较阅读就可以看出,在这里重复介绍的是一个压缩版。从无视一切制约因素扩大再生产这一生产方式的冲动与资本关系所衍生出的局限性之间的冲突中阐释危机与生产过剩,可以说是马克思想要在此表明的意图。

第三,关于"特殊的资本主义生产方式"的发展将会创造出走向新社会的各种条件的问题,一方面把研究的重点放在了这一阶段的"经济革命"将会引发什么,另一方面围绕着形成未来社会的各种条件等有关问题,作了比《1861—1863 年手稿》更深入的阐述。

"由此①就会出现彻底的经济革命,这种革命一方面为资本对劳动的统治创造并完成它的现实条件,为它提供一种相应的形式,另一方面,在这个革命与工

---

① 特殊资本主义生产方式。

《资本论》是怎样形成的
追溯马克思经济学的发展历程

人相对立中发展起来的劳动生产力、生产条件与交往关系①中,这个革命又为一个新生产方式,即扬弃资本主义生产方式这个对立形式的新生产方式创造出现实条件,因而为一种新形成的社会生活过程,从而为新的社会形态创造出物质基础。"(全集第49卷第126页)

在讨论资本主义生产方式为未来社会创造出物质基础的时候,一般情况下停留在只限于讨论生产力的发展问题。但是,在这里作为"新社会构成体"的物质基础的相关内容,"生产条件"与"交通关系"同"劳动生产力"一起被正式提了出来。

导入"总体工人"的定义

另外,在这个问题里,还应该引起我们注意的是,在"第六章"马克思的考察中,已经深入到了"以社会的规模结合起来的劳动能力",即在社会变革中的工人阶级的主体性条件问题。

"因为随着劳动对资本的实际上的从属或特殊资本主义生产方式的发展,变成总劳动过程的实际执行者

---

① **交往关系** 通过产品的交换而形成的社会关系,其中包含历史唯物论所说的"生产关系"。

第八章

《资本论》的《1863—1865 年手稿》及新定义

的并不是单个工人,而是日益以社会的规模结合起来的劳动能力;互相竞争的和构成为一台总生产机器的各种劳动能力,以极其不同的方式参加直接的商品形成过程,或者在这里不如说直接参加产品形成过程:有的人多用手工作,有的人多用脑工作,有的人当经理、工程师、工艺师等等,有的人当监工,有的人当直接的体力劳动者或者做十分简单的粗工,于是劳动能力的越来越多的职能被列在生产劳动的直接概念下,这种劳动能力的承担者也被列在生产工人的概念下,即直接被资本剥削的和从属于资本价值增殖过程与生产过程本身的工人的概念下。如果考察组成工场的总体工人,那么他们结合起来的活动在物质上就直接实现在同时是商品总量的总产品中,而单个工人作为这个总体工人的单纯成员的职能距直接体力劳动是远还是近,那都完全没有关系。"(全集第 49 卷第 100—101 页)

马克思在这篇文章中,为表述"以社会的规模结合起来的劳动能力"的概念,他新导入了"总体工人"这样一个定义,这是非常重要的。

马克思已经在《1861—1863 年手稿》机器论续稿中强调,在资本主义生产方式下的工人的结合,为将成为未来社会主人公的工人阶级发挥作用做好了准备。并且,他还在分析了产生于机器制造厂生产过程中的分工之后明确指出,在那里"总体工人"是作为"活着的生产机器"承担

《资本论》是怎样形成的
追溯马克思经济学的发展历程

着生产劳动的。

上面所引用的《1863—1865年手稿》里的内容,是对这一研究的进一步深化,其中最具重要意义的是,马克思在这里导入了一个作为对该项研究高度概括的概念——"总体工人"这样一个全新的定义。为了通过对资本主义生产各发展阶段的分析,进一步系统研究具有关系到社会变革和未来社会意义的工人的"结合"问题,有必要导入这个新的定义。我认为,这个定义也为在资本主义生产方式下开展经济斗争的工人们的全面团结奠定了理论基础,这一点也是十分重要的。

马克思在1863年下半年写作第一卷手稿时,是在作为结论的"第六章"里第一次导入"总体工人"的概念,还是在此前的各章节中已经使用这一概念,对资本主义生产的各个发展阶段展开了分析呢?由于除了第六章之外没有留下其他手稿,所以难以做出精准判断。结合迄今读到的相关文章,给人的印象是,作为一个总结资本主义生产的新的有效概念,马克思在此首次提及并作了阐释。

如上所述,《资本论》第一卷手稿"第六章",把"特殊的资本主义生产方式"之定义,提升为《资本论》中的一个重要定义,并进一步详细阐释了它的内涵,这一点意义深远。

不过,手稿"第六章"对"特殊的资本主义生产方式"中的工人问题的讨论,虽然比《1861—1863年手稿》所占的比重更大,但是,关于工人的"抛出"与"吸引",以及

第八章
《资本论》的《1863—1865年手稿》及新定义

这种生产方式对劳动力人口的影响等问题,同机器论续稿的情况一样,没有被纳入讨论范围。在这里我想指出的是,这恐怕是因为它是在《资本论》第一卷手稿的最后章节里才做出的定义,因此也就限制了在这一阶段的深入研究,如果是这样,它的意义也就更显重要。

第三卷第三篇手稿——两个危机论

马克思在1864年夏天写完第一卷手稿,随后开始第三卷手稿的写作。关于第三篇手稿"利润率趋向下降规律"的问题,已经在本书的第四章作了介绍。我们又进而讨论了"特殊的资本主义生产方式"的定义问题,回顾了以这个定义作为第一卷结尾部分的核心,马克思研究经济学的历程。

接下来,我们还是从这一立场出发,再次探讨第三篇的内容。我们所关注的焦点问题有两个:一个是危机论的问题,另一个是如何看资本主义发展阶段的问题。

我在本书第四章的论述中指出,第三卷第三篇第十五章是马克思在《资本论》全书中讨论危机论最多的地方,认真阅读全文后"不难看出,这一章里展开的研究包含着对危机论的两种考察"(本书第90—91页)。第一部分是"马克思在利润率下降规律之外,将关于危机研究取得的理论成果系统化"的部分,第二部分是"从利润率下降规律中阐明危机必然性的部分"(本书第91页)。

在此基础上,我做出承诺,第一部分的考察是"从马

《资本论》是怎样形成的
追溯马克思经济学的发展历程

克思理论探索的谱系来看,并非源自围绕利润率下降问题展开的研究脉络,而是出自另一条直面生产与消费之间矛盾之解析的探索途径",“关于这个问题,我们将在后续章节中讨论其漂流和理论体系”(本书第91页)。

从我的理论研究体系上讲,在这里所说的出自另一条途径,指的是在此之前作为"特殊的资本主义生产方式"的一个侧面来讨论的危机论——"为生产而生产"这一资本主义生产的内在冲动,与资本关系所固有的社会消费能力的局限性之间的冲突中去探索危机根源的理论体系。

(一)我们具体来看属于第一部分的两段具有代表性的内容吧。

首先是"选段一"。

"直接剥削的条件和实现这种剥削的条件,不是一回事。二者不仅在时间和空间上是分开的,而且在概念上也是分开的。前者只受社会生产力的限制,后者受不同生产部门的比例和社会消费力的限制。但是社会消费力既不是取决于绝对的生产力,也不是取决于绝对的消费力,而是取决于以对抗性的分配关系为基础的消费力;这种分配关系,使社会上大多数人的消费缩小到只能在相当狭小的界限以内变动的最低限度。这个消费力还受到追求积累的欲望的限制,受到扩大资本和扩大剩余价值生产规模的欲望的限制。这是资

第八章

《资本论》的《1863—1865年手稿》及新定义

本主义生产的规律,它是由生产方法本身的不断革命,由不断和这种革命联系在一起的现有资本的贬值,由普遍的竞争斗争以及仅仅为了保存自身和避免灭亡而改进生产和扩大生产规模的必要性决定的。因此,市场必须不断扩大,以致市场的联系和调节这种联系的条件,越来越采取一种不以生产者为转移的自然规律的形式,越来越无法控制。这个内部矛盾力图用扩大生产的外部范围的办法求得解决。但是生产力越发展,它就越和消费关系的狭隘基础发生冲突。"(全集第25卷上第272—273页)

把这一段内容同前文所引用的《1861—1863年手稿》的内容做一个对比阅读,就应该可以看出这样一个脉络,在后续文章中经过更深入的考察所指出的被视作危机和生产过剩的根源的"为生产而生产",和由"生产对立的性质"所带来的"局限"之间的矛盾,作为更加深刻的危机的"根源"论,在这里得到了进一步的拓展。首先指出了"生产方法本身的不断革命",然后对追求无限制扩大生产的资本的冲动做了动态的描述,这些都明显与"特殊的资本主义生产方式"论的深化形成了紧密联系。

接下来是"选段二"。

"资本主义生产的真正限制是资本自身,这就是说,资本及其自行增殖,表现为生产的起点和终点,

《资本论》是怎样形成的
追溯马克思经济学的发展历程

表现为生产的动机和目的；生产只是为资本而生产，而不是相反：生产资料只是不断扩大生产者社会的生活过程的手段。以广大生产者群众的被剥夺和贫困化为基础的资本价值的保存和增殖，只能在一定的限制以内运动，这些限制不断与资本为它自身的目的而必须使用的并旨在无限制地增加生产，为生产而生产，无条件地发展劳动社会生产力的生产方法相矛盾。手段——社会生产力的无条件的发展——不断地和现有资本的增殖这个有限的目的发生冲突。因此，如果说资本主义生产方式是发展物质生产力并且创造同这种生产力相适应的世界市场的历史手段，那么，它同时也是它的这个历史任务和同它相适应的社会生产关系之间的经常的矛盾。"（全集第25卷上第278—279页）

这两段内容从同一个角度阐明了资本主义生产的内在矛盾及其表现形态。

（1）"选段一"从剥削的条件及其实现条件的角度探究资本主义生产的矛盾，这个矛盾与"选段二"作为"资本自身"的制约所指出的矛盾是完全一样的，即生产无限制扩张的冲动与社会消费能力的制约之间的矛盾。

（2）从内容上阐明这一矛盾时，"选段一"把重点放在了社会消费能力的制约上，而"选段二"则着重阐明导致生产力无限制扩张的各种因素。

（3）两段引文都没有直接使用"危机"这个词，而是

第八章
《资本论》的《1863—1865 年手稿》及新定义

从根本上对资本主义生产条件下为什么会发生危机这一问题给出了答案。"选段二"更进一步,从为进入下一个社会阶段构建物质基础这一资本主义生产方式的历史任务的视角出发,对破解上述矛盾作了独到的阐述。

尤其应该引起注意的一点是,马克思在这两段引文中阐述资本主义生产方式的矛盾及其发现时,一直没有使用"利润率趋向下降规律"这一表述。这表明该考察在"特殊的资本主义生产方式"这一定义的延长线上有了进一步的深化。

马克思曾在从利润率趋向下降规律出发阐释危机必然性的第二部分的文章中,在考察论证"利润率趋向下降规律"与危机的关系时,尝试着局部性地探究生产与消费的矛盾问题。但是,正如我们所看到的那样,马克思在这一阶段并没有究明二者的关联性。[①]

第三卷第三篇手稿——阐释资本主义发展阶段的特征

最后再提出一个与第三篇相关的问题,在这一篇里马克思对当今资本主义发展阶段的特征做出了阐释。

马克思在第十四章"起反作用的各种原因"的开头部分,对近三十年来英国资本主义发展的特征做出如下描述。

---

① 参见本书第 92 页。

《资本论》是怎样形成的

追溯马克思经济学的发展历程

"同以往的一切时期相比,仅仅最近三十年间(1835—1865年)社会劳动生产力有了巨大的发展;特别是,如果我们考虑到,除了真正的机器,又有大量的固定资本加入社会生产过程的总体。"(全集第25卷上第258页)

文章中提出了这样的疑问,生产力取得了如此巨大的发展,为什么利润率的下降却没有那么大?在这里突出地反映出了马克思面对资本主义飞跃发展现实的亲身感受。对资本主义发展阶段的上述认知,与此前把生产力的发展作为资本主义体制性危机的主要原因看待之间的矛盾,即把现实的经济发展放在"利润率下降—危机反复—体制危机—社会变革"这样一个框架里去解释这二者之间的矛盾在这里恐怕也是无法回避的。

这个问题令人联想起大约三十年后的1895年,恩格斯在马克思的著作《法兰西阶级斗争》导言里曾谈到,他们对自己的资本主义认知史做过反思。

恩格斯在这个导言里坦言,在1848年革命时期,自己和马克思坚信废除资本主义制度的社会革命的条件已经成熟并采取了行动。① 在本书第四章我们也谈到,开始写作《1857—1858年手稿》时,马克思和恩格斯也曾经持有同样的想法,期待着危机之后革命的到来。

---

① 参见全集第22卷第595—596页。

第八章

《资本论》的《1863—1865 年手稿》及新定义

恩格斯在后续文章中更加直率地表明,"历史"证明了自己的观点是错误的。

"历史表明,我们以及所有和我们有同样想法的人,都是不对的。历史清楚地表明,当时欧洲大陆经济发展的状况还远远没有成熟到可以铲除资本主义生产方式的程度;历史用经济革命证明了这一点,这个经济革命自 1848 年起席卷了整个欧洲大陆"。(全集第 22 卷第 597 页,恩格斯《法兰西阶级斗争》导言)

恩格斯虽仅将触角指向欧洲大陆,但这一时期各国经济发展的统计雄辩地证明,十九世纪后半叶的经济革命已经波及英国。

恩格斯在这篇导言里指出,对资本主义发展在认识上的转变同其革命观的转变是一致的,他谈到了他们自己超越了 1848 年革命时期的革命观,并迈向了把多数人的革命当成必然的革命路线这一新方向。关于这方面的问题,我们将在下一章里回过头来讨论。

《1861—1863 年手稿》向《1863—1865 年手稿》发展的过程中,马克思的资本主义观、革命观是有变化的。恩格斯的反思对我们观察这一变化同样具有重要的启示意义。

总之,第三卷第三篇手稿是马克思将利润率趋向下降规律与危机论相结合的最后尝试。

《资本论》是怎样形成的
追溯马克思经济学的发展历程

第二卷第一份手稿——新定式与"固定资本"研究

在1864年年底前,马克思写完了第三卷的最初三篇,进入1865年之后开始执笔第二卷第一份手稿,并于这一年的上半年完成。正如在本书第五章所看到的那样,马克思是在这个手稿最初的部分发现了阐明危机的新的运动论的关键运动形态等同于"流通过程的短缩"。也正如前文所述,以这一发现为转机,危机论研究方向的转变也是迅速而彻底的。

在这里特别值得注意的是,这里所发现的运动论,与"特殊的资本主义生产方式"之定义相结合而展开的危机论——在追求生产无限制扩大的资本主义冲动与资本关系所带来的社会消费能力限制的冲突中追溯危机根源的危机论,不仅不产生矛盾,而且圆满地阐明了在这里所指出的"生产与消费之间的矛盾",经历了怎样的累积扩大过程,最终发展到通过危机做强制性终结的机制。

马克思在完成这一运动论的发现的同时,迅速改变了"危机论"的研究方向,从中显示出了马克思自身问题意识的成熟。比如,马克思在第三篇里注意到了理论体系不同的两个危机论并存所带来的困惑,以及把利润率下降与危机甚至于与资本主义的体制性危机关联起来探究时的难度。

危机运动论的发现与"特殊的资本主义生产方式"之间的关系很重要,它为我们考察资本主义制度下社会生产

第八章
《资本论》的《1863—1865 年手稿》及新定义

力的发展提供了更广阔的视野。一味地从利润下降这样一个侧面去看生产力的发展，去看资本主义危机的矛盾深化，是无法全面把握资本主义的现状和未来的。而且，当时正处在被称为第二次产业革命的技术革新的前夜。因此，马克思能在这样一个时期从危机论的"固有观念"中解放出来，具有特别重大的意义，也为随后的"特殊的资本主义生产方式"论的拓展，做出了重大贡献。

第二卷第一份手稿中也展开了与"特殊的资本主义生产方式"相关的考察。这是在第二章"资本周转"章节里所尝试的，特别是以"固定资本"为焦点所做的研究。这一章的大的基调，无疑是资本周转中固定资本和流动资本各自的独立性。很明显，马克思所关注的是机器大工业里的固定资本，也就是机器与工厂，并不局限于周转问题，而是在尝试着阐明在资本主义生产方式的发展过程中固定资本所占据的特有地位与作用。然后，从中找出进一步开展研究的线索，或处于萌芽状态的各种契机。

（一）比如，马克思在尝试通过与流动资本的比较，阐明固定资本的周转特征的时候，写下如下事项。

"这两种资本中每一种在何种程度上成为较充分意义上的资本。固定资本同资本主义生产方式一起发展为这种生产方式所特有的现象；固定资本是信用制度等等的基础，因为它总是预定要支取未来劳动本身。"

（全集第 49 卷第 395 页）

《资本论》是怎样形成的
追溯马克思经济学的发展历程

（二）他立刻着手进行这个尝试。在对持有较大固定资本的生产部门的资本周转特征做了大规模研究之后，马克思对其地位和作用做出了如下界定。

"因此，固定资本所具有的不同的规模——而这种不同的规模随着资本主义生产的发展而发展——是资本主义生产的产物，可以说是延长了投入各工业部门的每一单个资本的生命期，从而使各工业部门中劳动和再生产过程的不间断性变成生产方式本身所要求的物质上的必要性。"（全集第49卷第397页）

马克思通过上述分析提出了"为生产而生产"这一资本主义的冲动与固定资本从中发挥的作用相关这一重要命题。

"包含整个周转周期的再生产过程的不间断性意味着：生产的规模作为永恒的规律起作用，不是受偶然的、变化着的市场需求的支配，相反，必然使市场条件符合自己的需要，必然取得完全相当的市场。"（全集第49卷第397页）

不是让生产去适应市场，而是让市场的状态来适应生产规模，这是一个"为生产而生产"走向了极致的命题，马克思透过这篇文章第一次把这个问题阐释得如此透彻。

第八章

《资本论》的《1863—1865年手稿》及新定义

（三）马克思进一步对固定资本在"特殊的资本主义生产方式"中所占据的地位做出如下界定。

"另一方面，固定资本是为自己创造出独特的资本主义生产方式的现实基础，而资本的这种形式以资本主义生产方式发展的同样规模和程度（不仅在机器本身的形式上，而且在一切可能的形式上）发展和扩大。"（全集第49卷第416页）

"固定资本是已经生产出来的生产力，它们是再生产过程得以实现的物质基础、前提和条件。同时，固定资本是先进科学的体现，也就是用来使自然物品和自然过程为劳动服务的那些手段的发现。"（全集第49卷第416页）

"资本主义生产方式在固定资本中首次为自己创造出自己的物质条件。因此，固定资本的发展程度是资本主义生产方式的发展程度的指示器。"（全集第49卷第417—418页）

这些新的命题是马克思第一次对"固定资本"[①] 这一新

[①] **固定资本问题** 马克思在《1857—1858年手稿》中，对在此之前的关于固定资本与流动资本的经济学说做了总结性研究，在经济学上为这两个概念做出了正确的定义，同时还研究了一系列基础性问题，但对这一问题的全面研究应该是在与"特殊的资本主义生产方式"定义结合起来的1865年以后的研究中。

领域正式展开研究时提出来的。这里面有些命题在《资本论》的后续研究中也占据着重要地位，我们将在后面涉及这些问题的地方再做讨论。

第三卷后半部——关于危机论的补充

马克思接下来在开始写作的第三卷第四篇以后的手稿中，立刻展开了对危机新运动论的具体研究，其内容已经在本书第六章里介绍过了。在这里我只想就危机问题再做一点补充。

马克思在第五篇的信用理论中反复剖析了有关危机根源的问题，这些内容与写于发现运动论之前的第三篇中的各种命题几乎完全相同。

这一部分在前文做了介绍，马克思一面追溯着产业循环的各个局面，一面论证着商业信用所起的作用。① 在即将结束这一论证的地方，马克思把伴随价格变动与信用制度产生的"卖空和投机交易"先搁置起来，对危机的根本原因做了这样的论述。

"同样，撇开信用制度所助长的买空卖空和投机交易。这样，危机好像只能由各个部门生产的不平衡，由资本家自己的消费和他们的积累之间的不平衡来说

---

① 参见本书第121页。

第八章

《资本论》的《1863—1865年手稿》及新定义

明。而实际情况却是，投在生产上的资本的补偿，在很大程度上依赖于那些非生产阶级的消费能力；工人的消费能力一方面受工资规律的限制，另一方面受以下事实的限制，就是他们只有在他们能够为资本家阶级带来利润的时候才能被雇用。一切真正的危机的最根本的原因，总不外乎群众的贫困和他们的有限的消费，资本主义生产却不顾这种情况而力图发展生产力，好像只有社会的绝对的消费能力才是生产力发展的界限。"① （全集第25卷下第547—548页）

这段文字表明，马克思不拘泥于由发现运动论引发的危机观的变化，而是一直致力于确认与"特殊的资本主义生产方式"这一定式同时形成的关于危机论根源之见解的有效性。

着手完成《资本论》第一卷的定稿

1865年年末，写完了第三卷手稿的马克思，在第二年的二月份写信告诉恩格斯，从1866年的1月1日起他将开始《资本论》第一卷的"誊写和润色"工作。

"关于这本'可诅咒的'书，它的情况是：12月

---

① 这段文字，恩格斯所编纂的现行版本与马克思手稿原文的表述略有出入。手稿原文旨在把危机根源模式化的着眼点，放在企图突破"大众贫困与消费制约"的"资本主义的生产冲动"上来。

《资本论》是怎样形成的
追溯马克思经济学的发展历程

底已经完成。单是讨论地租的倒数第二章,按现在的结构看,就几乎构成一本书。我白天去博物馆,夜间写作。……两年以前,我结束了对地租所作的理论探讨。正好在这一期间,许多新东西出现了,并且完全证实了我的理论。关于日本的新资料(如果不是职业上的需要,通常我是绝不看游记的)在这里也是重要的。……

"手稿虽已完成,但它现在的篇幅十分庞大,除我以外,任何人甚至连你在内都不能编纂出版。

"我正好于1月1日开始誊写和润色,工作进展得非常迅速,因为经过这么长的产痛以后,我自然乐于舐净这孩子。"(全集第31卷上第180—181页)

但是,完成第一卷的收尾工作,并不像这里所讲的"誊写和润色"那么简单。1864年所写的手稿只留下来了第六章"直接生产过程的结果"。我们只能从现有的资料判断,马克思在这期间是做了大量的修改工作的。马克思只向恩格斯报告了他对第二篇劳动日部分中"历史的"部分做了扩写(1866年2月10日马克思致恩格斯)。我认为,马克思在最终完成第一卷的写作时,工作量最大的部分是充实了关于资本主义生产发展观的部分。

总之,对于在《1861—1863年手稿》最后阶段所确立的"特殊的资本主义生产方式"这一定义,马克思虽然在第一卷手稿中做了一些补充式的展开,但基本内容仍停留

第八章

《资本论》的《1863—1865年手稿》及新定义

在对《1861—1863年手稿》的重复上。第二卷的第一份手稿也是如此,研究是从"固定资本"问题切入的,导致对"定义"的全面研究被搁置,成为一个待开垦的领域。

另外,危机运动论的新发现对整个"资本的生产过程"的阐述产生了影响。把"利润率趋向下降规律"作为论证资本主义生产方式必然终结的决定性论据,以及将其与"资本一般"结合起来的构思被推翻之后,必然要求在第一卷"资本的生产过程"里重建新的结构。

带着这些问题来阅读《资本论》第一卷,自然联想到马克思在大著告成时扩写了哪些内容,相关研究深化到什么程度。下一章将以这个问题为主题来进行讨论。

第四部分 《资本论》第一卷定稿的研究

第九章

《资本论》第一卷——定稿中发生了什么变化

再论《工资、价格和利润》

在《资本论》第一卷的定稿里,"特殊的资本主义生产方式"论终于进入了深入讨论的阶段。我打算在第九章里,以这个问题为中心,以更宽泛的视野来讨论在这个定稿里的什么地方发生了变化。

在进入讨论之前,我想再回顾一下,在一年之前的1865年6月,马克思在国际工人协会中央委员会上所做的报告《工资、价格和利润》。因为,这其中包含着能给《资本论》第一卷研究带来重要启示的新信息。

马克思在这个报告的前半部分,立足于已取得的经济学研究成果,从理论上阐明了工资问题。在后半部分里,以这个工资理论为指针,从理论层面对工人参与经济斗争给予鼓励,从实践上给予指导。在本书第五章中曾经介绍

《资本论》是怎样形成的
追溯马克思经济学的发展历程

过,从给工人的指导中体现出的马克思"危机观"的转变。①

在此要讨论的是报告的第十四章"资本和劳动之间的斗争及其结果"。马克思在这个斗争中讲的是,工人们围绕着工资开展的经济斗争有没有前途,能取得多大的成功。结论是,"归根到底,这是斗争双方力量对比的问题","资本在其纯粹经济的行动上是比较强有力的一方"②,围绕着我们讨论的主题,在这里我尤其想要介绍的是最后部分有关力量对比研究。

马克思首先指出,随着产业的发展带来资本的累进性变化,比起支付的工资部分(可变资本),由机器和原材料构成的部分(不变资本)在累进性增大。因此,在产业的发展过程中,对劳动的需求并不是与资本积累同步进行的,虽然说有所增加,但是与资本的增加相比,其增加率是在不断减少的。就这样,"现代工业的发展本身定会愈来愈有利于资本家而有害于工人"③。这就是马克思在产业的发展中所得出的结论。

那么,从中会提出怎样的实践性课题呢?马克思当然不会说,因为力量对比不利而放弃斗争。工人阶级如果借口形势严峻而放弃了对资本侵害的抗争,那么他们将堕落成一个无法挽救的失败者的群体。因此,在与资本的这种日常性斗争中,如果胆怯地退却,那么,他们将会失去掀

---

① 参见《工资、价格和利润》第十三章。
② 全集第 16 卷第 166 页。
③ 全集第 16 卷第 168 页。

第九章

《资本论》第一卷——定稿中发生了什么变化

起更大规模运动的资格。①

"更大规模运动"指的是什么呢？

马克思的呼吁还在继续。工人阶级不应对日常斗争的收效抱有过多的幻想，不能只醉心于面对资本无节制的侵害等所开展的游击战。

> "他们应当懂得：现代制度除了带来一切贫困外，同时还造成对社会进行经济改造所必需的种种物质条件和社会形式。工人应当摒弃'做一天公平的工作，得一天公平的工资！'这种保守的格言，而要在自己的旗帜上写上革命的口号：'消灭雇佣劳动制度！'"（全集第16卷第169页）

我认为，这段论述是马克思第一次正面分析资本构成的变化给工人阶级与资本家之间的阶级关系所带来的影响。在《1861—1863年手稿》的机器论续稿中，马克思曾一度接近过这个问题，但他所作的阐述只停留在一个有限的范围里，并没有对此做更深入的研究。不过，在两年之后，在国际工人协会的运动中，马克思着眼于工人阶级斗争的现状和前途，在研究产业发展，即社会性劳动的生产性发展对社会整体的影响时，再一次认识到，这里蕴藏着一个关系到工人阶级的斗争和社会变革前途的重大问题。

另外，还有一件与《资本论》第一卷定稿相关的、需

---

① 参见全集第16卷第168页。

《资本论》是怎样形成的
追溯马克思经济学的发展历程

要我们关注的事,从时间上来说,这是一件与国际工人协会第一次大会即日内瓦会议(1866年9月)的筹备同时进行的工作。马克思在这一年的八月,受中央委员会的委托起草了《临时中央委员会就若干问题给代表的指示》(以下简称《指示》),这是给大会的一个提案。在《指示》中,马克思对1865年6月所做的报告《工资、价格和利润》里关于工人运动问题所谈到的内容作了进一步的具体化,在"合作劳动"的提案中,参考在英国等现实中发展起来的生产合作工会的经验,明确指出工人阶级应该追求的未来社会的目标是"一种广泛的、和谐的自由合作劳动的制度"①,在"工会(工联)。它们的过去、现在和未来"的提案中,还提出了这样的课题,即工会运动不限于当下的经济斗争,而是"必须学会作为工人阶级的组织中心而自觉地进行活动,把工人阶级的彻底解放作为自己的伟大任务"②。

就此,把为社会变革而斗争拓展为国际工人运动的行动自觉这一奋斗目标的提出对《资本论》定稿的构思及其内容,产生了重大影响。

(一)关于"工作日"及"工资"部分

在"工作日"的章节里追加历史部分

1866年1月开始的《资本论》第一卷的定稿工作,从

---

① 全集第16卷第219页。
② 全集第16卷第221页。

第九章
《资本论》第一卷——定稿中发生了什么变化

整体上讲，对1863—1864年期间撰写的第一卷手稿增添了部分章节，并在文字上作了追加与完善。想来这是由于1863—1864年期间所写的第一卷手稿，除了第六章以外都没有保存下来的缘故。

由于这是关于马克思的论述，虽然可以想见"清写和文章调整"的工作涉及所有章节，但定稿中何处添加了补充或修正之笔，还没有可以对此作出确认的材料。① 在第一卷里被省略的"商品和货币"的研究，重新被纳入《资本论》第一卷，全面地反映出了《政治经济学批判》之后的理论发展，这是一个大的变化。要探究在这一领域里马克思的研究进展，需要追踪从《政治经济学批判》（1859年）到《资本论》第一卷初版正文（1866年）及其［补论］（1867年）再到《资本论》第一卷第二版（1873年）的各个阶段，做专门研究。

从在这一时期马克思写给恩格斯的信中可以知道，与第八章"工作日"的历史相关的部分，是做了大幅度追加的。

---

① 关于这个问题，虽然只是一部分，但有一些对政府和议会的官方报告的引用，可以作为帮助探究马克思补充写作踪迹的材料。马克思写作第一卷手稿是从1863年下半年到第二年的夏天，他所利用的1865年以后的报告部分，无疑是定稿或是其后增补的内容。马克思在《资本论》第一卷里引用了许多来自政府和议会的官方文件，如工厂监督官报告、公共卫生报告、关于工厂问题向议会提出的报告、矿山特别委员会报告、儿童劳动调查委员会报告等，其中不少是1865年、1866年、1867年的内容。引用部分广泛地分布在第二篇、第三篇、第四篇、第七篇，这些引用毫无疑问是一个证据，引用部分是在定稿或在定稿之后补充上去的。

《资本论》是怎样形成的
追溯马克思经济学的发展历程

"使我最不愉快的是,必须打断自1月1日即我肝痛消失时起已有出色进展的工作。'坐'自然谈不上,这在目前对我说来还很困难。白天哪怕只有短暂的时间,我也还是躺着继续苦干。真正理论部分我无法推进。脑力太差,对此不能胜任。因此我对《工作日》一节作了历史的扩展,这超出了我原来的计划。我现在'加进去的'是对你的书①到1865年止的(简略的)补充(我在注释中指出了这一点),同时也充分说明了你对将来的估计和实际情况之间存在的差异。因此,我的书一经出版,你的书就必须出第二版,而且也是容易做到的。"(全集第31卷上第177页)

这大概指的是在第五节、第六节里,描述的从十四世纪开始至今日"为争取标准工作日而斗争"的相关情形。马克思解释说,苦于不能"坐",而使理论部分无法推进,实际上,这项工作是一项大幅度提高了"工作日"一章价值的补充性工作。

我认为,这项补充工作说明,在着手定稿工作时,把"资本"和"雇佣"劳动分别放在不同卷里处理的方法论已经失去意义,并且,关于对工人阶级贫困状况及其成长、发展的各种条件等的分析,应在有别于"资本"的另一卷来进行等,诸如此类的限制,也已经不再适用了。

---

① 指的是《英国工人阶级的状况》。

第九章

《资本论》第一卷——定稿中发生了什么变化

新增加了"工资"章节

补充工作的全面启动,是对"特殊的资本主义生产方式"规律的进一步具体化阐释,也是深化对当今资本主义所衍生的问题开展理论研究的课题之一。马克思主要在第四篇"相对剩余价值的生产"中的第十三章"机器和大工业"里,以及第七篇"资本的积累过程"这两个部分里做了补充。[①]

继第四篇"相对剩余价值的生产"之后的第五篇"绝对剩余价值和相对剩余价值的生产",其前半部分被放在第一卷初稿的"第六章",用以从概念上阐释劳动对资本的"形式从属"和"实际从属"的定义,以及"特殊的资本主义生产方式"的定义等。相关内容已经在前文(第133—134页)中做了说明,不再另做论述。

在这一篇里从结构上对定稿做了改动,尤其具有重要意义的是,在该篇的最后部分新加上了"工资"一篇。[②] 因为在此前的构思里,与"资本"不同,"雇佣劳动"被设定为别的卷的主题,因而对"工资"的研究,当然也被列在

[①] 在《资本论》第一卷的初版里,现行版的"篇"是作为"章"的,有些地方节与节之间也不做区分。在本书里作为定稿引用时,都按照初版的行文原样引用,"篇"和"章"的名称,为方便起见依据的是现行版本,页数的制定同样依据现行版本。

[②] 在初版本里,第五篇的标题是"关于绝对及相对剩余价值生产的补充研究",对工资所做的考察,是以"转化为工资形式的劳动力的价值及价格"为标题,被放在第四部分里。

第二版以后,这一部分被从第五篇中拿了出来,单独设立了第六篇"工资",对此给予了更重要的定位。

"资本"之外,自然成为"雇佣劳动"中的固有项目。这个项目被纳入第一卷的定稿,在"工作日"里对此作了论述,这是马克思在构思上做出的改动——"雇佣劳动"不再单独成篇,而是把它统筹到了"资本"卷里讨论。

如果说,马克思是在定稿时,决定将"雇佣劳动"卷的内容纳入"资本"卷的,那么,理所当然,其影响必然也要波及第四篇"相对剩余价值的生产"以及在此之后的各篇的内容。接下来,我们继续阅读定稿,一边关注这个问题,一边以"机器和大工业"为中心,进入对第四篇的研究。

(二) 读"机器和大工业"一章

我们在一般情况下阅读《资本论》时,往往是在这部著作本身所展开的论述中,一边捕捉着作者的思路,一边去把握接下来将会有怎样的进展。这一次,我们要在这一基础上,立足于迄今研读诸多手稿形成的积淀,看一看在一些地方将会有怎样的新论点和新视角展现出来。带着这样的问题阅读,一定会更有意义。

资本主义发展的各阶段与"总体劳动者"

在进入"特殊的资本主义生产方式"研究进展这一主题之前,首先,让我们来概观这样一个问题,这是在研究第一卷手稿"第六章"时留下的问题——在资本主义生产的发展过程中,对作为"总体劳动者"的劳动者的"结合"

第九章

《资本论》第一卷——定稿中发生了什么变化

状态,马克思在定稿中做出了怎样的分析呢?[①]

(一)关于对处于劳动者的"结合"状态的"总体劳动者"的定位,最先出现在相对剩余价值的最初阶段——"协作"的阶段。

马克思在举出了协作的各种状态之后,指出"那也会发生劳动的结合",并把这种状态称之为"结合劳动者或总体劳动者[②]"。[③]

这是最单纯的"劳动的结合",哪怕是这种最单纯的情形,只要有多数的劳动者的结合,那里就会发生对劳动的管理和监督的问题。马克思对管理和监督的问题,在这样最单纯的状态下作了详细分析,指出应该把"从共同的劳动过程的性质产生的管理职能"同"从这一过程的资本主义性质因而从对抗性质产生的管理职能"区别开来,这是很重要的一点。

(二)"总体劳动者"的下一个阶段是"工场手工业"阶段。

在这里暂且省略对工场手工业的解说,马克思曾经从几个角度指出,在工场手工业阶段,"总体劳动者(工人)"

[①] 在前一章里谈到这样的历史分析。至于马克思是在定稿中首次谈到,还是在最初的手稿里已经讨论过了,这是现在还无法确定的问题。不管怎样,对作为读者的我们来说,定稿给了我们了解马克思是怎样研究这个问题的机会。

[②] 在日文新版《资本论》中,有些地方被翻译成"劳动者全体"或"总劳动者",在不破的书中被统一称作"全体劳动者"。中文译本中亦被称为"总体工人"。

[③] 参见全集第 23 卷第 364 页。

具有同这一阶段相适应的独特特征。

"构成工场手工业活机构的结合总体工人,完全是由这些片面的局部工人组成的。"(全集第23卷第376页)

"在某些手工工场,这种小组本身就是一个已经组织好了的劳动体,而总机构由这些基本的生产机体的重复或倍加形成。"(全集第23卷第384页)

"工场手工业时期所特有的机器始终是由许多局部工人结合成的总体工人本身。"(全集第23卷第387页)

(三)在机器大工业里,劳动的结合形成了最为完整的形态。

马克思首先介绍了被称为工厂哲学家的法国经济学家尤尔,对机器制造厂的情形所作的两个对比明显的描述,他将这两个描写介绍如下(尤尔的这个描写在机器论续稿中出现过)。

第一个描写。"各种工人即成年工人和未成年工人的协作,这些工人熟练地勤勉地看管着由一个中心动力(原动机)不断推动的、进行生产的机器体系"①。

第二个描写。"一个由无数机械的和有自我意识的器官组成的庞大的自动机,这些器官为了生产同一个物品而协调地不间断地活动,因此它们都受一个自行发动的动力的

---

① 全集第23卷第459页。

第九章

《资本论》第一卷——定稿中发生了什么变化

支配"①。

在资产阶级的工厂哲学家尤尔眼里,机器制造厂的现实也具有两重性。从生产过程的现实看,展现在那里的是通过"各种工人"的协作,熟练而勤勉地操纵着一个"生产的机器体系"。但是,在生产资料所有者的资本的眼里,"劳动协作"发展的任何一种形态,都是由自己所代表的一种"统一",都被置于自己的管理之下。尤尔在其二重描述中,准确地把处于机器大生产阶段的资本主义生产的双重形态给刻画了出来。

马克思在介绍了这两种描写、两种表现之后,认为第一种描写里所展现的是在机器制造厂里"总体劳动者"的意义和作用,他这样写道:

"在前一种说法中,结合总体工人或社会劳动体是积极行动的主体,而机械自动机则是客体。"(全集第23卷第460页)

接下来,马克思将笔锋转向了在机器制造厂里的全体劳动者的编制上。这个编制是一个更高的发展阶段的产物,它既不同于从事同样工作的劳动者集团的"协作",也不同于具有固定技能的部分劳动者的结合体"工场手工业"的情况,而是以工作的多样性、体力劳动和脑力劳动相结合,

---

① 全集第23卷第459—460页。

《资本论》是怎样形成的
追溯马克思经济学的发展历程

乃至于各种等级的工人和务工人员的结合为特征的更高的发展阶段。

"在自动工厂里重新出现了分工,但这种分工首先就是把工人分配到各种专门机器上去,以及把大群没有形成有组织的小组的工人分配到工厂的各个部门,在那里,他们在并列着的同种工作机上劳动,因此,在他们之间只有简单的协作。工场手工业的有组织的小组被一个主要工人同少数助手的联系代替了。重大的差别是实际操作工作机的工人(包括某些看管发动机或给发动机添料的工人)和这些机器工人的单纯下手(几乎完全是儿童)之间的差别。所有'feeders'(单纯给机器添劳动材料的人)或多或少地都算在这种下手之内。除了这两类主要工人外,还有为数不多的负责检查和经常修理全部机器的人员,如工程师、机械师、细木工等等。这一类是高级的工人,其中一部分人有科学知识,一部分人有手艺,他们不属于工厂工人的范围,而只是同工厂工人聚集在一起。这种分工是纯技术性的。"(全集第23卷460—461页)

读过这段内容你会发现,关于在机器制造厂里的"总体劳动者"编制的叙述和第一卷手稿第六章的叙述相比,对其特征的把握变得更加具体了。

还要再强调一下,在这里虽然还没有讨论到这个问题(将在本章的第九节里讨论),但在构成"总体"的劳动者

第九章

《资本论》第一卷——定稿中发生了什么变化

之间的"劳动的变换、职能的更动,和工人的全面流动性"①,是机器制造厂里"总体劳动者"编制的重要特征,因而有必要作补充阐释。

马克思在第五篇"绝对剩余价值和相对剩余价值的生产"中,总结概括了第四篇中的历史分析,重新对"总体劳动者"的概念做了界定。

"产品从个体生产者的直接产品转化为社会产品,转化为总体工人即结合劳动人员的共同产品。总体工人的各个成员较直接地或者较间接地作用于劳动对象。因此,随着劳动过程本身的协作性质的发展,生产劳动和它的承担者即生产工人的概念也就必然扩大。为了从事生产劳动,现在不一定要亲自动手;只要成为总体工人的一个器官,完成他所属的某一种职能就够了。"(全集第23卷第556页)

从两个侧面分析工人阶级的成长、发展过程

我想在这里,就资本主义生产中工人阶级的地位问题,对马克思在定稿中所做的研究,包括"工作日"一章在内,做一个过渡性的总结。

在此,马克思是从两个侧面对在资本主义生产条件下工人阶级的成长、发展过程进行考察的。

---

① 全集第23卷第534页。

《资本论》是怎样形成的

追溯马克思经济学的发展历程

（一）在"工作日"一章里，马克思生动地描绘出了工人阶级为了在资本残暴的剥削下争取自己和下一代的生存，经过了"半个世纪的内战"①，终于赢得了以具有国家强制力的工厂立法确定工作日的历史过程。

马克思回顾了这场斗争，接着写道："我们的工人在走出生产过程时同他进入生产过程时是不一样的。"对赢得了工厂立法的英国工人阶级斗争的意义，他用如下语言给予了赞赏。

"为了"抵御"折磨他们的毒蛇，工人必须把他们的头聚在一起，作为一个阶级来强行争得一项国家法律，一个强有力的社会屏障②，使自己不致再通过自愿与资本缔结的契约而把自己和后代卖出去送死和受奴役。③"（全集第23卷第335页）

---

① 全集第23卷第328页。

② 在此前的日文译文中，对此有各种各样的表述，如"社会栅栏""社会屏障""社会防卫手段""社会保障""社会后盾"等，从威胁工人生命的危险中保护其自身安全的社会的防洪堤这个意义上讲，笔者认为"社会屏障"的表述是一个比较合适的翻译。在法文版中，马克思自己可能也意识到只使用一个词，难以表达准确，故而一再表述说"难以逾越的屏障、社会的障碍物"，以此来强调防卫的意义。

③ 这项研究始于《1861—1863年手稿》机器论续稿，马克思在"k'总体剩余价值和绝对剩余价值'"（第四章"相对剩余价值和绝对剩余价值"。——译者注）一节中，谈到由国家来规定工作日（工厂立法）时，用下面一段文字肯定了它的意义所在。

"在大工业的故乡英国首先显示出有必要实行这样的国家干预"，这说明，"一方面，资本主义生产不知道在占有别人的劳动时间方面有什么界限，另一方面，在已形成的资本主义生产的条件下，工人们自己不能——如果他们作为一个阶级还不会对国家并通过国家对资本施加影响的话——从资本的贪得无厌中挣得哪怕是他们的生存所必需的自由时间"。（全集第47卷第603—604页）

第九章
《资本论》第一卷——定稿中发生了什么变化

马克思在《哲学的贫困》（1847年）这部著作中有过这样的论述，工人阶级在资本的统治下具有共同的利害关系，"这批人对资本说来已经形成一个阶级"，但还不是一个"自为的阶级"。工人们为了反对资本的剥削自己团结起来，才会"形成一个自为的阶级"，"他们所维护的利益变成阶级的利益"。①

马克思在《资本论》的"工作日"一章里描绘出的英国工人阶级的斗争，用历史事实展示出这样一个过程，在资本主义生产条件下，工人阶级得到了锻炼，从"对资本说来的一个阶级"，成长壮大为"一个自为的阶级"。

（二）在"相对剩余价值的生产"一篇里，也对工人阶级成长发展的过程做了考察，在这里的考察与上面所谈的角度不同——工人阶级通过资本主义生产的发展，是怎样确立起社会生产的主力军地位的。这个过程已经在前文论述过，在此不再赘述。资本主义生产的规模越大，社会越发展，身在其中的劳动者不管是否意识到，都会身不由己地跟随前行，这一客观过程是其最大特征。

以上是展示在推动新社会形成的变革进程中工人阶级自身成长与壮大的两个重要侧面。在这里我们只限于确认对此前的研究做了一个过渡性的总结，接下来将围绕着阅读定稿的最大主题"特殊的资本主义生产方式"的各种问题，继续我们的探讨。

---

① 全集第4卷第196页。

《资本论》是怎样形成的
追溯马克思经济学的发展历程

机器大工业——生产与市场无节制扩张的时代

从探究"特殊的资本主义生产方式"理论发展的角度来读第一卷的定稿时，理应关注在定稿中加写的部分。

站在这一立场阅读第四篇的第十三章"机器和大工业"，首先进入视野的是第七节"工人随机器生产的发展而排斥和吸引。棉纺业的危机"。

马克思在《1861—1863年手稿》机器论续稿中，开始对机器大工业下工人的排斥和吸引问题做研究，但并不深入，在这个手稿中定义"特殊的资本主义生产方式"时，也没有涉猎这个问题。另外，即使在原计划纳入《资本论》第一卷手稿的最终定稿的第六章"直接生产过程的各种结果"中，马克思也没有就劳动者的就业问题进行讨论。从这一点来看，在第一卷手稿"机器和大工业"一章里，"工人的排斥和吸引"一节的缺位是可以想象的。鉴此，我们应关注一下本章尤其是在新观点确立之后马克思写的一系列文章。

机器经营的发展结果，直接使许多工人被驱离出工场，但纵观产业界，就业工人的数量却是在增加的，这一点通过英国的经济统计得到实证之后，马克思首先写下这样一句话："关于这一点，还要作某些说明，其中我们将部分地谈到理论叙述本身还没有涉及的一些纯粹事实方

第九章

《资本论》第一卷——定稿中发生了什么变化

面的情况①。"② 然后,他开始叙述"纯粹事实方面的情况"。

第一部分记述,是关于机器经营和大工业时代的生产与市场的无限制扩张的实际情况(各项小标题为不破所加)。

(1)突飞猛进的初创时期。"只要机器生产在一个工业部门内靠牺牲旧有的手工业或工场手工业来扩展,它就一定取得成功,就像用针发枪装备的军队在对付弓箭手的军队时一定取得成功一样。机器刚刚为自己夺取活动范围的这个初创时期,由于借助机器生产出异常高的利润而具有决定性的重要意义。这些利润本身不仅形成加速积累的源泉,而且把不断新生的并正在寻找新的投资场所的很大一部分社会追加资本吸引到有利的生产领域。突飞猛进的初创时期的这种特殊利益,不断地在新采用机器的生产部门重现。"(全集第23卷第493页)

(2)通过大工业获得突发性、飞跃性的扩张能力。"一旦工厂制度达到一定的广度和一定的成熟程度,特别是一旦它自己的技术基础即机器本身也用机器来生产,一旦煤和铁的采掘、金属加工以及交通运输业都发生革命,总之,一旦与大工业相适应的一般生产条件形成起来,这种生产方式就获得一种弹力,一种突

---

① 在初版里的表述是"纯事实的,也就是外部的各种情况"。
② 参见全集第23卷第493页。

《资本论》是怎样形成的
追溯马克思经济学的发展历程

然的跳跃式的扩展的能力,只有原料和销售市场才是它的限制。"(全集第23卷第493—494页)

马克思在第二卷第一份手稿中曾经指出,在发展的固定资本的再生产过程中,生产的规模不是由"市场决定的",相反,"是让市场来适应自己,让市场为我所有"。这一指出在此变得更加丰富,更加具体。

(3) 夺取与占领市场。"一方面,机器直接引起原料的增加,例如轧棉机使棉花生产增加。另一方面,机器产品的便宜和交通运输业的变革是夺取国外市场的武器。机器生产摧毁国外市场的手工业产品,迫使这些市场变成它的原料产地。例如东印度就被迫为大不列颠生产棉花、羊毛、大麻、黄麻、靛蓝等。大工业国工人的不断'过剩',大大促进了国外移民把外国变成殖民地,变成宗主国的原料产地,例如澳大利亚就变成了羊毛产地。一种和机器生产中心相适应的新的国际分工产生了,它使地球的一部分成为主要从事农业生产的地区,以服务于另一部分主要从事工业生产的地区。这种革命是同农业中的各种变革联系在一起的,关于这些变革,我们在这里还不需要作进一步的说明。"(全集第23卷第494—495页)

马克思在《1857—1858年手稿》中,把资本主义生产向世界的扩张称为"资本的文明化作用",但是在现实中却并不是这种田园诗般的语言所表达的那样一种和平的过程。

第九章
《资本论》第一卷——定稿中发生了什么变化

这里的分析,以其生动的笔触展示出了它的掠夺性。

上述内容,是马克思在《资本论》的有关写作中,第一次写下的关于机器与大工业时代生产和市场迅猛扩张的"纯粹事实方面的情况"记述。

危机与产业循环都处在生产急速扩张的过程中

第二部分是关于继此之后的这个时代产业循环的记述。关于由各种局面所形成的产业循环的记述,已经在第三卷第七篇的信用论里出现过了,在这里的记述向前跨了一步,其新特征在于,将产业循环作为在生产取得巨大的跳跃式扩展过程中展现出的"工业的生命"循环来阐释。

> "工厂制度的巨大的跳跃式的扩展能力和它对世界市场的依赖,必然造成热病似的生产,并随之造成市场商品充斥,而当市场收缩时,就出现瘫痪状态。工业的生命按照中常活跃、繁荣、生产过剩、危机、停滞这几个时期的顺序而不断地转换。由于工业循环的这种周期变换,机器生产使工人在就业上并从而在生活上遭遇的无保障和不稳定状态,已成为正常的现象。"(全集第 23 卷第 497 页)

我认为这里更加鲜明地表现出了,以危机运动论的发现为拐点,马克思的危机观所发生的变化表现为将危机定义为整个工厂制度跳跃式扩展过程中的一个阶段。

《资本论》是怎样形成的

追溯马克思经济学的发展历程

在后续文章中,围绕着"工人的排斥和吸收"问题,马克思亮明了从工业循环的大格局来把握"危机"的立场。

"可见,工厂工人人数的增加以投入工厂的总资本在比例上更迅速的增加为条件。但是,这个过程只是在工业循环的涨潮退潮中实现。而且它还经常被技术进步所打断,这种进步有时潜在地代替工人,有时实际地排挤工人。机器生产中这种质的变化,不断地把工人逐出工厂,或者把新的补充人员的队伍拒之门外,而工厂的单纯的量的扩大则不仅把被驱逐的工人吸收进来,还把新的人员吸收进来。工人就这样不断被排斥又被吸引,被赶来赶去,并且被招募来的人的性别、年龄和熟练程度也不断变化。"(全集第23卷第497—498页)

作为工厂工人这种命运的一个实例,马克思对1770—1863年英国的棉纺织工业的命运做了详细记录。这个记录实际上是在《1861—1863年手稿》第三章"相对剩余价值"里以"积累"为小标题的项目,内容抄录自英国下院议员弗兰德的演说(1863年4月27日)。①

至此,再回头去看马克思在这两部分记述之前,首先写下的"我们将部分地谈到理论叙述本身还没有涉及的一

---

① 参见全集第47卷第585—587页。

第九章

《资本论》第一卷——定稿中发生了什么变化

些纯粹事实方面的情况"这句话，其含义也就更加清楚了。

"理论叙述没有涉及的"内容，一个是危机的理论，另一个是关于在产业发展中的工人命运的相关理论问题。前者并不是第一卷里的问题，后者则是接下来要涉及的积累理论的问题，它要探讨的是，"产业预备军"的存在和这种存在将引起劳资关系发生怎样的变化，由此打开分析资本主义的新局面。换言之，我们可以这样界定在上面所看到的两个记述，它是先于第七篇积累理论，是对与其理论发展有关的"纯粹事实方面的情况"所做的记述。确认至此，我们进入下一节。

技术基础的不断变革是这一生产方式的特征

在"机器与大工业"一章里的"9. 工厂立法（卫生条款和教育条款）。它在英国的普遍实行"，据推断应该是被新追加的另外一个内容。

在这一节里所引用的对儿童劳动的调查和工厂监督报告，大部分是第一卷手稿完成之后的内容。因此，可以把整个一节看作定稿的追加部分。重要的是，这一节是谈论未来社会内容最多的一节。

在未来社会的"体力劳动同智育和体育相结合"（全集第 23 卷第 529 页）、"资本的不断变动的剥削需要"让"全面发展的个人"的形成纳入日程（同前第 535 页）、家族和两性关系升华至更高形态所必需的经济基础的形成、"工厂立法"的意义等，在这一节里所提出的未来社会论，内容涉及

《资本论》是怎样形成的

追溯马克思经济学的发展历程

面广,非常具有启示性。这是在这个定稿中能让我们预感到马克思具有深入讨论未来社会问题的强烈愿望的内容。

其中,尤其想在此加以介绍的是,下面这段聚焦于"现代工业"的具有革命性质的内容。在这段内容里马克思认为,现代工业是一种具有以技术基础不断变革为本质特征的生产方式,他将这一性质同以往的"技术基础在本质上趋于保守"的所有生产方式尖锐地对峙起来。

> "现代工业从来不把某一生产过程的现存形式看成和当作最后的形式。因此,现代工业的技术基础是革命的,而所有以往的生产方式的技术基础本质上是保守的。现代工业通过机器、化学过程和其他方法,使工人的职能和劳动过程的社会结合不断地随着生产的技术基础发生变革。这样,它也同样不断地使社会内部的分工发生革命,不断地把大量资本和大批工人从一个生产部门投到另一个生产部门。因此,大工业的本性决定了劳动的变换、职能的更动和工人的全面流动性。"(同前第533—534页)

马克思严厉指出,现代工业所具有的"革命"性,有给工人带来新的苦难的"负面因素",同时也指出,在同一过程中也存在着可能成为未来社会萌芽性要素的诸多因素,例如"全面发展的个人"的形成途径,以及为工人及其子女设立的技术学校等。马克思以他独有的观察,对当下正

第九章

《资本论》第一卷——定稿中发生了什么变化

在演进的事态，从旧的生产方式的解体和新的生产方式的形成两个维度做了分析。

"……大工业又通过它的灾难本身使下面这一点成为生死攸关的问题：承认劳动的变换，从而承认工人尽可能多方面的发展是社会生产的普遍规律，并且使各种关系适应于这个规律的正常实现。大工业还使下面这一点成为生死攸关的问题：用适应于不断变动的劳动需求而可以随意支配的人员，来代替那些适应于资本的不断变动的剥削需要而处于后备状态的、可供支配的、大量的贫穷工人人口；用那种把不同社会职能当作互相交替的活动方式的全面发展的个人，来代替只是承担一种社会局部职能的局部个人。工艺学校和农业学校是这种变革过程在大工业基础上自然发展起来的一个要素；职业学校是另一个要素，在这种学校里，工人的子女受到一些有关工艺和各种生产工具的实际操作的教育。如果说，工厂法作为从资本那里争取来的最初的微小让步，只是把初等教育同工厂劳动结合起来，那么毫无疑问，工人阶级在不可避免地夺取政权之后，将使理论的和实践的工艺教育在工人学校中占据应有的位置。……一种历史生产形式的矛盾的发展，是这种形式瓦解和改造的唯一的历史道路。"（同前第534—535页）

这段内容是马克思在《资本论》中论及"工人阶级取

得政治权利"的唯一一段文字,我们应将它留存在记忆里。

(三) 研读第七篇"资本的积累过程"的第二十三章

从原来的写作计划看,马克思曾计划把"剩余价值再转化为资本"单独成章。① 因此,就第七篇"资本的积累过程"的前半部分(《资本论》第二十一章和第二十二章)而言,虽然在定稿各处也有一些加写的内容,但是其绝大部分是在1863—1864年撰写第一卷手稿期间写作的。与此不同,关于第二十三章"资本主义积累的一般规律",从其主题上看,这一部分的写作是不会早于第二卷第一份手稿运动论的发现和危机论的转变(1865年)的。因此,在这里我们将第二十三章的整篇内容,视作马克思完成定稿时的追加内容,继而逐节阅读这一部分的几个重点。

另外,在这里对《资本论》的引用,原则上以最初定稿的初版本为依据,对引用出处《资本论》页数的标注,按此前所说的做法,以现行版本为准,如果文章内容在现行版本中做了改动,则在被改动的地方加以说明。②

---

① 参见《资本的生产过程》写作计划,全集第26卷上第446页。
② 对初版的引用,参考了江下美千穗译《初版〈资本论〉》(幻灯社1863年出版)。(中文译本仍然以中央编译局翻译为准,根据内容需要,必须按日文译出的地方则另做标注。——译者注)

第九章

《资本论》第一卷——定稿中发生了什么变化

资本的有机构成这一分析视角

马克思在第五篇中,从各种角度对机器大工业中社会生产力的发展状况做了分析考察,但是在这里并没有从资本构成——可变资本与不变资本的量的尺度上对生产力的变化进行分析。马克思在第七篇第二十三章中,第一次提出了"资本构成"这一概念,把价值比率定义为"资本的价值构成",把生产手段的总量和用于生产所必需的用工量的比率定义为"资本的技术构成",将对这二者的综合性概括(准确地说,"只有靠技术构成才能反映出其变化的价值构成")定义为"资本的有机构成",继而从这一角度来研究机器与大工业时代的资本主义积累的运动。

马克思在此所提出的研究方法,在马克思从事经济学研究的历史中具有划时代意义。

关于资本中的可变资本与不变资本的比率,在研究剩余价值学说的最初阶段,仅仅是从表面上把它们分成了两个部分,即可变资本是生产剩余价值的资本部分,不变资本虽然在生产过程中不可或缺,但它并不创造剩余价值。而且,几乎没有关注到在社会生产力的发展过程中不变资本所发挥的作用。在马克思之前,从斯密到李嘉图,对生产中原料和生产手段所起的作用当然是知道的,但在从事经济学研究时,却常常会忽略了它们的存在,正如有一种说法叫"斯密主义",可以说,无视不变资本是古典派经济学的独有特征。

《资本论》是怎样形成的
追溯马克思经济学的发展历程

马克思彻底批判了古典经济学的这一谬误,但是,他在1865年第二卷第一份手稿中调整自己的研究方向之前,也没有从正面把社会生产力发展过程中的不变资本的作用当作经济学研究的对象。

回顾起来,马克思把"资本的构成",即可变资本与不变资本的比率问题作为经济学的研究对象,起始于在《1857—1858年手稿》中对"资本和利润"的研究。在这项研究中,他发现"利润率下降"现象的根本原因在于资本构成中可变资本部分的相对减少。这是马克思的一大功绩,但是,由于将这一发现与危机论及资本主义的体制性危机联系在一起,客观上堵死了从社会生产力发展的维度活用"资本构成"的研究之路。

到第七篇时,终于重现了"资本构成"这一概念的应有功力,将其作为社会生产力发展的尺度加以运用,与将其作为资本主义体制性危机指标的时期比较,显然是发生了名副其实的一百八十度的大转变。

可变资本和不变资本的概念,包括其名称,原本就是由马克思确立下来的。在此基础上形成的"资本构成"这一新概念,对分析资本主义生产的现状和未来,必将会发挥出它的威力,在我们接下来阅读第一卷第七篇的时候,提醒各位对此抱有清晰的认知。

资本积累与集中的迅猛发展

第二节对资本主义的积累过程展开了深入的探讨。

第九章

《资本论》第一卷——定稿中发生了什么变化

在此,首先指出积累过程的几个特征。

第一个要指出的是,资本主义积累的发展并不总是以生产关系的调整止步不前而仅有量的增大这一新动态向前推进,在积累的发展过程中,不变资本和可变资本的关系发生"一次大革命",相对于可变资本部分,不变资本部分的比例产生跳跃性增大的节点一定会到来(参见《资本论》第七篇第二节)。①

马克思继续谈到,在"特殊的资本主义生产方式"阶段里的积累被加速化了。在前文已经做过说明,"特殊的资本主义生产方式"这一定义,是一个包含了协作和工场手工业阶段的概念,正式、典型地展现出它的面貌是在机器大工业阶段,把这个在积累论里的阐述当作马克思在机器大工业阶段作的论述来研读,是不会出错的。资本积累的

---

① 关于这一部分,在初版本中只是做了这样的表述:"在积累的发展中,生产手段的量和根据生产手段而不断运动的劳动力的比率,发生'一次大革命'。"(此处根据日文版译出。——译者注)在现行版本的表述中,其意义被进一步强化:"一旦资本主义制度的一般基础奠定下来,在积累过程中就一定会出现一个时刻,那时社会劳动生产率的发展成为积累的最强有力的杠杆。"(全集第23卷第682页)

另外,关于积累过程的发展和可变资本相对减少的问题,有一点必须注意,马克思在法文版中强调"为避免错误,必须注意如下问题",并用下面一句话加着重号做说明:"积累的发展……即便是如此,可变资本部分的绝对大的增加是绝不可以被排除的。"这是因为,资本的规模如果超出可变资本比重减少的程度而变大的话,可变资本的总量就会变大。在这种情况下,资本构成的变化结果是,即使利润率下降了,剩余价值的总量也是增加的,劳动生产性发展的结果是,剩余价值增大了,剩余价值总量的增加就会变得更大。

在法文版中所做的这个补充说明,德文版也在第三版采纳。

《资本论》是怎样形成的
追溯马克思经济学的发展历程

加速化是这一阶段的最大特征。

> "特殊的资本主义的生产方式随着资本积累而发展,资本积累又随着特殊的资本主义的生产方式而发展。"① (全集第23卷第685页)

积累的加速化经过各种途径向前推进。

第一种途径,各种资本将各自在生产过程中获得的剩余价值作为资本投入,继而扩大资本的规模。马克思将这种方式的资本积累称为"资本的集聚"。

第二种途径,许多独立的个别资本结合为更大的少数资本。马克思将这种方式与"集聚"区别开,称之为"资本的集中"。作为其具体形态,在德文版中只举出了由大资本兼并小资本的例子"是资本家剥夺资本家,是许多小资本变成少数大资本"。而在法文版中,则称之为"集结起积累与集聚的各种轴心、已经形成的总资本的集聚、更多数的资本向更少数的资本的合并,用一句话来说,是本来的

---

① 关于特殊的资本主义生产方式下积累的加速化问题,马克思在法文版中对此大幅度地展开论述。第三版提及这个问题,做了如下论述。

"可见,一定程度的资本积累表现为特殊的资本主义的生产方式的条件,而特殊的资本主义的生产方式又反过来引起资本的加速积累。因此,特殊的资本主义的生产方式随着资本积累而发展,资本积累又随着特殊的资本主义的生产方式而发展。这两种经济因素由于这种互相推动的复合关系,引起资本技术构成的变化,从而使资本的可变组成部分同不变组成部分相比越来越小。"(同前)

第九章

《资本论》第一卷——定稿中发生了什么变化

集中"①,旨在说明它是用于阐释比资本之间的结合更广泛的形态时的用语。以巨大企业之间的合并,托拉斯、卡特尔等企业形态的形成这类家常便饭为代表,资本主义后续发展的历史告诉我们,法文版里的说明更有远见,更切合实际。

另外,马克思在分析资本集中的问题时,首先聚焦于大资本对小资本的剥夺。在资本主义生产条件下,由大资本统治所引发的破坏性作用冲击到了资本家阶级的内部,并朝着激化社会矛盾的方向演化,对此应予以重视。

> "这已不再是生产资料和对劳动的支配权的简单的、与积累等同的积聚。这是已经形成的各资本的积聚,是它们的个体独立性的消灭,是资本家剥夺资本家,是许多小资本变成少数大资本。"(全集第23卷第686页)

> "竞争斗争是通过使商品便宜来进行的。……因此,较大的资本战胜较小的资本。其次,我们记得,随着资本主义生产方式的发展,在正常条件下经营某种行业所需要的单个资本的最低限量提高了。因此,较小的资本挤到那些大工业还只是零散地或不完全地占领的生产领域中去。……竞争的结果总是许多较小的资本家垮台,他们的资本一部分转入胜利者手中,一部分归于消灭。"(全集第23卷第686—687页)

---

① 根据日文译本译出。——译者注

《资本论》是怎样形成的
追溯马克思经济学的发展历程

第三种途径,是信用制度动员分散于社会各方面的货币服务于资本积累。信用制度方面的作用由此开始发挥,很快就转化为一个"为集中各种资本的独立机构"①。关于这个问题,马克思这样写道:

"一种崭新的力量——信用事业,随同资本主义的生产而形成起来。起初,它作为积累的小小的助手不声不响地挤了进来,通过一根根无形的线把那些分散在社会表面上的大大小小的货币资金吸引到单个的或联合的资本家手中;但是很快它就成了竞争斗争中的一个新的可怕的武器;最后,它变成一个实现资本集中的庞大的社会机构。"(全集第23卷第687页)

马克思在第三卷手稿的信用论中提出了资本积累和银行及信用制度的问题,当时还没有对积累问题本身展开研究。在第一卷的定稿中讨论到信用制度,内容虽然不多,但是从中可以读出一种预示:在今后写作第三卷时,作为"实现资本集中的独立机构"方面的探究,将正式开始考察信用制度的机理和作用。

资本积累的拓展,尤其是资本的集中,在技术层面上,使超大规模的产业规模扩展变为可能,并推进着生产过程

---

① 这是初版中的说法。在法文版及第三版中的表述是:"为诸资本集中的巨大的社会机构。"

第九章

《资本论》第一卷——定稿中发生了什么变化

的革新。

"资本的集中,即资本相互吸引的过程,随着特殊的资本主义生产方式的积累与发展而得到强化。集中反过来又成为这种'特殊资本主义生产方式发展'的强大杠杆之一。通过集中,那些分散的生产过程向社会化结合的大规模生产过程的转化得以缩短并加速。

"单个资本量的增大,成为生产方式本身不断变革的物质基础。"①

集中和积累的过程,从资本的构成面看,当然是一个以牺牲可变资本部分为代价,不变资本不断增加的过程。这个过程给工人的状态和命运带来了怎样的变化,是接下来第三节的主题。马克思在《工资、价格和利润》中所抛出的相关课题,进入第三节后将得到系统的阐述。

另外,在《1861—1863年手稿》和第三卷前半部分手稿(第三篇)中,马克思将"利润率下降"问题列为他研究资本集中(大资本对资本的驱逐与吸收)的最大动因②,却根本没有提及利润率下降这一因素,专注于说明由社会生产力的发展带来资本的积累;再者,从现行版的表述看,把"竞争和信用"定义为"集中最强有力的两个杠杆",作

---

① 引文为初版的表述,按日文版译出,可参阅全集第23卷第688页前后的相关内容。——译者注

② 在本书的第四章里做过介绍。

为马克思学说发展的标志,这一点是值得注意的。

"随着资本主义生产和积累的发展,竞争和信用——集中的两个最强有力的杠杆,也以同样的程度发展起来。"(全集第23卷第687页)

过剩劳动力的"预备军"与资本主义的积累

马克思在第三节从多个角度揭示了资本主义积累的深化对工人的命运产生的影响。

(一)中心问题是,资本的积累是与资本构成的高端化(可变资本部分的相对减少)相向而行的。从长远看,即使可变资本的绝对量增加,它也无法跟上劳动人口的自然增长。而且,资本积累的深化还以对劳动者的雇佣不断发生变动为特征,当某些部门发生技术革新并解雇工人时,其他部门则随着生产的急速扩张而大量雇佣工人。

"在一切部门中,资本可变部分的增长,从而就业工人人数的增长,总是同过剩人口的激烈波动,同过剩人口的暂时产生结合在一起"。资本和生产规模越扩大,便越会造成"资本对工人的更大的吸引力和更大的排斥力互相结合的规模不断扩大,资本有机构成和资本技术形式的变化速度不断加快,那些时而同时地时而交替地被卷入这些变化的生产部门的范围不断增

第九章

《资本论》第一卷——定稿中发生了什么变化

大。因此,工人人口本身在生产出资本积累的同时,也以日益扩大的规模生产出使他们自身成为相对过剩人口的手段。"(全集第 23 卷第 691—692 页)

这就是"资本主义生产方式所特有的人口规律"(全集第 23 卷第 692 页)。请注意,马克思将因此而产生的状态称为劳动人口的"相对过剩",在这一表述里包含着这样一层意思,这是由于资本的原因所造成的"过剩"状况,作为其前提的社会条件发生变化之后,这种状况有可能消解。

重要的是,由此而产生的过剩劳动者人口,不仅是资本主义积累的必然结果,"甚至成为资本主义生产方式存在的一个条件"(同前)。在出现资本需要急速扩张,诸如成立铁路建设这样的新部门而需要大量劳动力的时候,便可以从这些过剩劳动者人口中,无限制地抽取"可供剥削的人身材料"。

"过剩的工人人口形成一支可供支配的产业后备军[①],

[①] **产业后备军** 最先指出资本主义生产发展需要这样一支"后备军"的是恩格斯。他在《英国工人阶级状况》中使用了"失业的工人后备军"的表述,论述了这个问题(参见全集第 2 卷第 369 页)。

马克思在《1861—1863 年手稿》中,论述资本主义生产条件下劳动人口的状况时,使用了"后备军"这个词,指出人口中的一部分被迫过度劳动,而另一部分则被当作"后备军",这是资本主义的特征,在此之后,马克思没有从正面讨论这个问题。

《资本论》是怎样形成的
追溯马克思经济学的发展历程

它绝对地隶属于资本,就好像它是由资本出钱养大的一样。"(全集第 23 卷第 692—693 页)

(二)在资本主义生产条件下,在伴生资本变化的变动中,还叠加了由产业循环引发的劳动者雇佣的大变动。

"现代工业特有的生活过程,由中等活跃、生产高度繁忙、危机和停滞这几个时期构成的、穿插着较小波动的十年一次的周期形式,就是建立在产业后备军或过剩人口的不断形成、或多或少地被吸收、然后再形成这样的基础之上的。而工业周期的阶段变换又补充新的过剩人口,并且成为过剩人口再生产的最有力的因素之一。"(全集第 23 卷第 694 页)

产业循环鲜明地显现出,"产业后备军"的形成及扩大是资本主义生产不可或缺的生存条件。

"生产规模突然的跳跃式的膨胀是它突然收缩的前提;而后者又引起前者,但是没有可供支配的人身材料,没有不取决于人口绝对增长的工人的增加,前者是不可能的。工人的这种增加,是通过使一部分工人不断地被'游离'出来的简单过程,通过使就业工人人数比扩大的生产相对减少的方法造成的。因此,现代工业的整个运动形式来源于一部分工人人口不断地

第九章

《资本论》第一卷——定稿中发生了什么变化

转化为失业的或半失业的人手。"(同前)

马克思在稍后撰写的文章中,也有与(一)和(二)内容相关的论述:"现代工业具有十年一次的周期,每次周期又有各个周期性的阶段,而且这些阶段在积累进程中被越来越频繁地相继发生的不规则的波动所打断。"(同前第699页)我认为,这些内容十分确切地表述了资本主义生产条件下,劳动者雇佣的不安定状态。

(三)作为过剩劳动者增多的原因,马克思另外指出的一个问题是,资本要求在职的劳动者尽可能多地付出过度的劳动。理由简单明了,对资本来说,从现有的工人身上榨取剩余的劳动力,比增加工人数量更省钱。

"每一个资本家的绝对利益在于,从较少的工人身上而不是用同样低廉或甚至更为低廉的花费从较多的工人身上榨取一定量的劳动。在后一种情况下,不变资本的支出会随着所推动的劳动量成比例地增长,在前一种情况下,不变资本的增长则要慢得多。生产规模越大,这种动机就越具有决定意义。它的力量随资本积累一同增长。"(同前第697页)

资本强求在岗工人付出过度劳动的欲望,完全不顾随着资本构成变化所带来的可变资本相对减少的影响,极大地抑制了伴随产业发展而增加工人的需求。在这里,"相对

《资本论》是怎样形成的
追溯马克思经济学的发展历程

过剩人口",以及在资本强制下造就出来的过剩人口等表述,更显尖锐,并富有现实意义。

马克思很重视产业后备军的存在给工人、就业、劳动条件等增加的压力,并就此做出如下论述。

"工人阶级中就业部分的过度劳动,扩大了它的后备军的队伍,而后者通过竞争加在就业工人身上的增大的压力,又反过来迫使就业工人不得不从事过度劳动和听从资本的摆布。工人阶级的一部分从事过度劳动迫使它的另一部分无事可做,反过来,它的一部分无事可做迫使它的另一部分从事过度劳动,这成了各个资本家致富的手段,同时又按照与社会积累的增进相适应的规模加速了产业后备军的生产。"(同前第697—698页)

"产业后备军在停滞和中等繁荣时期加压力于现役劳动军,在生产过剩和亢进时期又抑制现役劳动军的要求。所以,相对过剩人口是劳动供求规律借以运动的背景。它把这个规律的作用范围限制在绝对符合资本的剥削欲和统治欲的界限之内。"(同前第701页)

就业群体的过度劳动和后备军广泛存在的状况,给人们带来鲜明的强烈冲击,与当时马克思作为观察对象的英国相比,今天的日本社会的现状不是更加令人担忧吗?

第九章

《资本论》第一卷——定稿中发生了什么变化

"英国'节约'劳动的技术手段是十分强大的。但是，如果明天把劳动普遍限制在合理的程度，并且把工人阶级的各个阶层再按年龄和性别进行适当安排，那么，要依照现有的规模继续进行国民生产，目前的工人人口是绝对不够的。目前'非生产'工人的大多数都不得不转化为'生产'工人。"（同前第698页）

呼吁为斩断资本主义积累的链条而斗争

在第四节，马克思分析了当时英国社会相对过剩人口的实际情况，指出有三种"实际情况"：（1）流动过剩人口；（2）潜在过剩人口；（3）停滞的过剩人口。另外，他认为还有存在于这个范围之外的接受救济的贫民。

我想在此强调一下，现在，在日本有一个以劳务派遣为主体、被称为"有工作的贫民"的劳动群体，这些人已被视作社会问题，无疑属于"相对的过剩人口"。与马克思时代的英国相比，进入了二十一世纪社会高度发展阶段的日本，实际还存在着十九世纪英国式的，甚至是处于更极端贫困状态的相对过剩人口，这一事实，在讨论日本社会的改革问题时，是一个绝对不能视而不见的问题。

在前面已经谈到，马克思在1865年6月即《资本论》定稿的六个月前，在国际工人协会中央委员会作的报告中，阐明了资本构成的累进性变化的必然性，同时指出：

《资本论》是怎样形成的

追溯马克思经济学的发展历程

"现代工业的发展本身定会愈来愈有利于资本家而有害于工人。"① 立足于这一问题意识,研究过现代工业发展过程的马克思在第一部的定稿里得出了如下结论:进入"特殊的资本主义生产方式"阶段,尤其是进入"机器和大工业"这一全面发展阶段的资本主义生产,给资产阶级提供了超越有利或不利这一劳资关系层级的强大武器。这就是相对过剩人口,即"产业后备军"的存在及其不断被加强的问题。因此,资本家阶级得到了一个最强有力的手段,在强制广大工人陷入失业、半失业的"被懒惰"状态的同时,又强制现役劳动军从事充满苦难的过度劳动、长时间劳动。

马克思分析至此,首先对第四篇"相对剩余价值的生产"研究做了梳理,写了如下文字。

"在资本主义体系内部,一切提高社会劳动生产力的方法都是靠牺牲工人个人来实现的;一切发展生产的手段都变成统治和剥削生产者的手段,都使工人畸形发展,成为局部的人,把工人贬低为机器的附属品,使工人受劳动的折磨,从而使劳动失去内容,并且随着科学作为独立的力量被并入劳动过程而使劳动过程的智力与工人相异化;这些手段使工人的劳动条件变得恶劣,使工人在劳动过程中屈服于最卑鄙的可恶的专制,把工人的生活时间变成劳动时间,并且把工人

---

① 全集第16卷第168页。

第九章

《资本论》第一卷——定稿中发生了什么变化

的妻子儿女都抛到资本的札格纳特①车轮下。但是,一切生产剩余价值的方法同时就是积累的方法,而积累的每一次扩大又反过来成为发展这些方法的手段。由此可见,不管工人的报酬高低如何,工人的状况必然随着资本的积累而日趋恶化。"(全集第 23 卷第 707—708 页)

在资本统治下的对工人的剥削和压迫,以及让这一状态固定下来的一个决定性筹码,就是在第七篇里所阐明的资本主义积累的法则,以及在最后作的结论——相对的过剩人口(产业后备军)所具有的作用。

"最后,使相对过剩人口或产业后备军同积累的规模和能力始终保持平衡的规律把工人钉在资本上,比赫斐斯塔司的楔子把普罗米修斯钉在岩石上钉得还要牢。"(同前第 708 页)

资本的积累,其规模和能量越大,通过资本结构的变化而从相关部门淘汰出的工人就会越多,过剩人口及其压

---

① **札格纳特** 意为"世界之主",印度教的主神之一毗湿奴的化身。札格纳特信仰以其极端、狂热而闻名,位于印度东岸印度教的宗教城市布里,在祭祀时会将札格纳特像置于高大的花车上巡游市中,传说置身其轮之下即可进入极乐世界,因此曾吸引很多人投身车下。马克思的比喻是出自这里的,在"工作日"一章里,揭发工场酷使童工时也用过这个典故。

《资本论》是怎样形成的

追溯马克思经济学的发展历程

力就越会增加。马克思称之为"均衡"的法则，它最终形成了沉重的压力，制约着工人的反抗和斗争。马克思用古希腊的普罗米修斯神话来比喻这一机制。给人类送来火种的巨人普罗米修斯触怒了宙斯，被锁在了高加索山的悬崖上。那条锁链是由锻造之神制成的，坚固无比，尽管巨人普罗米修斯具有超人的力量也无法将其斩断。①

马克思在这里明确揭示了工人阶级的贫困问题，通过在《资本论》中对资本主义剥削的分析，开拓了一个全新的视野。

在"绝对剩余价值的生产"和"相对剩余价值的生产"两篇中，马克思从其机制分析和现场实际的两个方面，对资本主义剥削的现实做了全面且系统的剖析。但是，在此之前的所有阐述，都仅限于针对作为剥削现场的工场实况。

在第二十三章里，马克思不再限于各个工场的剥削状况，而是将其规模扩大到整个社会，把资本家阶级对工人阶级的剥削、掠夺、压迫作为问题来进行探究。

首先，由于资本主义生产的需要，大量从工厂现场被淘汰下来的劳动者陷入赤贫，这个失业的劳动者群体形成

---

① **马克思与普罗米修斯** 1841年马克思在写作其学位论文《德谟克利特的自然哲学和伊壁鸠鲁的自然哲学的差别》时，把普罗米修斯列入了解放人类的英雄行列并加以赞美。马克思引用了古希腊诗人埃斯库罗斯的诗篇中拒绝服从于神的普罗米修斯所说的话，作为"序言"的结尾，并送上了赞美之辞："普罗米修斯是哲学日历中最高尚的圣者和殉道者。"（全集第40卷第190页）

在《资本论》的这一部分里，马克思论述了资本主义剥削的残酷性，站在工人阶级的立场上让不屈的巨人普罗米修斯登场，这不是偶然的。

第九章
《资本论》第一卷——定稿中发生了什么变化

了可以任由资本家摆布的"产业后备军"。

其次,"产业后备军"的存在,对目前在岗的工人形成压力,在围绕工人地位和利益展开的斗争中,造成了对工人极其不利的力量对比关系。

这样一来,从双重意义上讲,工人阶级的被剥削和贫困问题,已经不再是个别工厂、个别产业的问题,而是全社会的问题,要想从困境中摆脱出来,工人阶级就不得不直接面对改变社会体制的课题。

马克思在这一章里阐明,作为"资本主义积累的一般规律",在"特殊的资本主义生产方式"条件下,同资本主义的剥削进行斗争的问题将不可避免地形成社会属性,为维护工人阶级利益而开展的阶级斗争,必然迎来一个更高的发展阶段。

我刚才从两个方面做过一个阶段性总结,一是关于工人阶级的成长和发展,马克思在《资本论》第一卷的定稿中做了阐述,工人阶级在为共同的阶级利益的斗争中,发展并成长为一个自觉的阶级(参阅"工作日"一章);二是在资本主义生产的发展中,工人阶级具有了运用大规模生产手段作为社会生产主力军的资格。至此,我们在完成对资本主义积累过程的阐述后,应该在上述两个方面加入第三方面的内容,即工人阶级为了自身的阶级利益,不能只停留在夺取"社会保障"上,必须站到以改革社会制度本身为使命这一立场上,其必然性同样也包含在这一阶段的资本主义生产体制中。

《资本论》是怎样形成的
追溯马克思经济学的发展历程

马克思曾经用如下一段有名的论述,针对资本主义积累发展规律的研究做过总结。

"这一规律制约着同资本积累相适应的贫困积累。因此,在一极是财富的积累,同时在另一极,即在把自己的产品作为资本来生产的阶级方面,是贫困、劳动折磨、受奴役、无知、粗野和道德堕落的积累。"(全集第23卷第708页)

当然,这绝不是在讲述工人阶级的绝望。在资本主义生产方式框架下的斗争是有局限的。工人阶级在资本主义条件下,一方面要不屈不挠地进行反对一切加强剥削和压迫的斗争,另一方面又不能让斗争停留在这个框架之内。应将斗争推进至斩断资本所造就的"赫斐斯塔司枷锁",以及促成摧毁资本和雇佣劳动制度这一社会变革。以上是马克思在研究了"特殊的资本主义生产方式"以及在这一阶段资本主义积累的规律之后,所得出的最终结论。

(四) 第二十四章第七节——解读资本主义社会变革的逻辑

第一卷手稿和定稿的根本区别

在对资本主义积累的研究中,马克思得出了上述结论,

第九章

《资本论》第一卷——定稿中发生了什么变化

在第五节，以最近二十年英国资本主义的发展史为对象，验证了资本主义积累的一般规律，然后，在接下来的第二十四章，开始转向追溯资本主义的出现和形成过程，研究原始积累。据推测，在1863—1864年的第一卷手稿中，马克思并没有计划用如此大的比重来研究原始积累问题。这部以"血和火的文字"① 描述资本主义形成的一大叙述诗，可以视作定稿的结晶。

这一章的最后一节，即第七节"资本主义积累的历史趋势"是关于积累的最后一节，同时也是对第一卷"资本的生产过程"做全篇总结的重要一节。② 将这一节拿出来同第一卷手稿的总结部分做个比较，我们便会十分清楚地看到，马克思在第一卷定稿中对自己的构思做了更改。

第一卷手稿的结尾部分是第六章"直接生产过程的结果"的第三节"作为资本产物的商品"。马克思本人将这一节界定为第二卷"资本的流通过程——形成转移过程"。他指出，我们的研究是从"作为资产阶级财富的基本形态商品"开始的，而这些商品现在是"作为资本的产物出现"的，它不仅具有作为劳动的产品的价值，在商品的价值中还包含着剩余价值等，我们可以从有别于原点的新视角去把握。接下来，在第二卷里，必须把商品的流通作为一个

---

① 全集第23卷第783页。
② 在此之后还有一个第二十五章"现代殖民理论"，从内容上看很明显这一章是对资本积累问题的补充。

《资本论》是怎样形成的
追溯马克思经济学的发展历程

包含剩余价值在内的资本的流通来考察。马克思以这样一个基调,把从第一卷向第二卷过渡时的主要考量做了说明。

这其中的内容仅仅是对从第一卷向第二卷过渡的顺序作的说明。这里没有对在第一卷"资本的生产过程"里,我们围绕资本主义生产方式的研究做出总结,更没有以研究结论的方式揭示出这种生产方式将会被一种更高形式的生产方式所代替的必然性。对资本主义生产方式的历史性清算,并没有放在"资本生产过程"的结尾部分,而是在被定位为第三卷结论部分的"利润率趋向下降的规律"一篇中具体展开。我认为这是马克思当时构想的体现。

就第一卷定稿而言,第一卷在整个著作体系中的定位发生了根本性转变。对资本主义生产方式的历史性清算被放在了"资本生产过程"的结尾部分,这是对从剥削论到资本主义积累的一般规律的分析考察中提炼而成的新构思。为适应新构想,对这一历史性清算的叙事方法也有创新,即包括了应该作为变革主体的工人阶级成长发展的各个方面,全面综合了面向社会变革的客观条件和主观条件。研读这些变化是非常重要的。

让我们从这一角度出发来回顾一下《1857—1858年手稿》以来的各个手稿对这个问题做出叙述的历史吧。

马克思在《资本论》第一卷第二版的"跋"中,对自己著作的特征做了这样的评介:"对现存事物的肯定的理解中同时包含对现存事物的否定的理解,即对现存事物的必

第九章

《资本论》第一卷——定稿中发生了什么变化

然灭亡的理解。"① 我认为，这是从 1857 年开始写作最初的手稿时，马克思就持有的辩证法。但是，这一方法论用于评价整个著作或者其中的某个构成部分是可以的，却并不适用于著作的每个部分。以经济学著作的最初计划为例，著作的最后一卷"世界市场"的主题非常明确，是经过恐慌之后的资本主义体制的崩溃和向共产主义的演进。另外，还按顺序对社会三大基本阶级存在的条件，即"资本""土地所有""雇佣劳动"做了探讨，之后还分析了建立在工人阶级必然胜利这一基点上的阶级斗争的各种条件。

在研究"资本"运动基本原理的最初部分"资本一般"中，毫无疑问也曾经计划在研究的最后阶段从其原理上对导致资本"必然没落"的各种矛盾进行剖析。马克思在 1864 年写作第三卷手稿前半部分之前，一直坚持着这样一种立场，要把自己关于"利润率下降"的划时代发现与资本主义的体制性危机结合到一起，我认为，其中一个重要原因就来自上述思路。鉴此，完全没必要将对资本主义生产方式做总清算的内容放入"资本的生产过程"篇里。

但是，在 1866 年 1 月进行第一卷的定稿工作时，马克思在这个问题上的态度有了根本性转变。对资本主义的生产方式从各个方面进行研究时，每一个步骤里"肯定的理解中同时包含对其否定的、必然灭亡的理解"，这样的研究和认识积累到最后阶段，虽然是受到了仅限于"资本生产

---

① 全集第 23 卷第 24 页。

过程"的研究这一制约，但还是开展了证明资本主义生产方式"必然灭亡"的总结性分析，并以此对"资本的生产过程"收尾，这应该就是马克思在定稿时所亮明的姿态吧。

"肯定性理解中包含着对其必然灭亡的理解"的辩证法结构

马克思在《资本论》第一卷定稿结尾部分的第二十四章第七节"资本主义积累的历史趋势"里，名副其实地对资本主义生产方式做了总清算式的评价。

在这里，马克思对资本主义从其诞生开始做了历史性梳理，最大的主题在于资本主义的生产方式向何处去？在其发展的过程中，为跨越资本主义迈向新社会储备了哪些条件？在这里所出现的各种命题，尽管轻重大小有别，但几乎都是在《资本论》此前的部分里提出或讨论过的内容。从这个意义上讲，可以说是在这里对"资本生产过程"研究做了一个总清算。

做出总清算的文章是一个完整的段落，为了能够准确理解它的意义，我想有必要将其分成三个部分来研读。

（一）第一部分是对资本方面的变化作的剖析。马克思在前文里首先论述道，资本主义生产方式靠自己的双脚站立起来，接下来是资本家掠夺其他的资本家，即谈到了"集中"的问题，在此另起一行，就发展至此经历了怎样的过程，做出如下论述。

第九章

《资本论》第一卷——定稿中发生了什么变化

"这种剥夺是通过资本主义生产本身的内在规律的作用，即通过资本的集中进行的。一个资本家打倒许多资本家。随着这种集中或少数资本家对多数资本家的剥夺，规模不断扩大的劳动过程的协作形式日益发展，科学日益被自觉地应用于技术方面，土地日益被有计划地利用，劳动资料日益转化为只能共同使用的劳动资料，一切生产资料因作为结合的社会劳动的生产资料使用而日益节省。①"（全集第23卷第831页）

如前所述，通过"集中"的问题，马克思揭示出，这是资本家阶级内部弱肉强食的掠夺，激化了这一领域里的社会矛盾。

然后，同时被提出来的是，生产过程本身的变革过程和方向。

在资本主义生产的发展过程中，标志着人类社会更高发展阶段的新社会的物质基础是怎样积累的，马克思将焦点汇聚于此，对其变革过程做了历史性总结。

对于资本集中所引起的资本主义生产的变化，马克思列举出这样几个方面："劳动过程的协作形态"，劳动手段向"只有共同劳动才可以使用的劳动手段"转化，"作为结合起来的社会劳动的共同生产手段对其使用"。从这些角度

---

① 第二版之后，在这里另外插入了一句话："各国人民日益被卷入世界市场网，从而资本主义制度日益具有国际的性质。"

《资本论》是怎样形成的
追溯马克思经济学的发展历程

看,这几点显得尤为重要。读这篇文章时令人想起了马克思在《1861—1863年手稿》中关于"资本积累"过程的论述。马克思在这里指出,"资本积累"引起了生产的社会形态的发展,让资本家成了"无用"的社会存在,由此衍生出导致资本主义没落的诸多条件。马克思想必是关注到了《资本论》在这一部分列举的几方面特征后才做出上述论述。①

(二)第二部分是论述工人在这方面有了怎样的发展。

"随着那些掠夺和垄断这一转化过程的全部利益的资本巨头不断减少,贫困、压迫、奴役、退化和剥削的程度不断加深,而日益壮大的、由资本主义生产过程本身的机构所训练、联合和组织起来的工人阶级的

---

① **资本积累让资本家成了"无用"的存在** 下面是《1861—1863年手稿》中的相关内容。虽文字较多,但对理解《资本论》的这一部分很重要,故将全文介绍如下。

"资本的积聚。大资本通过消灭小资本而进行的积累。吸引力。资本和劳动的中间结合体的丧失资本。这不过是下述过程的最后一级和最后形式:把劳动条件转化为资本,然后把这种资本和某些资本以更大的规模再生产出来,最后把社会上许多地方形成的资本同它们的所有者分离开来,并把它们集中在大资本家手里。生产在取得这种对立和矛盾的极端形式的同时,转化为社会生产,尽管是以异化的形式。这就是社会劳动以及在实际劳动过程中生产工具的公共使用。资本家作为上述过程,即同时加速这一社会生产,从而加速生产力发展的过程的职能执行者,就依照他们以社会名义为自己刮取收入以及作为这一社会财富的所有者和社会劳动的指挥者而飞扬跋扈的程度日益成为多余的人。他们的情况也和封建主一样,封建主的要求连同他们的服务,就曾经随着资产阶级社会的产生而成为多余的东西,变成了纯粹是过时的和不适当的特权,从而迅速趋于消灭。"(全集第26卷下第348—349页)

第九章

《资本论》第一卷——定稿中发生了什么变化

反抗也不断增长。"（全集第 23 卷第 831 页）

在这个分析中，马克思让我们看到了非常重要的希望所在，即随着资本主义的剥削和压迫总量的增大，在资本主义本身的机构中工人阶级的训练、联合、组织发展及其反抗也在增强。

在这里我们也看到了马克思的革命观的升华。处于危机期望论阶段的马克思曾坚定地认为，立足于既往的革命经验，以危机为诱因，一旦出现社会动荡，民众势必崛起，革命的时代就会到来。实际上，1789 年的法国革命和 1848 年欧洲大陆国家的革命，都是以这样一种形态爆发的。但是，随着时代的发展，革命的形态以及工人运动发展的形态都发生了变化。作为社会革命主力军的工人阶级，需要一个成长、发展的过程。马克思用"资本主义生产过程本身的机构所训练、联合和组织起来的工人阶级的反抗也不断增长"的表述，强调了这一点。

实际上，《资本论》第一卷的定稿从不同角度探讨了在资本主义生产发展过程中，工人阶级如何成长的问题。围绕工作日的斗争、与机器大工业的发展同步进化的"联合"劳动及"全体劳动者"的形成、在资本转化的要求下具有多方面能力的工人的形成，在产业后备军的重压之下社会变革意识不断增强的必然性等，以在将"资本一般"作为主架构的时期无从想象的力度，把工人阶级的成长与发展设定为全面研讨的对象。

《资本论》是怎样形成的

追溯马克思经济学的发展历程

（三）最后部分提出的是面向社会变革的转移。

"资本的垄断成了与这种垄断一起并在这种垄断之下繁盛起来的生产方式的桎梏。生产资料的集中和劳动的社会化，达到了同它们的资本主义外壳不能相容的地步。这个外壳就要炸毁了。资本主义私有制的丧钟就要响了。剥夺者就要被剥夺了。"（全集第23卷第831—832页）

这段文字是这篇文章中最常被引用的内容，我认为，这里边包含着特别值得认真阅读的重要问题。

首先，马克思虽然说"资本的垄断"成了"生产方式的桎梏"，指出了"生产资料的集中和劳动的社会化，达到了同它们的资本主义外壳不能相容的地步"，但他并没有对"资本的垄断"转化为桎梏的形态做出特别规定。这是极其明智的。

危机是"资本垄断"桎梏化的一个表现，这是毫无疑问的，不过马克思在对积累过程的分析中，深刻地阐明了它的意义，贫困正在以社会性规模扩大，以此为核心的各种社会矛盾不断深化、加剧，这些问题是使得"资本的垄断"向桎梏转化的最重要形态，从得出这一结论的定稿的结构上也不难看出，这才是马克思在思考的问题。在现实生活中，现在我们正在以极其多样的形式，经历并见证着

第九章

《资本论》第一卷——定稿中发生了什么变化

二十一世纪的世界"资本垄断"的桎梏化。①

另一个问题是,"资本垄断"的桎梏化并不能靠经济的自身作用打破"资本主义的外壳"。资本主义生产方式的矛盾无论有多么深重,只有当粉碎它的意志和力量出现时,"资本主义的外壳"才能被打碎,只有当敲响警钟的意志和力量登上舞台时,"资本主义私有制的丧钟"才会被敲响。马克思在第一部分里,将目光投向直面社会变革时资本方的矛盾的成熟,随后在第二部分里,把应当肩负起社会变革重任的工人阶级一方主体条件的成熟列为课题,以概括上述两方面观点的方式梳理出"资本主义私有制的丧钟就要响了,剥夺者就要被剥夺了"这一社会变革的规律。其意义就在于此。

在接下来的文章中,马克思谈到了将取代资本主义的社会主义、共产主义的生产方式。

---

① 《日本共产党纲领》和"资本垄断"的桎梏化 2004年修订的《日本共产党纲领》,批判了把苏联的崩溃作为资本主义优越性证据的部分言论,指出了在二十一世纪不断深化的资本主义矛盾和危机的各种因素。这些内容是可以作为当代"资本垄断"桎梏化的各种形态来认识的。

"苏联等国家的解体,并不能说明资本主义的优越性。资本主义无法掌控高度发达的生产力,这一矛盾如今正以空前巨大的规模和尖锐程度,通过以下形式表现出来:各阶层广大人民的生活现状恶化;贫富差距加大;不断反复的萧条和大量失业;跨国金融投机的猖獗;全球范围内的环境破坏;殖民统治遗留问题的严重性;在亚洲、中东、非洲、拉丁美洲等许多国家和地区的贫困在增大(南北问题);等等。"(《日本共产党纲领》第三章第九条)

《资本论》是怎样形成的

追溯马克思经济学的发展历程

"从资本主义生产方式产生的资本主义占有方式,从而资本主义的私有制,是对个人的、以自己劳动为基础的私有制的第一个否定。但资本主义生产由于自然过程的必然性,造成了对自身的否定。这是否定的否定。这种否定不是重新建立私有制,而是在资本主义时代的成就的基础上,也就是说,在协作和对土地及靠劳动本身生产的生产资料的共同占有的基础上,重新建立个人所有制。"① (全集第23卷第832页)

马克思在《资本论》开篇的商品论中对各种形态的社会展开了比较,要"换一个方面"来"设想"一下这样的社会:"设想有一个自由人联合体,他们用公共的生产资料进行劳动,并且自觉地把他们许多个人劳动力当作一个社会劳动力来使用"②。这就是在《资本论》中第一次出现的关于社会主义社会、共产主义社会的描述。在《资本论》第一卷所作研究的最后部分,马克思对他理想中的社会作了如下描述,即资本主义生产方式"必然灭亡"这一结果将推动人类社会迈向更高的社会形态。

如上所述,马克思以他的新构思完成的《资本论》第一卷定稿,充分体现了马克思的辩证法:"对现存事物的肯

---

① 这段文字在第二版之后做了很大改动。
② 全集第23卷第95页。

第九章

《资本论》第一卷——定稿中发生了什么变化

定的理解中同时包含对现存事物的否定的理解,即对现存事物的必然灭亡的理解。"

从马克思革命论发展的角度看

《资本论》第一卷定稿最后部分提出的模式,对马克思来说,在革命理论上也是一个新的模式。

在这里,让我们再来回顾一下恩格斯为马克思《法兰西阶级斗争》所写的"导言"(1895年),他反省了1848年革命当时他们对形势的认识。前文曾言及他们对资本主义认知观的反省①,这一反省与对革命理论的反省是有联系的。正像恩格斯直率表述的那样,当时马克思和恩格斯的革命观是以法国革命为模型的。

"当二月革命②爆发时,我们大家关于革命运动的条件和进程的观念,都受过去历史经验,特别是法国经验的影响。须知正是法国在1789年以来的全部欧洲历史中起了主要的作用,正是它现在重又发出了普遍

---

① 参见本书第168—169页。
② **二月革命** 1848年2月在法国爆发的革命。它成为波及整个欧洲大陆的1848年革命的导火索。在巴黎崛起的革命主力是工人阶级,由革命建立起来的临时政府也有号称是工人代表的人员参加,革命的性质也曾被称作"社会共和制"的革命。但是,政权的性质完全是资产阶级政权,当巴黎的劳动者对政府反工人阶级的反动政治表示愤怒和不满起义(六月起义)的时候,他们强行实施了过去任何一届资产阶级政府都没有实施过的、残酷的武力镇压,其本性被暴露无遗。

《资本论》是怎样形成的
追溯马克思经济学的发展历程

变革的信号。因此,我们关于1848年2月在巴黎所宣布的'社会'革命即无产阶级革命的性质和进程的观念,带有回忆1789—1830年榜样的浓厚色彩,这是很自然和不可避免的。……——在当时的情势下,我们不可能有丝毫怀疑:伟大的决战已经开始,这个决战定将在一个很长的和充满变迁的革命时期中进行到底,然而结局只能是无产阶级获得最终胜利。"(全集第22卷第594—595页)

恩格斯接着就如何推进革命谈了他们当时的构想。

的确是,即使在工人发动了革命的巴黎,对革命的前途也是全然不知的。可是,与迄今为止的为了少数人利益的革命不同,现在的问题是,这不是一场"为了多数人的真正利益进行的革命"吗?以往的革命实际追求的是少数人的利益,留给人民群众的只是表面上的甜言蜜语,而这一次革命的主题是"实现绝大多数人本身的真正利益","诚然,这些利益当时还并没有为这绝大多数人所认识,但是在其实际实现的过程中,由于具有令人信服的明显性,一定很快就会为这绝大多数人所充分认识的"。因此,在法国的形势是,革命中诞生的资产阶级共和制,却将统治的实权集中到了大资本家的手中,其他的社会各阶级都集结到了无产阶级的周围。"难道在这些条件下,还不可以完全期望少数人的革命变成多数

第九章

《资本论》第一卷——定稿中发生了什么变化

人的革命吗?"①

正像恩格斯说的那样,为了实现无产阶级自身利益的革命,虽然还没有成为广大群众的自觉目标,但由于它代表了大多数人的根本利益,在革命的迅猛发展过程中,这个目标必定会为多数人所认同,成为他们自觉的目标,革命将会转变为"多数人的革命"。这曾经是包括马克思和恩格斯在内的众多革命家所共有的革命观。

在这里还缺少这样一个认识,为了无产阶级的革命,为了实现社会主义社会的革命,还需要一个完善革命主体条件的长期过程,已成为主力部队的工人阶级,对这一革命目标应有必要的思想自觉。作为有力量来实现它的革命阶级,要做好自己联合起来,进行组织、训练的长期准备。

马克思在1857—1858年开始写作经济学著作的最初手稿时,仍未摆脱1848年革命时的革命观。

但是,在十年之后公开出版《资本论》第一卷的定稿时,马克思在对资本主义社会各种经济关系进行科学研究的基础上,完全跳出了过去的革命观,坚定地站到了一个新的立场上。这就是在前面详细介绍过的关于社会变革的模式。

这个模式的形成,是与马克思通过在国际工人协会的活动,直接接触英国和欧洲其他各国工人运动的新形势,以及作为这个国际组织实际上的领导人所积累的理论上、

---

① 全集第22卷第596—597页。

《资本论》是怎样形成的

追溯马克思经济学的发展历程

实践上的经验难以分开的。① 在《资本论》里提出的这个模式,激励了工人阶级的国际性运动,为这一运动奠定了强有力的理论基础。②

---

① **社会革命和工人阶级的阶级成长** 关于这个问题,它在国际性运动中发展到了一个什么程度,马克思在 1871 年 11 月写给国际工人协会美国支部代表波尔特的信中,用工人运动的语言做了如下阐述。

"工人阶级的政治运动自然是以夺得政权作为最终目的,为此当然需要一个发展到一定程度的、在经济斗争中成长起来的工人阶级的预先的组织。"

"但是另一方面,任何运动,只要工人阶级在其中作为一个阶级与统治阶级相对抗,并试图从外部用压力对统治阶级实行强制,就都是政治运动。例如,在某个工厂中,甚至在某个行业中试图用罢工等等来迫使个别资本家限制工时,这是纯粹的经济运动;而强迫颁布八小时工作日等等法律的运动则是政治运动。这样,到处都从工人的零散的经济运动中产生出政治运动,即目的在于用一种普遍的形式,一种具有普遍的社会强制力量的形式来实现本阶级利益的阶级运动。如果说这种运动以某种预先的组织为前提,那么它们本身也同样是这种组织发展的手段。

"在工人阶级在组织上还没有发展到足以对统治阶级的集体权力即政治权力进行决定性攻击的地方,工人阶级无论如何必须不断地进行反对统治阶级政策的鼓动(并对这种政策采取敌视态度),从而使自己在这方面受到训练。否则,工人阶级仍将是统治阶级手中的玩物,法国的九月革命已经证明了这一点,而格莱斯顿先生及其同伙在英国到现在还能够耍把戏也在某种程度上证明了这一点。"(全集第 33 卷第 337 页)

马克思在文章结尾部分所说的"法国的九月革命",指的是 1870 年的普法战争中,法国军队惨败,拿破仑三世成为俘虏,以工人为主体的巴黎民众起义,发起了以共和制为目标的革命。虽然赢得了共和制,但是这场革命相信了资产阶级共和派,将政权交给了资产阶级势力。以此为重要的政治背景,巴黎公社在第二年的三月宣告成立。

另外,所谓英国的格莱斯顿一伙的"把戏",是指作为资产阶级政党的自由党,将英国工会运动的领导人们拉到自己一方,企图将工人阶级置于资产阶级政治的影响下。

② 正是由于这一考虑,马克思曾经非常期待《资本论》的出版能够赶上国际工人协会的洛桑大会(1867 年 9 月 2 日—8 日)。但是,因为印刷厂的工作不尽如人意,《资本论》第一卷的公开出版是在大会结束的六天之后的 9 月 14 日。就这件事,马克思十分遗憾地在给恩格斯的信中写道:

"迈斯纳(《资本论》的出版发行人——不破注)的拖延真糟糕。在洛桑代表大会上他本来是可以推销许多本书的。而且书还可以在那里作为一个事件来讨论。我不能理解这种愚蠢行为。到这个星期六,我把最后的校样寄到莱比锡去就要满四个星期了!"(全集第 31 卷上第 351—352 页)

第十章

第一卷定稿对第二卷、第三卷构思的影响

如1872—1873年发行德文第二版,1872—1875年出版了法文版,1883年筹备出版德文第三版,第一卷后来虽有多次修订再版的机会,但马克思没有改动该书的基本结构。① 这表明,马克思对已经完成的第一卷"资本的生产过程"的内容、结果,基本上是满意的。

前面我们追溯了马克思一直到《资本论》第一卷定稿为止的思想和研究历程,在第一卷定稿时所取得的成果,

---

① **法语版的"科学的价值"** 马克思对法文版的修订十分重视,在"跋"中写下了这样的自我评价,认为法文版"在原本之外有独立的科学价值"(全集第23卷第29页)。从这个意义上讲,法文版在研究马克思主义学说上应该具有其独特的价值。但是,所做的修订是"有些论述要简化,另一些要加以完善,一些补充的历史材料或统计材料要加进去,一些批判性评注要增加,等等"(同前),这些内容,对我们在本书中所研究的《资本论》的重大论点、整体结构没有影响。另外,在此所做修订的主要部分,遵照马克思留下来的指示,由恩格斯在第三版中予以采纳(同前第30页)。

当然会对下一个课题，即第二卷、第三卷的构思产生重大影响。这其中当然有许多值得研究的问题，在此，只限于围绕着每一卷，把焦点放在与我们的研究密切相关的问题上做一些思考。

（一）关于《资本论》第三卷

"利润率趋向下降的规律"的理论定位

让我们先来看一下在开始《资本论》的定稿工作之前写作的、依然保留着当时手稿原貌的第三卷。

关于第三卷，首先应该考虑的是第三卷的前半部分（第一篇至第三篇），这一部分是马克思在写作第二卷第一份手稿时发现危机运动论之前写的，后半部分（第四篇至第七篇）应该是在《资本论》第一卷定稿之前写的。当然可以想象到，在完成相关著述的时候，马克思一定考虑过将写完手稿之后的理论成果也纳入其中。

马克思并未止步于此，尤其是围绕着信用论和地租论，他在更广泛的领域里构思了新主题。关于这个问题，我在《恩格斯与〈资本论〉》一书中有过论述①，但是，在那里

---

① 《恩格斯与〈资本论〉》下卷中，第五篇的第六节"信用论——十九世纪七十年代以后的马克思"和第八节至第九节"地租论、土地所有理论的新构想"是讨论这个问题的。

第十章

第一卷定稿对第二卷、第三卷构思的影响

所谈到的与在这里探讨的"第一卷定稿带来的影响"问题有很大不同。

马克思在第一卷公开出版之后，关于与《资本论》直接相关的工作，除了修订第一卷之外，主要精力都集中在完成第二卷的写作上，对第三卷手稿的打磨实际上停了下来。因此，讨论第一卷定稿对其产生影响的材料非常少。不过，有一份珍贵的资料留了下来，是为《资本论》第三卷写的第一部分出版之后的第二年，1868年4月30日马克思写给恩格斯的信。

在这封信里，马克思针对第三卷的七篇构成，介绍了一些构思梗概。我们以这封信为材料，来梳理一下第三卷完成时的几个问题。

在信中，七个篇章使用Ⅰ、Ⅱ、……Ⅶ等罗马数字来表示，下面将按照书信原貌来做介绍，请注意这些数字标识。

首先是前半部分的问题，这里最值得关注的是，马克思是怎样定位"利润率趋向下降的规律"的。第一篇中剩余价值转化为利润的问题、第二篇中一般利润率和生产价格形成的问题，这些都用不着赘述，马克思在信中简要地就手稿里理论构成的要点向恩格斯做了介绍。相关内容也曾在1862年2月报告发现地租论的书信中，作为进入地租论的前提，向恩格斯简要提及①，这一次是在这一部分手稿完成之后所做的说明，比四年前那封信的内容更加系统。

---

① 参见本书第一章。

《资本论》是怎样形成的
追溯马克思经济学的发展历程

接下来是讨论利润率下降规律的第三篇。

经过一系列的研究，马克思阐明了利润率下降的规律是资本构成高度化所带来的必然结果，我们认为这是对古典经济学的划时代胜利。同时，马克思认为这一规律是资本关系束缚生产力发展的集中表现，将它直接与危机和生产过剩、资本主义的体制性危机结合起来是错误的。接下来，在第一卷的定稿中，马克思形成了把资本构成的高度化作为社会性生产力跳跃性发展的标志这一见解，并以此为轴心深化了关于资本主义积累的理论，进而彻底改变了1865年以前所持有的观点。

那么，马克思自己在定稿中是如何处理这个问题的呢？马克思在信中对以"利润率趋向下降"为主题的第三篇做了如下说明。

> "Ⅲ. 随着社会的进步，利润率趋向下降。这一点在第一册中论述资本构成随着社会生产力的发展而变化时已经得到了证明。这对克服过去一切经济学的障碍来说是一个最大的胜利。"（全集第32卷第74页）

这个说明可以总结为一句话，它揭示了马克思经济学的"最大的胜利"，这段论述回答了让斯密和李嘉图感到困惑的难题——社会进步、产业发展，为什么会引发利润率下降的倾向？马克思彻底破解了这个难题。这说明马克思删除了在第三篇旧稿中，把利润率下降的规律同危机论

第十章

第一卷定稿对第二卷、第三卷构思的影响

和体制性危机论联系在一起讨论的内容。马克思特意援引了第一卷积累理论中，关于资本构成的高度化是资本主义生产跳跃性发展的一个标志这一定义，更清晰地证明了马克思在完成第三篇时将发生如我们预料那样的大转变。

这一点，在阅读第三篇的时候，应当特别引起注意。

信用论与地租论

第四篇是关于商人资本问题，信中写道："过去所讨论的只是生产资本。现在，由于有了商人资本，情况就改变了。"（同前）关于从利润中将商人资本的利润分离出来，只是举了一些数字作说明。

第五篇是关于生息资本，只有下面这些表述。

"V. 从我们假定利润率为 $16\frac{2}{3}\%$ ①的情况来看，现在我们已经把利润化为它在实际上表现出来的形式了。其次是这种利润分为企业主收入和利息。生息资本。信用制度。"（同前第75页）

在这里，只是对利润分为企业主收入和利息做了说明，关于"生息资本"和"信用制度"只列出了标题，没作具体阐述。关于"生息资本"，已有的手稿中有相当系统性的

---

① 马克思在这封信里，使用数字计算时是以20%为前提的，因为商人的介入，其中 $3\frac{1}{3}\%$ 的商业利润被分割出去，剩下的生产资本就是 $16\frac{2}{3}\%$ 了。

《资本论》是怎样形成的
追溯马克思经济学的发展历程

阐述,但是关于"信用制度",在手稿里还是一个半成品状态。另外,关于信用制度,马克思在第一卷中做了这样的定义:是一个"实现资本集中的庞大的社会机构"(全集第23卷第687页)。但是,马克思在手稿中并没有从这一角度去作深入阐释,而是试图在打磨手稿构思的过程中深化对信用制度的研究。所以,才会出现信中这样不经心的表述。

自完成了旧稿的写作之后,尤其是在十九世纪七十年代的危机之后,信用制度和股份公司演化成一个变化最为激烈的领域。因此,马克思为了完成第三卷的写作,一直致力于收集资料,开展最新阶段的研究。在他写给各方的书信中可以找到这些笔耕的痕迹,但他并没有进一步把它们完整地写进手稿中。

"Ⅵ"是地租论,马克思只写下了"超额利润转化为地租"这样一个标题。毫无疑问,他是在考虑必须把这一部分写得易懂一些。马克思在即将写完《1861—1863年手稿》时,给恩格斯写信说:"手稿虽已完成,但它现在的篇幅十分庞大,除我以外,任何人甚至连你在内都不能编纂出版。"① 在这里,马克思强烈意识到的这本"可诅咒的"书的问题,指的应该就是地租论的部分,他在信中这样写道:"单是讨论地租的倒数第二章,按现在的结构看,就几乎构成一本书。"(同前第180—181页)

我认为,把完成地租论作为课题的时候,马克思最关

---

① 全集第31卷上第181页,1866年2月13日。

第十章
第一卷定稿对第二卷、第三卷构思的影响

注的恐怕是级差地租问题。不同于已经在《1861—1863 年手稿》中得到解决的绝对地租问题,马克思正式把级差地租作为一个理论问题来研究,始于第三卷手稿。作为新领域的研究总会有一些探求和摸索的内容,其痕迹在此也随处可见,阅读时请注意这一点。

关于第七篇

"Ⅶ"是关于"收入及其源泉"的问题,在被纳入定稿之前,这一部分的写作历史可以追溯到《1861—1863 年手稿》。

马克思写作《1861—1863 年手稿》时,已于 1861 年 12 月之前在第三卷手稿中,写完了有关从剩余价值向利润的转化到利润率趋向下降的规律问题的部分。① 之后,在"关于剩余价值的学说"部分接近完稿的 1862 年 12 月,开始写作第三卷的剩余部分,即对在此之前所作研究进行归纳与总结。

(1)"收入及其源泉"(全集第 26 卷下第 499—521 页)。

(2)"商业资本。货币资本"(全集第 48 卷第 349—420 页)。

(3)"商业资本。货币资本(续)"(全集第 48 卷

---

① 关于这一点,已经在本书第四章指出,《马克思恩格斯全集》国际版(MEGA)在编辑上的认定有误。

《资本论》是怎样形成的
追溯马克思经济学的发展历程

第420—439页、第440—456页)。

(4)"插入部分。资本主义再生产中的货币回流运动"(全集第48卷第173—250页)。

在《马克思恩格斯全集》国际版(MEGA)里,日文版《〈资本论〉手稿集》也同样,都将上述的(1)(2)(3)各加标题,分别作为独立的章节编排,但这实际上是马克思连续写作的一篇完整的文章,整个内容构成了第三篇"资本和利润"后半部分的准备手稿,尤其是(1)和(2)是在同一本笔记上连续写作的。加在各个部分的小标题,也是《马克思恩格斯全集》国际版(MEGA)的编者所为,并非马克思本人所为。我认为,为了能够正确理解关于这一问题的研究,应该不受现有标题的约束,从整体上把它当作一篇有系统性的文章来读。①

在这里,马克思虽然列举了生息资本和商业资本等与产业资本不同的资本的各种形态,并将其列为研究的主要对象,但他并没有打算从正面对这些形态的资本在资本主义生产中所发挥的作用及运动进行研究。马克思认为,应该把这些问题列为"竞争""信用"等著作计划中先头篇章里的研究对象。②

---

① 关于这一点,将在此后做更深入的文献解读,请参阅本小节的[补论]。
② 马克思在文章中,对这一部分研究范围的界定问题,做了如下明确表述。
"只有随着信用事业的发展,货币资本和货币经营业才获得由资本主义生产方式本身所产生的形式。……对此的详细论述只能放在关于作为信用的资本那一节中进行,因为这不是我们在这里的研究任务。"(全集第48卷第439页)

第十章

第一卷定稿对第二卷、第三卷构思的影响

在第三篇的总结部分里,马克思所研究的问题,顺序特别凌乱,有的部分看上去好像已经超出了作为这一章的总结内容的框架,大致归纳如下。

(一)商业资本利润和货币资本(生息资本)的利息来源研究。

(二)研究这些资本形态,从先行于资本主义的形态,转化为资本主义生产的一种形态的历史。

(三)这些资本形态和地租交织在一起,成全了掩盖资本主义剥削的资本"着了魔的形态"①。"资本—利息、土地—地租、劳动—工资"三位一体的公式。

(四)这个"着了魔的形态"就是支配资本主义生产表面的庸俗观念的基础。

(五)庸俗经济学的特征及其批判。

(六)关于再生产过程的总结、货币回流运动的研究。

在上述几项中,我认为马克思作为核心问题着重强调的是(三)(四)(五),即始于剩余价值转化为利润的倒逆现象一再被重复积累,开花结果于世界被"物"所支配

---

① **着了魔的形态** 所谓"着了魔的形态",是资本主义经济关系所表现出的一种倒逆的虚假形态,好像是物本身产生了财富,在这里,利润和利息成了作为"资本"的货币的自生物,地租被当作"土地"自身的产物,掩盖了它们来源于劳动者所生产的剩余价值这一事实。

《资本论》是怎样形成的
追溯马克思经济学的发展历程

的"着了魔的形态",并酿造了以此为土壤的庸俗经济学。对此,马克思举起了批判的铁锤。这些内容与现行版本第三卷,即始于对资本—利息、土地—地租、劳动—工资"三位一体的公式"展开批判的第三卷第七篇的宗旨是相通的。但是,在《1861—1863年手稿》中,马克思在还没有阐释清楚"生息资本"理论本身的时候,便开始了对"着了魔的形态"的批判,所以在阐述主要论点的过程中,他常常不得不对生息资本、商人资本的原理和历史做一些说明,然后再回到对"着了魔的形态"和庸俗经济学的批判上。这样一种反复状态给透过《1861—1863年手稿》捕捉马克思的研究走向带来了困难。

马克思在完成这一部分的写作之后,执笔写作了"第三篇"(此前称作"第三章",在此改称为"第三篇")的计划。计划中,他将结尾部分的研究整理成如下四项。

第八章 利润分化为产业利润和利息。商业资本。货币资本。

第九章 收入及其来源。也在这里提出关于生产过程和分配过程的关系问题。

第十章 资本主义生产总过程中的货币回流运动。

第十一章 庸俗经济学。

同上面关于这一部分研究的主题分类做个对比,我认为可以看出这样的对应关系:(一)和(二)对应第八章,

第十章

第一卷定稿对第二卷、第三卷构思的影响

(三)和(四)对应第九章,(六)对应第十章,(五)对应第十一章。

如前所述(本书第六章),在《资本论》第三卷后半部分的写作过程中,马克思对整个著作的构思做出了重大调整,正式导入了对商业资本的作用和信用制度问题的研究。结果是,从结尾部分中,将(一)和(二)的内容(计划中的第八章),即商业资本和生息资本分别纳入独立的篇章中,将(六)(计划中的第十章)编入了第二卷的再生产理论篇中。

然后,以余下的各部分内容为基础,重新构思,写作了现行版本的第七篇。如实讲,现行版本的第七篇是由五个看似联系不甚紧密的章节构成,虽然与《1861—1863年手稿》相比已经做了相当大的打磨,但其特殊的执笔过程,使得我们在这个最终篇里仍很难准确把握马克思的整体构思。

关于此篇的定稿,估计马克思有过新的构思,希望按照统一基调来完善这个手稿。我们可以从他写给恩格斯有关第七篇写作概要的说明中,看出他的这一愿望。

"Ⅶ. 最后,我们谈到庸俗经济学家当作出发点的那些表现形式:地租来自土地,利润(利息)来自资本,工资来自劳动。但是,现在从我们的观点来看,事情完全不是这样。这种表面上的运动是一目了然的。其次,作为以往一切经济学支柱的亚当·斯密的谬论:

《资本论》是怎样形成的

追溯马克思经济学的发展历程

商品的价格由上述三种收入,即仅仅由可变资本(工资)和剩余价值[地租、利润(利息)]构成的说法已经被驳倒。整个运动就是通过这种表现形式进行的。最后,既然这三种形式[工资、地租、利润(利息)]是土地所有者、资本家和雇佣工人这三个阶级的收入来源,结论就是阶级斗争,在这一斗争中,这种运动和全部脏东西的分解会获得解决。"(全集第32卷第75页)

从这封信的表述中可以感受到,马克思希望以最初章节中的"三位一体的公式"这一研究角度为核心,从整体上对相关问题做一个统一的论述。关于对"亚当·斯密蠢话"的批判,马克思在进入十九世纪八十年代后执笔写作的第二卷第八份手稿中,果断地扩展了再生产理论的理论史部分,把对"亚当·斯密教条"的批判作为最主要的课题。① 因此,我们可以做出这样的推测,这个问题对第三卷第七篇的构成,也产生了相当大的影响。

[补论]《1861—1863年手稿》——关于"第三篇"结论部分的文献学研读

"第三篇"的结尾部分,是写在马克思的手稿笔记第十五册至第十七册里的。马克思在笔记的封面上写着内容目录(或是计划),根据这些目录,可以对结尾部分的写作情

---

① 参见全集第24卷第402—432页。

第十章

第一卷定稿对第二卷、第三卷构思的影响

况做如下介绍。

[笔记第十五册]

5. 关于剩余价值的各种学说("以李嘉图为基础的无产阶级的反驳理论"部分。内容略)。

(与生息资本、生产运动相关的现有财富。)

(与产业资本相关的生息资本和商业资本。更古老的形态。派生出的形态。)

(在资本主义生产基础上的生息资本的发展。)(高利。路德及其他。)

庸俗经济学。

[笔记第十六册]

第三篇。

资本和利润(内容略)。

[笔记第十七册]

杂论(内容略。接续第十六册"资本和利润"的内容)。

笔记第十五册的后续。

商业资本。从事货币交易的资本。

Ⅰ.插入部分。资本流通中的货币回流运动。(再生产过程)

Ⅱ.插入部分。个别资本绝对量的增大及生产规模的增大。

《资本论》是怎样形成的

追溯马克思经济学的发展历程

[笔记第十八册]

（在封面上没有目录记载，前半部分是笔记第十七册的续稿，写完之后再次回到"关于剩余价值的各种学说"。）

透过这个目录，从整体上很容易看出，一年前写作完成的第三篇"资本和利润"就是笔记第十五册的后半部分和笔记第十七册的后半部分，是一个连续的部分。估计《马克思恩格斯全集》国际版（MEGA）这一部分的编者，因为执着于笔记的编号和执笔顺序，才没有看出其中的关联性。尽管如此，将马克思自己没有做任何区分、写在笔记第十五册后半部分的内容，自作主张地分成两个部分，并加上了与马克思无关的、与内容不相符的标题，作为一个独立的部分来处理，不能不说，这样的编辑方法显得较为随意。

回归主题，从这个目录上看，马克思在写作这一部分手稿时的情形，似乎就浮现在眼前。

在笔记第十五册之前，马克思应该是每写完一册手稿时都标上序号的。在运用"霍吉斯金理论"写完"无产阶级的反驳理论"时，停下了"关于剩余价值的各种学说"的写作，并在同一本笔记剩下的空白页上，开始写第三篇的结尾部分。在这个笔记的目录里写下的四个题目，应该是要在此进行讨论的各项内容。内容与手稿里的考察顺序是不对应的，所以，可以推定这不是执笔前写下的计划内容。

写完笔记第十五册时，马克思取出了一年前完成的第

第十章

第一卷定稿对第二卷、第三卷构思的影响

三篇"资本和利润"两册笔记,在上面写下了序号,即[笔记第十六册]、[笔记第十七册]。这是编辑《马克思恩格斯全集》国际版(MEGA)时误解了第三篇"资本和利润"写作时间的直接原因,我认为马克思是为了把第三篇分散的笔记归纳到一起才写下序号的。

后来,马克思在[笔记第十七册]留下的空白处,首先提示"接续笔记第十五册",然后才继续写结尾部分的手稿。

纵观上述经纬,我认为,应该把"第三篇"的结尾部分作为一个完整的手稿部分来进行研究。

(二) 关于《资本论》第二卷

第二卷各手稿的写作过程

《资本论》的第二卷有另外一些情况。

"资本的流通过程"问题,在《1857—1858 年手稿》和《1861—1863 年手稿》中,是一个最后对其进行系统性研究的领域。1862 年末至 1863 年 1 月在制定第三卷、第一卷的结构计划时,第二卷的计划还处在一个没有着落的状态。在这种情况下,作为《1863—1865 年手稿》的一部分,于 1865 年上半年开始执笔写作第二卷的手稿(第一份手稿),在这期间发现了危机的运动论,虽然这是一个关系到《资本论》整体构思的划时代成果,但是,当时还处在需要做更多的探索才能完成第二卷整体构思的阶段,其主要工

《资本论》是怎样形成的
追溯马克思经济学的发展历程

作只好推迟到十九世纪七十年代。

因此,第一份手稿以后的第二卷手稿的写作工作,对马克思来说,是一个经历了众多苦难的历程,国际工人协会在欧洲的活动终止之前的十九世纪七十年代前期,他只能在繁忙的社会实践活动的间隙写作,在后来的一个时期,他又只好同接连不断的疾病一边斗争一边写作。这个过程从下面断断续续的执笔经过中也可以看得很清楚。①

　　1865 年上半年　　　写作第一份手稿(151 页)
　　1867—1868 年　　　写作第三份手稿(73 页)
　　1868 年　　　　　　写作第四份手稿(61 页)
　　1868—1870 年　　　写作第二份手稿(211 页)
　　1876—1877 年　　　写作第五份手稿(55 页)
　　1877 年　　　　　　写作第六份手稿(17 页)
　　1877—1880 年　　　写作第七份手稿(7 页)
　　1877—1881 年　　　写作第八份手稿(70 页)

这其中最完整的手稿应该是第二份手稿,马克思在 1877 年写下的备忘录中写道:"必须以第二份手稿为基础。"

---

① 关于第二卷手稿的写作时间,最早是恩格斯在第二卷的序言里有一个推测,而在新日本出版社出版的新版《资本论》中,基于后来的研究成果制定了一个"推测写作时期"的一览表。本书所采用的是负责《马克思恩格斯全集》国际版(MEGA)第二卷手稿部分(第Ⅱ部门第 11 卷)编辑工作的大谷祯之介的研究成果(《为完成〈资本论〉第二卷的奋斗轨迹——写在第Ⅱ部门第 11 卷出版发行之际》,《经济》杂志 2009 年 3—5 月号)。

第十章
第一卷定稿对第二卷、第三卷构思的影响

这部手稿是一部整个横跨三篇的手稿,第三篇只写了一个"单纯再生产"的部分便停笔了。马克思再次着手研究"扩大再生产"的问题是在写作第八份手稿的时期。

"扩大再生产"的问题,是马克思在写作过程中最感艰难的地方,在扩大再生产中,为使再生产过程能够顺利进行,第一部门和第二部门之间,需要怎样的平衡条件,为了最终解决这一问题,马克思在第八份手稿中,反复摸索实验,在第四次挑战中,终于找到了必要的方法论,成功地将扩大再生产的平衡条件公式化。单纯再生产的平衡条件是 $I[v+m] = II c$,扩大再生产的平衡条件是 $I[v+m] > II c$。①

马克思的"备忘录"——以第二卷为危机论的核心论述板块

着眼于整理第二卷的整体构思,马克思在第二份手稿中留下了一个非常重要的备忘录。恩格斯把它作为"准备以后加以阐述的注",在第二篇第十六章"可变资本的周转"的注释里做了引用介绍。②

---

① **关于恩格斯对扩大再生产理论的编纂** 对《资本论》第二卷中的扩大再生产一章,恩格斯没有将这一反复探索尝试的过程以"试错"的性质来进行编辑,而是将其编辑得好像所有内容都是导向解决办法的必然的逻辑过程一样,这使得马克思的研究脉络变得非常难以把握。关于这个问题,不破在他的《马克思与〈资本论〉——再生产理论与危机》下卷第三章第三节"扩大再生产理论的探究"中做了详细的论述。

② 不破在本书里采用的是《马克思恩格斯全集》国际版(MEGA)第二卷手稿的编辑大谷祯之介提供的译文,此处依据大谷译文译出。——译者注

《资本论》是怎样形成的

追溯马克思经济学的发展历程

"资本主义生产方式中的矛盾：工人作为商品的买者，对于市场来说是重要的。但是作为他们的商品——劳动力——的卖者，资本主义社会的趋势是把它的价格限制在最低限度。

"还有一个矛盾：资本主义生产全力扩张的时期，通常就是生产过剩的时期。因为生产能力决不能使用到这个程度，以至它不仅能够生产剩余价值［☆1］，而且能实现多少就实现多少［☆2］。商品的出售，商品资本的实现，从而剩余价值的实现，不是受一般社会的消费需求的限制，而是受大多数人总是处于贫困状态，而且必然总是处于贫困状态的那种社会的消费需求的限制。但是，这个问题只是属于下一篇的范围。"（全集第24卷第351—352页）

这个备忘录被介绍在《资本论》第二卷里（第二篇第十六章的"注32"），作为了解马克思危机论构思的载体，是一篇很早便受到关注的文章，但是，由于部分文字的含义不够清晰，令人难以理解。如大谷氏的研究所揭示的那样，恩格斯误读了马克思手写的文字，是造成这一困局的原因之一。具体可见在上述引文中用［☆1］和［☆2］做了标注的部分。在［☆1］的原文里，恩格斯将"剩余价值"（Mehrwert）误读成了"更多的价值"（mehrWert）；在［☆2］里，马克思写的副词（Nur），被错误地解读成另外一个副词（nie），这样就使得这段文字的语义和文脉都变得令人难以理解了。

第十章

第一卷定稿对第二卷、第三卷构思的影响

与我们在第三卷第三篇中所看到的那篇内容"直接剥削的条件和实现这种剥削的条件,不是一回事。……"① 和"资本主义生产的真正限制是资本自身……"②,以及在第三卷第五篇中所看到的"这样,危机好像只能由各个部门生产的不平衡……"③,这些文字的基本含义,与上面这个备忘录的内容是相同的。为方便接下来的讨论,我们按照上述三篇文章的顺序(这也是马克思执笔写作这些文章的顺序),把它们称为危机论的第一公式、第二公式、第三公式,并把第二卷的这个备忘录称为第四公式。

现在回到正文,马克思在这里明确表示,要把"所有这些问题"放在"下一章"即再生产的篇章里讨论,这对于研究《资本论》的整体构成来说,是具有深刻意义的。

不言而喻,无论对马克思的经济学研究,还是对其集大成者《资本论》来说,危机的理论都是最为重要的研究课题。那么,关于这个问题的集中、完整的论述,是在《资本论》全三卷的哪一部分展开的呢?

在第一卷里,正如我们已经探讨过的那样,尽管危机的可能性被列为一个单独的理论研究对象,但是,并没有对危机本身展开理论研究,只是把资本主义经济以危机为节点的产业循环作为"生活的行程",对其做了一些"纯事实关系"上的叙述。

---

① 全集第 25 卷上第 272—273 页。
② 全集第 25 卷上第 278—279 页。
③ 全集第 25 卷下第 547—548 页。

《资本论》是怎样形成的
追溯马克思经济学的发展历程

关于第三卷，一直到1864年执笔写作第三篇时，马克思也许有意向在这里展开对危机论的讨论。在这一篇的开头，围绕着危机论的基本命题，他曾经两次对其进行了公式化，从中便可以看出这一意向。但是，第一卷出版之后，在马克思向恩格斯通报第三卷的构思时，却完全看不到这个想法的影子了。

就这样，马克思将与第三卷第三篇中所论述的内容含义基本相同的命题，以备忘录的形式记述下来，明确表示这个问题将成为第二卷第三篇的主题。

我认为，马克思的这个备忘录，只有这样来解读才是最自然的。

那么，马克思在这里如何展开这个危机理论呢？虽然对这一部分马克思没有继续写下去，但为我们留下了相当广泛的展示其理论建构的基础，以及一些主要观点和相关考察。以这些材料为支撑，尝试着推进必要的理论建构，应该是继承马克思主义研究的我们这些后来者的责任吧。我曾经在《马克思与〈资本论〉——再生产理论与危机》一书中尝试过初浅的探究，但是，在还难以充分捋清马克思以《资本论》第一卷定稿为标志的研究历程的背景下，我的研究也只能对问题的周边做一个概略探索。

马克思关于第二卷、第三卷定稿的愿景，最终都没能达成，但在留下来的相关论述中，可以看出他的构想：第一卷最后要完成的是，对资本主义生产方式的历史性总清算；第二卷要完成的是，对危机这一资本主义生产方式下经济矛盾的最直观爆发做概括性解析；第三卷则着重阐述

第十章

第一卷定稿对第二卷、第三卷构思的影响

现实社会中的阶级斗争理论。如此展示三卷构成,人们看到了马克思一丝不苟地把自己的著作凝练为"一个艺术的整体"的美学情怀。①

对"关于生产部门之间的不平衡"的一点补充

在第二卷第三篇的后半部,马克思的理论有了怎样的深化,这一次我不想简单地重复曾在《马克思与〈资本论〉——再生产理论与危机》中所做过的尝试,作为补充,我想对以往的研究做一点追加说明。

我在前面列出了马克思关于危机的根源的四个公式。这些公式有一个共同指向,危机的终极根源在于无限制扩大生产的冲动和受到制约的消费能力之间的矛盾。但是,其中的两个公式,第一公式(第三卷第三篇最初的公式)和第三公式(第三卷第五篇的公式)的鲜明特征在于,指出了与上述矛盾同时存在的、不同生产部门之间的平衡与不平衡的问题。也就是说,第一公式,在指出制约剥削实现的"社会消费能力"的同时,还指出了"不同生产部门之间的平衡"问题,而第三公式,则聚焦与阐明危机有关的因素,指出了"各个部门中的生产不平衡"的问题。我认为,对"不同生产部门之间的平衡与不平衡的问题"如何定位,是解读马克思危机理论的重点之一。

一般来说,要保障整个社会再生产过程的顺利进行,

---

① 参见全集第31卷上第135页,马克思致恩格斯,1865年7月31日。

《资本论》是怎样形成的
追溯马克思经济学的发展历程

生产和交换有机联系在一起的各个生产部门之间,理应维持一定条件下的平衡。在这里产生了不平衡,市场的作用等也没有对其进行调整,这样发展下去,无疑就会成为扰乱再生产过程的要因。可是,马克思在谈及危机的一般理论时重点关注的不平衡问题,并非这样的一般情形,而是关系到由于生产和消费之间的矛盾扩大,进而导致发生危机的再生产过程的运动的基本问题。

关于这一点,可以在马克思自己的论述中找到一些重要启示。

第一,马克思在发现了危机运动论的第二卷第一份手稿(1865年执笔)中,就危机爆发的表现形式做了如下阐述。

"这时就会爆发普遍的破产,危机。危机不表现为消费需求的直接减少,即以个人消费为目的的需求的直接减少,而是表现为资本同资本交换的缩减,即资本再生产过程的缩小。"(全集第49卷第292页)

第二,下面是第二卷第八份手稿(1877—1881年执笔)中的一段文字,马克思这一次是站在个人消费的角度来观察危机前夜的状况,文章是这样写的:

"危机每一次都恰好有这样一个时期做准备,在这个时期,工资会普遍提高,工人阶级实际上也会从供

第十章

第一卷定稿对第二卷、第三卷构思的影响

消费用的那部分年产品中得到较大的一份。……因此，看起来，资本主义生产包含着各种和善意或恶意无关的条件，这些条件只不过让工人阶级暂时享受一下相对的繁荣，而这种繁荣往往只是危机风暴的预兆。"
(全集第 24 卷第 457 页)

再生产过程中生产与消费之间的矛盾，先是在生产性消费即生产资料的生产端表面化，然后向个人消费即消费手段的生产端传导，最终导致"全面瓦解"，马克思似乎早就对这一现象予以了关注。①

第三，马克思通过在第三卷第四篇对商人资本的剖析，从理论上究明了危机演化至爆发的过程。下面是在本书的第六章里介绍过的一段文字，在这里再引用一次。

"此外，正如我们以前已经说过的（第 2 卷第 3 篇），不变资本和不变资本之间会发生不断的流通（甚

---

① **马克思 1851 年的观察** 马克思在 1851 年写的一篇短文《反省》中（参见《伦敦笔记》），第一次关注到危机在发生过程中所表现出的特征。他用"实业家"这个词所表达的概念是，商人、制造业者、手工业者等，即"一国工商业的全体当事人"（全集第 26 卷上第 111 页）；与此相对应的"消费者"这个词，所指的仅仅是将生活资料用于个人消费的狭义上的消费者，不包括将生产资料用于生产性消费的制造业者。阅读这篇文章时，应当注意到这一点。
"所有的危机事实上都表明，实业家和实业家之间的贸易，总是超出实业家和消费者之间的贸易为它所设定的界限。……危机总是最先发生在前者（实业家们——不破注）的交易中。"（此处按日文译出，与中文译本有差异。请参阅全集第 44 卷第 154—156 页。——译者注）

《资本论》是怎样形成的
追溯马克思经济学的发展历程

至把加速的积累撇开不说也是这样)。这种流通就它从来不会加入个人的消费来说,首先不以个人消费为转移,但是它最终要受个人消费的限制,因为不变资本的生产,从来不是为了不变资本本身而进行的,而只是因为那些生产个人消费品的生产部门需要更多的不变资本。由于所期望的需求的刺激,这种生产在一段时间内能够安稳地进行下去,因此,在这些部门,商人和产业家的营业非常活跃。一旦那些把货物运销远处(或存货在国内堆积起来)的商人的资本回流如此缓慢,数量如此之少,以致银行催收贷款,或者为购买商品而开出的汇票在商品再卖出去以前已经到期,危机就会发生。这时,强制拍卖,为支付而进行的出售开始了。于是崩溃爆发了,它一下子就结束了虚假的繁荣。"(全集第 25 卷上第 341 页)

这段文字表明,马克思对很早就注意到的危机演化过程中的重要特征,借助已形成的运动论,廓清了其内在机理。直接的个人消费的规模及其局限性,最终制约着包括生产方式的生产在内的资本主义生产规模,但是,因为在这一过程里,存在着各种各样的中间交易环节,其制约关系并不会立刻以可见的形式表现出来。然而,每一个中间交易,实际上都在发挥着这样的作用,即将再生产的轨道从现实的 W—G—W 中引入虚拟轨道,这一矛盾累积的结果,首先被传导至生产方式(不变资本)的生产部门。在

第十章

第一卷定稿对第二卷、第三卷构思的影响

整个再生产过程中,"不变资本与不变资本之间的交换"所占的比重是最大的,而生产方式的生产,偏离现实轨道驶入虚拟轨道的危险性将深刻地显现出来。

马克思在着手研究"不同生产部门之间的平衡与不平衡"现象时,优先研讨的就是上述问题,随着"流通过程的缩短"这一关联着危机产生的运动形态的发现,对这一问题的阐明终于得以实现。

马克思准备在第二卷第三篇后半部分以完整的形式对危机理论展开研究,最终没能结出硕果便去世了。但是,以《资本论》全书及其手稿为中心,他留下了非常多的关于危机理论的著述。梳理它的历史脉络,精准地把它继承下来,将其发展为能适用于当代的危机理论,这是马克思留下的一个重大课题。对此,我们必须铭记在心。

终 章

所谓"计划问题"与马克思经济学说的发展

追溯经济学著作构思的发展过程

在《资本论》的研究领域里,有一个被称为"计划问题"的课题。此前我已经介绍过几次了,马克思在下决心把自己经济学的研究成果写成书的1857—1859年期间,制定了一个六卷结构的写作计划,并进一步制定出第一卷的"资本"卷由四篇构成。那么,我们现在所读到的《资本论》,是这个著述计划中的某一部分吗?还是马克思在执笔写作的过程中改变了最初的计划,最终形成了现在这个三卷本(若按原计划加入历史篇,则为四卷本)的结构了呢?这就是长期以来所讨论的所谓"计划问题"。

终　章
所谓"计划问题"与马克思经济学说的发展

在本书的有关章节里，围绕这个问题，我给出了一些我个人的答案，但是，这些答案都是针对某个特定时期某个问题做出的说明，我想，最终在这里把此前的研究做个总结，重温从各种"手稿"开始到《资本论》定稿的写作，把马克思经济学著作构思的发展过程做一个素描式追溯，以此来为本书收尾。

（一）1857—1859 年的最初计划

首先，我要指出的是，经济学著作的构成与学说的发展以及方法论是不可分的。从这个意义上来说，在思考计划问题时，重要的是要看马克思的经济学说，在当时处于一个什么样的发展阶段。

1843 年尤其是 1850 年以来，马克思在伦敦的研究，对此前的经济学说应该是已经积累了庞大的知识，对经济学各种论点的探究也应该取得了丰硕成果。但是，他自身的经济学体系确立到怎样的程度？我认为，虽然关于价值学说以及剩余价值学说的问题马克思已经确立起自己的科学立场，但是事实上，在对资本更深入的研究方面，他还没有能够建立起一个完整的体系。

应该这样来看，马克思如果在这个时期构思著作计划，着力点似乎应该放在确立下一步对各个领域进行研究的总体展望。这样制定出来的是已经在本书介绍过的

《资本论》是怎样形成的
追溯马克思经济学的发展历程

六卷写作计划。最初三卷"资本""土地所有""雇佣劳动",正如马克思在1857年8月写下的最初计划"序言"中所说的那样,是以研究资本主义社会存在"基本阶级"的经济基础和相互关系为主题的三卷结构。① 接下来的三卷"国家""国际贸易""世界市场",是在把握资本主义社会内在结构及其运动的基础上,再向相关领域的外延扩展。其中,关于最后的"世界市场",作为资本主义社会各种矛盾爆发引发危机的舞台,也是作为向下一个社会体制转变过程的行进舞台,马克思给予了特别的关注,这一点已经在此前做过介绍。

关于"资本、土地所有、雇佣劳动、国家、国际贸易、世界市场"这一构思,公开发表在《政治经济学批判。第一分册》(1859年)中。

马克思在开始写作《1857—1858年手稿》的最初阶段,就将六卷构成前半部分的资本—雇佣劳动—土地所有这一顺序,改成了资本—土地所有—雇佣劳动的顺序②,并对其

---

① **关于三大社会阶级存在基础的分析** 在"序言"的计划中,最初的三卷被归纳在一"篇"中,如下所述,在这里对内容特征的表述,是在这一时期的一系列计划中最为翔实的。

"形成资产阶级社会内部结构并且成为基本阶级的依据的范畴。资本、雇佣劳动、土地所有制。它们的相互关系。城市和乡村。三大社会阶级。它们之间的交换。流通。信用事业(私人信用)。"(全集第46卷上第46页)

② 参见全集第46卷上第219—220页。

终 章
所谓"计划问题"与马克思经济学说的发展

理论、历史根源做了详细的理论说明。① 马克思十分重视这个顺序,在向恩格斯说明经济学著作构思的 1858 年 4 月 2 日的信中,从"辩证法"角度对改动这一顺序的正当性做了重点强调。

"资本向地产的转化同时又是历史的转化,因为现代形式的地产是资本对封建地产和其他地产发生影响的产物。同样,地产向雇佣劳动的转化不仅是辩证的转化,而且也是历史的转化,因为现代地产的最后产物就是雇佣劳动的普遍建立,而这种雇佣劳动就是这一堆讨厌的东西的基础。"(全集第 29 卷第 299—300 页)

对这一解释,恩格斯并不赞同,他在 4 月 9 日的回信中写道:"我常常要费力地去寻找辩证转化,因为我对一切抽象的推理很不习惯。……我还没有弄清地产向雇佣劳动的辩证转化。"② 不过,从此之后恩格斯对辩证法的热衷程度说明了,马克思的这封信对恩格斯来说无疑是一个转机。

在"资本"卷的章节构成上,资本研究的方法论问题似乎是一个重要因素。关于"资本"一卷,马克思在

---

① 参见全集第 46 卷上第 231—238 页。
② 全集 29 卷第 306 页。

《资本论》是怎样形成的

追溯马克思经济学的发展历程

《1857—1858年手稿》中连续写了两个计划①，最终在1858年4月2日给恩格斯的信中得到落实，形成了"(a) 资本一般""(b) 竞争或许多资本的相互作用""(c) 信用""(d) 股份资本"的四篇结构。②

在起初的两个计划里，出现了资本的"一般性""特殊性""个别性"等分章立项，这似乎是参考了黑格尔《逻辑学》的方法论。后来，从与所有资本相通的资本的一般概念切入，确立了让研究深入更具体阶段的方法论。在这一阶段开始的"资本一般"里所呈现的结构形成了《1857—

---

① **当初的两个计划** 这两个计划都写在1857年11月26日的"笔记第二册"里。

第一个计划"资本"卷，由六篇构成：Ⅰ。Ⅱ。(Ⅰ和Ⅱ相当于后来被归纳到一起的"资本一般"，在此没有确定名称。) Ⅲ．资本作为信用。Ⅳ．资本作为股份资本。Ⅴ．资本作为货币市场。Ⅵ．资本作为财富的源泉。(参见全集第46卷上第219—220页)

第二个计划写在第一个计划的几页之后，如下所述，将计划改成两层结构，首先将"资本"卷分为"一般性""特殊性""个别性"三个部分，接着又将每一部分细分为三章。

Ⅰ．一般性。(1)(这一项没有标题)。(2) 资本的特殊化。(3) 资本的个别性。

Ⅱ．特殊性。(1) 资本的积累。(2) 资本的竞争。(3) 资本的积聚。

Ⅲ．个别性。(1) 资本作为信用。(2) 资本作为股份资本。(3) 资本作为货币市场。(参见全集第46卷上第231—238页)

马克思后来，从1857年11—12月写作"笔记第三册"起，开始使用"资本一般"这一表述作为"资本"卷最初部分列项的用语(中文有两种翻译："资本本身"，参见全集第46卷上第262页；"资本一般"，同前第270页。日文版《〈资本论〉手稿集》中，这两处被统一为"资本一般"，并标注原文)。从进入对"资本流通过程"的研究，便开始列出了"竞争"或"许多资本"项目，列出"信用"项目，因此可以看出，当初的两个计划在早期阶段就已经被放弃了。

② 参见全集第29卷第299页。

终　章

所谓"计划问题"与马克思经济学说的发展

1858年手稿》方法论的基调，同时被后来的《1861—1863年手稿》继承下来，从而构建了这一阶段关于资本主义经济研究的基本的方法论框架。

（二）关于《1857—1858年手稿》

《1857—1858年手稿》是以"资本一般"为基本框架写作的第一部手稿。关于"资本一般"的方法论的意义，在手稿里有充分的阐述。这种情况说明了，马克思自己是在一边确认、深化着"资本一般"这一框架的内涵，斟酌着它的意义，一边进行写作的。①

按先后顺序梳理上述内容可以看出，伴随研究的进展，"资本一般"的概念已"进化"至何等程度。最初的时候，注重一般性、特殊性、个别性这一黑格尔式的说明还在影响着当初的计划②，但是很快便推出了与所有资本相通的"一般概念"上的一般规律，接着在"各单个资本之间的相互作用"里特设出"竞争"与"信用""股份资本"三个项目。③

结合这一进展，"资本"卷的构思超越了当初的一般—特殊—个别的三段式计划，在1858年4月2日致恩格斯的

---

① **关于"资本一般"框架的考察**　本书对有关研究已经做过一些介绍，请进一步参照全集第46卷上第270页、第295页、第313页、第390页、第398页、第442页、第444—445页，全集第46卷下第10—12页、第157页。

② 参见全集第46卷上第270页。

③ 参见全集第46卷下第166—167页。

《资本论》是怎样形成的
追溯马克思经济学的发展历程

信中，马克思总结出一个四篇结构的计划：(a) 资本一般、(b) 竞争、(c) 信用、(d) 股份资本。

对经济学的各种概念一直没有做出科学的界定，这是古典经济学恶劣特征之一，以"资本一般"框架为基点的方法论，对资本主义经济的各种基本概念进行了梳理，科学地界定出各种范畴并确定其内容，或提出新的概念，这对明确概念的内在联系，具有十分积极的意义。同时，也应该指出，由于这一阶段的整个研究被限定在"资本一般"这个框架里，也因此导致了一些研究缺陷。

其主要问题如下。

(1) 在"资本流通过程"的研究中，虽然几度接近对实现问题重要性的解构，却以要进入下一阶段"单个资本的相互作用"为由，将这一问题本身划定为"禁止入内"区域。

(2) 因为把"资本和利润"问题，放在与"资本一般"同一平面上对待，便没能解读出剩余价值向利润转化所具有的根本意义。利润概念的成立，是将价值法则所支配的实体世界，转换成由利润这一资本家的观念所支配的现象世界的拐点，但是，在《1857—1858年手稿》中，这个根本问题几乎没有被纳入视野。虽然在讨论平均利润率的下降，却把对平均利润率形成过程的考察设定为"禁止入内"区域，这一结果与上述情形是有关联的。

(3) 有先入之见认为应该在"资本一般"的框架内阐明资本主义的矛盾与局限的根本特征，并认为具有可能性，继而将"利润率下降的规律"定义为资本主义必然没落之规律。

终 章

所谓"计划问题"与马克思经济学说的发展

(三) 关于《1861—1863 年手稿》

马克思写完《1857—1858 年手稿》之后,便把起初的"商品"和"货币"两章,作为《政治经济学批判。第一分册》于 1859 年出版。①

1861 年 8 月开始写作的《1861—1863 年手稿》成为该分册的续稿。着手写作该手稿时,马克思好像还没有意识到"一般资本"这个框架里存在什么问题,依然沿着这条线编制出"关于资本章的计划草案"②③,并按照"计划草案"开始写作。

(1) 第一章"资本的生产过程"前半部分与第三篇"资本和利润"

马克思在"第一章"的前半部分(在"机械"部分中断),和接下来写作的第三篇"资本和利润"的手稿中,基本上遵循了"计划草案"。关于"机器论"在中途停笔的缘

---

① 《政治经济学批判》在结构上的一个特点是,在本论的论述中夹叙着"商品分析""货币的度量单位""流通手段和货币"等有关主题的学术史,马克思有意在其后来的著作中继续采用这种写作方式。

② 关于这个计划草案的制定时期,《马克思恩格斯全集》国际版(MEGA)的编辑者认为有两种可能性,或是 1859 年春天,或是 1861 年夏天。要梳理手稿与计划之间的关系,有必要分作三个时期。

③ 该草案中文译为《〈政治经济学批判〉第三章提纲草稿》,内容详见全集第 46 卷下第 541—549 页。——译者注

《资本论》是怎样形成的
追溯马克思经济学的发展历程

由,我们已经在本书的第七章"'机器论'为什么中断"这一部分做过探讨。

我想在此对关系到这一时期写作的整个手稿的问题点做一个解析。这不仅仅是"资本"篇内部的构成问题,而是关系到整个著作的构成,尤其是一个关系到六卷结构的整个前半部分的问题。

第一章前半部分的叙述顺序,与现行《资本论》第一卷的第二篇至第四篇的顺序,基本上是一致的,但是,如果把两者拿来作对比阅读,便会明显地看出不同。尤其是在"绝对剩余价值"部分和"相对剩余价值"部分里,对资本的剥削和置身于剥削之下的工人状态的叙述,《资本论》无论从历史上还是在现实中都描述得栩栩如生;与此相比,《1861—1863年手稿》的叙述则把重点放在了阐明剥削方式的机理上,缺乏具体性。

我认为,这并不是一个研究的成熟度问题,而是要把"资本"和"雇佣劳动"放在不同卷里进行研究这一关乎著作架构的大问题。如前文所作的说明那样,在这个结构的背后存在着以下考量,即在"资本""土地所有""雇佣劳动"的各个卷里,逐步去研究构成社会的三个阶级的经济基础。然而,"土地所有"暂且不论,在"资本"和"雇佣劳动"里所呈现的是位于资本主义剥削同一生产关系中的两大对立阶级。因此,在考察剥削关系的各种形态和层面时,多大程度要在"资本"篇里涉及,哪一部分要放在"雇佣劳动"的章节里,执笔中的马克思自己也是在许多地

终 章
所谓"计划问题"与马克思经济学说的发展

方留下了一边思考一边写作的痕迹。也许受困于这一大背景，在《1861—1863年手稿》中，尤其是在考察剥削的各种形态的部分里，才会给人留下某种半途而废的印象。

(2) "关于剩余价值的各种学说"的写作

写完第三篇"资本和利润"之后，马克思为重拾一度中断的"机器论"做理论准备，开始研究包括工艺学的各种问题在内的机器大工业的发展，同时在《1861—1863年手稿》的写作中，开始了对"关于剩余价值的各种学说"这一新课题的研究。而后者是一个在"计划"里并没有预设的课题，但结果是，这一部分却占去了《1861—1863年手稿》一半以上的篇幅，成为对马克思经济学说发展具有重大意义的一项宏大的、充实的研究。

我认为，这项研究在《资本论》的形成史上的重要意义，有两点值得关注。

第一点，马克思一边注视着斯密和李嘉图这两座高峰，一边对整个古典学派经济学做出历史的、科学的总结，深刻地阐明了自身的经济学的历史地位。正像在本书的第二章里所论述的那样，马克思在对"各学说"的研究中探索出经济发展各种形态的"内在联系"，从这里向"现实的各种运动"逼近，并把自己的这种方法，认定为"发生论的方法"。

第二点，马克思从自己制定的卷别结构和篇别结构的限制中解放出来，赢得了一个可以从更广泛的角度观察、

《资本论》是怎样形成的
追溯马克思经济学的发展历程

阐述各种经济问题的自由舞台。首先在这一广阔的舞台上充分自由地拓宽调研范围,至于如何将其编撰成书,可以延后考虑,马克思就此完成了思想方法的升华。正像我们所看到的那样,对一般利润率形成过程的考察,从中顺带廓清绝对地租论,实现理论的解构以及开拓出了再生产论这一经济学的新领域——虽然这些在本书的第一章、第三章里做了较详细的介绍,但是马克思在"各学说"中所展开的新论点,毫无疑问是绝不止于此的。

以李嘉图学说为前提,把"各学说""Ⅰ.对经济学家们的反论"作为大的框架,同时对站在无产阶级立场上批判资本主义的各种论述进行梳理,马克思在写完上述文章后,挺进至探究生息资本和商业资本等不同于产业资本的资本各种形态。这一部分,相当于第三篇后半部分的最初的准备手稿,并非基于这些形态从正面对资本运动的正式研究,是一个同"资本一般"最终部分相适应的内容,在阐明产业资本与这些形态之间关系的同时,将考察的主要着眼点放在,从根本上揭穿表面上支配着资本主义生产的各种经济关系的"崇拜物形态"和各种庸俗观念的真面目,这是前文已经论述过的。

(3)"第三篇"及"第一篇"的计划编制

在此之后再次回到了"各学说"的续篇,马克思似乎在规划,写完"第三篇"收尾部分手稿时,整个著作的构思趋于成型。在对理查德·琼斯的学说进行考察的过程中,

终 章

所谓"计划问题"与马克思经济学说的发展

马克思突然开始起草著作的"第三篇"和"第一篇"的写作计划。写作时间被推断为1862年12月至1863年1月。对这个计划的一部分,已经做了介绍,作为这个时期的著作写作计划,因其内容很重要,在此转载介绍两个计划的全文。

首先是"第三篇"的计划。

"第三篇——《资本和利润》——分为:(1)剩余价值转化为利润。不同于剩余价值率的利润率。(2)利润转化为平均利润。一般利润率的形成。价值转化为生产价格。(3)亚当·斯密和李嘉图关于利润和生产价格的理论。(4)地租(价值和生产价格的区别的例解)。(5)所谓李嘉图地租规律的历史。(6)利润率下降的规律。亚当·斯密、李嘉图、凯里①。(7)利润理论。(问题:是不是还应该把西斯蒙第②和马尔萨斯③包括在《剩余价值理论》里?)(8)利润分为产业利润和利息。商业资本。货币资本。(9)收入及其源泉。这里也包括生产过程和分配过程之间的关系问题。

---

① **凯里**(1793—1879)倡导在资本主义社会里的阶级调和,是美国的庸俗经济学家。马克思在《1857—1858年手稿》之前写过批判凯里经济学的论稿《巴师夏和凯里》(1857年)。(参见全集第46卷上第3页)

② **西斯蒙第**(1773—1842)出生于瑞士的法国经济学家,法国古典政治经济学的完成者,他意识到资本主义社会的矛盾,对其前途抱有危机感。

③ **马尔萨斯**(1766—1834)英国牧师、经济学家。无论在理论上还是在实践上,都是资产阶级和地主阶级利益的直接辩护人。

《资本论》是怎样形成的
追溯马克思经济学的发展历程

(10)资本主义生产总过程中货币的回流运动。(11)庸俗政治经济学。(12)结论。资本和雇佣劳动。"(全集第26卷上第447页)

这个计划的特征是:从"(1)剩余价值转化为利润"到"(7)利润理论",在内容上与1861年12月写作的第三篇"资本和利润"是对应的;从"(8)利润分为产业利润和利息……"到"(11)庸俗政治经济学",与先前看到的第三篇的结尾部分也是对应的。①

在前半部分里,广泛梳理了平均利润率的形成过程和地租论,利润的分割和收入的源泉论等"各学说"以后的成果,正如在致路德维希·库格曼的信②中所见,我认为,马克思没有放弃先前的"资本一般"的构思,只是把新的构思作为一个部分扩展开的内容放进了这个框架里。

马克思在《1861—1863年手稿》里,把每个经济学家的学说做了一个学术史意义上的整体概括,在完成"各学说"写作时的计划中,没有纳入对理论史的概括,而是继续采用《政治经济学批判。第一分册》的形式,围绕着每个项目的相关问题,回顾了先前的各种学说。这样的处理说明在"各学说"的研究里,其意图并不在于要以一个完整的形式来写作理论史,而是优先把它当成一个建构自身

---

① 参见全集第26卷上第447页。
② 参见全集第30卷下第636页。

终　章

所谓"计划问题"与马克思经济学说的发展

经济学说的手段。

在后半部分的四章里所涉及的主题，大都是我先前称其为"第三篇"结尾部分的手稿中所研究过的问题。我认为，在此所做的构思是拟将这些考察和论述重新打磨成四个章节。

从这一角度来观察该计划，把"利润率下降的规律"一章设定为对资本主义生产做出历史性评价的最终章节的构思似乎没有改变。可以看作是结尾部分在原有基础上，增加了对各种资本形态在当时带来的利润分裂和对庸俗经济学的批判等补充性研究。

马克思在写下"第三篇"计划的下一页，写下了"第一篇"的计划。其内容如下。

"第一篇——《资本的生产过程》——分为：

"(1) 导言：商品，货币。(2) 货币转化为资本。(3) 绝对剩余价值：(a) 劳动过程和价值增殖过程；(b) 不变资本和可变资本；(c) 绝对剩余价值；(d) 争取正常工作日的斗争；(e) 同一时间的工作日（同时雇用的工人人数）。剩余价值额和剩余价值率（大小和高低？）。(4) 相对剩余价值：(a) 简单协作；(b) 分工；(c) 机器等等。(5) 绝对剩余价值和相对剩余价值的结合。雇佣劳动和剩余价值的比例。劳动对资本的形式上的隶属和实际上的隶属。资本的生产性。生产劳动和非生产劳动。(6) 剩余价值再转化为资本。原始积累。威克菲尔德的殖民学说。(7) 生产过程的结果。

《资本论》是怎样形成的
追溯马克思经济学的发展历程

(占有规律的表现中的变革可以在第 6 点或第 7 点中考察。)(8)剩余价值理论。(9)关于生产劳动和非生产劳动的理论。"(全集第 26 卷上第 446 页)

马克思在 1862 年 12 月 28 日给路德维希·库格曼写信,告诉他"第二部分"(指的是继 1859 年出版的《政治经济学批判。第一分册》之后的部分)已经完稿。本书已经部分介绍了这封信(见第一章第 26 页的脚注),因为信中的论述对了解计划的调整过程很重要,现将相关部分再介绍如下。

"我很高兴地从您的信中得知,您和您的朋友对于我的政治经济学批判都抱有十分强烈的兴趣。第二部分终于已经脱稿,只剩下誊清和付排前的最后润色了。这部分大约有三十印张。它是第一册的续篇,将以《资本论》为标题单独出版,而《政治经济学批判》这个名称只作为副标题。其实,它只包括本来应构成第一篇第三章的内容,即《资本一般》。这样,这里没有包括资本的竞争和信用。这一卷的内容就是英国人称为"政治经济学原理"的东西。这是精髓(同第一部分合起来),至于余下的问题(除了国家的各种不同形式对社会的各种不同的经济结构的关系以外),别人就容易在已经打好的基础上去探讨了。"(全集第 30 卷下第 636 页)

在这里所做的说明是面对第三者时常用的口气,工作

终 章
所谓"计划问题"与马克思经济学说的发展

进展的状况很大程度上有些夸张。这里所说的,并不是实际上接近完成的《1861—1863年手稿》的内容,而是对将以这个手稿为素材接下来要写作的《资本论》所做的预告性说明。我认为,从书信写作的时间上看,其内容基本上应该是与写在手稿里的第一篇、第三篇计划相对应的。

(4) 第一章"资本的生产过程"后半部分的写作

实际上,给库格曼写信时,《1861—1863年手稿》还并未完成,要进入完成写作的最后阶段,还需要经历一个既包含扎实研究又产出新成果的进阶环节。这个最后阶段指的是,以在这期间对机器大工业的正式研究为基础,执笔写作的包括"机器论"续稿在内的"资本生产过程"的后半部分。

在这里马克思所收获的是:对《资本论》在此后的发展具有重要意义的东西,首先是第一次直面机器大工业这一资本主义生产的现实,从这一现实立场出发,开始把握曾经在1861年前后的手稿里初步阐述过的"特殊的资本主义生产方式"这一定义的鲜活内容。但是,在这个手稿中,相关研究还没有深化到全面触及在此所提起的问题的阶段。

另外,在就要完成《1861—1863年手稿》写作的时候,马克思自己成功地制定出"经济表",开拓出研究再生产论的路径,这是具有重大意义的成果。关于资本的流通过程,马克思在此前并没有制定出一个完整的计划,在《1861—1863年手稿》写作的最后时间里,以成功制定"经济表"

为转机，第一次让"流通过程"论的对象整体明确起来，并因此可以开始思考第二卷的整体结构。

（四）关于《1863—1865年手稿》

马克思开始写作《资本论》的最初手稿（《1863—1865年手稿》），是在1863年8月。

正像马克思在给路德维希·库格曼的信中所说的那样，此前按照"第一篇""第三篇"计划所写的东西，是基于"资本一般"这一以往的构思写成的，但是，此次《1863—1865年手稿》的结构，与几个月之前写作"第一篇"和"第三篇"的计划不同，有了相当大的改动。

第一，在先前的"第三篇"计划中，作为"价值与生产价值不同的例证"，在这部著作中曾有所保留地加入了"地租"论，而这一次则把它作为研究利润分割的独立课题全面开展研究。这是一项涉及如何处理"资本""土地所有"两卷的分界线，且关系到整体构思的调整。

第二，把再生产论作为一个大的支柱，编制了第二卷"资本流通过程"的计划。马克思放弃了此前把"多数资本"的相互关系排除在研究框架之外的做法，还在第三卷的计划里加入了对平均利润率形成过程的研究。综合这些情况，不难看出，马克思下决心将四篇结构中的"b. 竞争"归并于"a. 一般资本"里。不过，《1863—1865年手稿》进入写作阶段后，马克思又继续将"c. 信用"和"d. 股份

终 章
所谓"计划问题"与马克思经济学说的发展

资本"分立为不同的课题,并留给了后人。

第三,包含在"第一篇""第三篇"计划中的个别主题各异的理论史项目,都被删除了。

在做了上述调整之后,马克思按照第一卷手稿(1863年8月至1864年夏)、第三卷前半部手稿(1864年夏天至年末)、第二卷第一份手稿(1865年上半年)、第三卷后半部手稿(1865年夏天至年末)的顺序开始写作。

在此期间马克思有了一个重大发现,这就是写在第二卷手稿里的危机运动论,继而成为对构思做更大调整的新起点,这一变更很快就出现在被保存下来的第三卷后半部手稿中,并且不止于此,它对后来整部著作的构思都产生了决定性的影响,并推动了现行《资本论》构思的形成。这意味着,《1863—1865年手稿》作为代表从"资本一般"的构思向现行《资本论》构思转变这一过渡时期的手稿,具有重要意义。

下面,按写作的先后顺序梳理其特征。

(1) 第一卷手稿(写于1863年8月至1864年夏天)

作为手稿,只有第六章"直接生产过程的结果"被保留下来,从中可以看出这样一个写作过程,在进行《资本论》第一卷的定稿工作时,马克思对与第六章手稿相对应的部分做了全面的改写。与此不同,从第一章到第五章,则是根据需要一边加写和补充、修改,一边将其用作定稿。

对比以前的"第一篇"计划,《1863—1865年手稿》

《资本论》是怎样形成的
追溯马克思经济学的发展历程

第一卷的章节构成大致如下。

一、货币向资本的转化。

二、绝对剩余价值。

三、相对剩余价值。

四、绝对剩余价值与相对剩余价值的结合。

五、剩余价值向资本的再转化。

六、直接生产过程的结果。

在这里没有设定"商品和货币"一章,可见,在这个阶段,马克思依然把著作中的整个"资本"卷作为《政治经济学批判》的续篇来定位。

这个"第六章"的内容,基本上是忠实地再现了在"机器"论续稿中所研究的成果,而不是"特殊的资本主义生产方式"论的新展开。马克思在这时好像还没有意识到,这其中包含着引起《资本论》整体构思发生重大变化的大问题。

(2) 第三卷前半部手稿(写于1864年夏天至年末)

我认为,此时马克思正处在矛盾之中,最典型地表现在第三卷第三篇的手稿里。

马克思通过对机器大工业的研究深化了认识,资本主义生产并没有像1847年危机和接下来1848年革命运动时期所认识的那样,处在一个体制性的危机阶段,而是赢得了

终 章
所谓"计划问题"与马克思经济学说的发展

一个推进资本主义生产本来使命"为生产而生产"的物质基础,迎来了一个飞跃发展的时期。于是,马克思围绕着对危机的理论性阐释这一最大的理论课题,从机器大工业阶段不断深化的"生产与消费之间的矛盾"中,逐步找到了更具说服力的根据。

但是,马克思依旧在"利润率下降的规律"中探求着资本主义"必然没落"的根据,依然没有从视之为自己著作的理论性结论《1857—1858年手稿》以来的固有观念中摆脱出来,还在尝试着把自己开拓出的新的危机理论,作为对"利润率下降的规律"的补充,融入著作之中。这种尝试,以失败而告终。对此,在本书第四章的最后一节里,已做过详细解析。

(3)第二卷第一份手稿(写于1865年上半年)

马克思从1865年1月份开始执笔写作第二卷手稿。在最初章节里开始探究资本的循环问题,在这一过程中成功地阐明了危机运动论的原理。这个运动论与利润下降的规律无关,马克思是在对机器大工业的研究中探索出"生产与消费之间的矛盾",从这一矛盾在再生产过程的进行中是怎样演进并引发危机的角度,把以危机为节点的经济循环,当作资本主义生产的运动形态进行阐述。

这一理论成果被用于对危机问题的理论阐释上。不仅如此,马克思所从事的机器大工业研究,从此摆脱了体制性危机论的制约,赢得了让这一成果得到全面发展的条件。

《资本论》是怎样形成的
追溯马克思经济学的发展历程

无论是对现阶段资本主义生产的评价,还是涉及对"必然没落"的阐释,都期盼着新的更具可靠性的方法出现,上述成果为开辟达成这一目标的新路径提供了转机。

以这一发现为转折点,从根本上重新思考《资本论》的结构已势在必行。但是,因为这些变化发生在按照既定计划写作《1863—1865 年手稿》的中途,马克思没有立刻朝向新的构思进行全面切换,而是仅仅将第二卷和第三卷后半部手稿与危机运动论的发现联动起来,融入对新提出问题的研究,一边在必要范围内修改部分计划,一边进行写作。

(4) 第三卷后半部手稿(写于 1865 年夏天至年末)

我认为在这里做出了最大改动的是第四篇和第五篇。正如前文所述(第 109—110 页),这部分最初的计划是综合为一篇,标题是"商品交易资本和货币交易资本。利润向利息和产业利润(企业赢利)的分裂。生息资本"。内容方面,基本上继承了被写入《1861—1863 年手稿》中的第三篇计划"八、利润向利息和产业利润的分裂。商业资本。货币资本",以在"资本一般"框架内对这些资本形态的探究为内容,设定的是一个十分有限的主题。

在写作后半部手稿时,上述内容被分为以商业资本为中心的第四篇和以生息资本为中心的第五篇。第五篇的研究对象,不仅仅是对生息资本的一般性考察,还包括对信用制度和股份资本的研究。这意味着《资本论》的研究范

终 章

所谓"计划问题"与马克思经济学说的发展

围,不只是"b. 竞争",还吸收了"c. 信用""d. 股份资本",是"资本"卷名副其实的横跨全领域的研究。

这一改动,同时还意味着,在此所做的对商业资本和生息资本的研究,从作为第三卷结尾部分的补充性考察,迈入了对这些资本形态的运动进行的全面考察。由此与第三卷的整体构思,乃至整篇著作构思的大转变产生了关联。

马克思在第四篇和第五篇里,对危机的发现过程中商人资本和信用资本所发挥的作用进行了具体研究,进一步深化了危机的运动论,本书的第六章对此作了详细论述。

就这样,马克思似乎是在写作第三卷后半部分的同时,很早就积极着手打磨以危机运动论的发现为转折点而展开的《资本论》定稿的新构思。1865 年 7 月 31 日马克思写给恩格斯的信可以印证这件事情。

"至于说到我的工作,我愿意把全部真情告诉你。再写三章就可以结束理论部分(前三册)。然后还得写第四册,即历史文献部分;对我来说这是最容易的一部分,因为所有的问题都在前三册中解决了,最后这一册大半是以历史的形式重述一遍。"(全集第 31 卷上第 135 页)

前面说过,第四篇被分成了两篇,如果这封信是在这之后写的,那么写完商业资本(第四篇)以后,"再写三章"指的应该是剩下的生息资本和信用(第五篇)、地租

《资本论》是怎样形成的
追溯马克思经济学的发展历程

（第六篇）、各种收入及其源泉（第七章）。值得注意的是，马克思在这里明确地说，要把第四卷作为"历史—文献卷"，即理论史卷。① 如果把马克思当时正在写作的《资本论》作为更大构思的一部分，具体地说，是指六卷本结构的最初一卷"资本"卷来定位的话，那么在写作途中又加入"理论史"卷则是不可能的。可见，在动笔写作《1863—1865年手稿》最后部分的第三卷后半部时，马克思已经开始积极描绘《资本论》的新构思——从旧构思的所有卷本中汲取所需。

（五）关于《资本论》第一卷的定稿

马克思是在1866年1月1日着手《资本论》第一卷的定稿工作。

在新的构思中有几个重要转变，这些转变决定了马克思倾注一生精力的巨著《资本论》的最终构思。

---

① **《资本论》的四卷结构**　马克思以完整的形式谈论《资本论》的四卷构成是在写作第一卷定稿的第二年。他在1866年10月13日写给路德维希·库格曼的信中提道：

"全部著作分为以下几部分：

"第一册　资本的生产过程。

"第二册　资本的流通过程。

"第三册　总过程的各种形式。

"第四册　理论史。

"第一卷包括头两册。

"我想把第三册编作第二卷，第四册编作第三卷。"（全集第31卷下第535—536页）

终 章

所谓"计划问题"与马克思经济学说的发展

第一个转变是,马克思摆脱了从《1857—1858 年手稿》开始就持有的六卷本结构的构思,尤其是实现了将其前半部分"资本""土地所有""雇佣劳动"三卷,统合到这部著作里的构思。而且,在之前写的著作《政治经济学批判》中论述的"商品和货币"的问题也编入了"资本"卷的第一篇,使其发展成为囊括马克思所有经济学研究的著作。

"土地所有"卷,原本应该由两个主要课题构成,是对资本主义地租的形成,以及封建土地所有制的解体与资本主义生产的产生过程(原始积累)的研究。但是,由于绝对地租的发现,马克思将阐明资本主义地租的课题,作为生产价格形成过程的应用问题,在资本主义生产的框架之内,从理论上解决了这个问题。这样一来就失去了将地租作为独立于"资本"进行研究的根据。

剩下的是"原始积累"的问题。对于这个问题,马克思在以前的手稿中曾经做过正式研究,历史性地追溯过被称为"资本主义生产以前的各种形式"(《1857—1858 年手稿》)的共同体所有制以来土地所有的变化,作为当下的著作内容,对该问题只做了一个简短的理论性定位。① 马克思在第一卷的定稿中,把"原始积累"作为独立的一章,将

---

① **对"以前的各种形式"的定位** 关于此时的历史研究,马克思认为它本来应该属于"土地所有"卷的主题,并在相关地方做了如下附注。

"至于古代土地所有制在现代小块土地所有制中再现的问题,这本身属于政治经济学的范围,我们将在关于土地所有制的一篇中加以论述。(这一切将更深入地和更详尽地再一次加以分析。)"(全集第 46 卷上第 497—498 页)

《资本论》是怎样形成的
追溯马克思经济学的发展历程

其描绘成用"血与火的文字"(全集第 23 卷第 783 页)写下的资本主义创世纪的一大叙事诗。就这样,"土地所有"卷就被"资本"卷完全吸收了。

接下来是"雇佣劳动"的问题,马克思把此前没有列入计划的关于"工资"的正式研究纳入了第一卷。这结果有力地证明了,马克思放弃了要在与"资本"不同的卷别里讨论"雇佣劳动"的构思。如果计划让"雇佣劳动"独立成卷,那么,"工资"理所当然应该属于那里的一个独立主题。

但是,将"雇佣劳动"和"资本"卷统合起来,则衍生出更重要的问题。在从资本角度对资本主义发展全过程进行分析的同时,也要从劳动者的苦难,从资本的剥削下工人阶级的发展以及斗争的角度去分析问题。我没有看到马克思所写的第一卷初稿中"第六章"之外的内容,仅仅通过与《1861—1863 年手稿》第一章(相当于《资本论》现行版本的第一卷)的对比式阅读,就可以充分地推断出,马克思在转向新的构思时,是如何致力于加强从工人阶级的角度开展研究的。

正如在本书第九章讨论第一卷的定稿时所看到的那样,马克思在这个章节里,从三个方面全面展现了在资本主义生产方式下工人阶级作为一个阶级发展的必然性,展现了:
(1) 通过阶级斗争成长、发展为一个自觉的阶级的过程;
(2) 利用大规模生产手段成长为社会生产的主力军的过程;
(3) 为了维护阶级利益不得不站到正视社会制度变革问题

终 章

所谓"计划问题"与马克思经济学说的发展

这一立场上来的过程。基于定稿的相关内容,再次回顾《1861—1863年手稿》可以看出,在这一领域里也不例外,机器论续稿中的一系列考察,对定稿的准备是具有重要意义的。

就这样,将"雇佣劳动"卷统合到"资本"卷的工作得以完成。

第二个转变是,马克思大胆地放弃了1847—1848年以来把资本主义的现阶段看作面临体制性危机阶段的观点,确立了从正面把握机器大工业不断开发出的资本主义发展具有巨大潜力这一立场。这一转变的明显表现是:改变了把资本构成的高度化(相对可变资本,不变资本的比率增大)视作利润率下降即体制性危机的风向标的观点,认定它只是一种衡量资本主义发展和跃进的标尺。

马克思从这一立场出发,在第十三章"机器与大工业"部分加入了新的一节,大幅增写了新内容,进一步将初稿(第一卷手稿)的第五章"剩余价值向资本再转化"和第六章"直接生产过程的各种结果"统合为第七章"资本的积累过程",加写了第二十三章"资本主义积累的一般规律",致力于对资本主义生产的当今发展阶段和未来展望做出全面阐述。

马克思成功地迎接了挑战,我认为,正是因为马克思完成了阐明资本主义积累的一般规律这一新课题,才使得《资本论》能够拥有那种跨越世纪、照耀二十一世纪的"科学之眼"的力量,这样评价是绝不为过的。

《资本论》是怎样形成的
追溯马克思经济学的发展历程

第三个转变表现在,从经济学角度展望社会变革。

马克思在《资本论》中,用下述文字对被视作指针的自己的辩证法作了总结,这在本书里已经呈现过多次。

> "辩证法在对现存事物的肯定的理解中同时包含对现存事物的否定的理解,即对现存事物的必然灭亡的理解;辩证法对每一种既成的形式都是从不断的运动中,因而也是从它的暂时性方面去理解;辩证法不崇拜任何东西,按其本质来说,它是批判的和革命的。"
> (全集第 23 卷第 24 页,《资本论》第一卷第二版跋)

马克思在《资本论》第一卷的定稿中所展开的社会变革论,名副其实地全面体现出这一辩证法。

(1) 所谓"现存事物",指的是进入机器大工业阶段的资本主义生产和它所统治的社会。从正面把握处在其中的资本主义经济的高度发展,不带偏见地如实解读社会生产力的发展和资本关系,即与资本主义生产关系的矛盾的演化,这就是马克思在定稿里所展开的"肯定的理解"中包含着否定的"必然灭亡的理解"的辩证法。

(2) 马克思在这个定稿中,进一步阐明在资本主义各种关系的高度发展中,未来社会(社会主义社会、共产主义社会)的物质基础将随之形成,同时还全方位地阐明了与未来社会有关联的各种要素开始萌发,或者说在各个领域里被积蓄起来。这也是一种在现实的发展中,发现其

终　章

所谓"计划问题"与马克思经济学说的发展

"否定"的各种要素,"从不断的运动中"去把握资本主义各种关系的高度发展的辩证法。

(3) 尤其是在资本主义生产的高度发展中,主宰其"必然灭亡"命运的主体是工人阶级,在资本与雇佣劳动的对抗关系中,只要变革的条件不成熟,无论经济矛盾多么尖锐,也难于走向社会变革之路。马克思在《资本论》第一卷的定稿中,致力于从资本和劳动者两个方面,分析资本主义剥削的各种形态和资本主义发展的各个过程,他深刻地指出,资本主义的积累与发展是一个"贫困、压抑、隶属、堕落、剥削"不断膨胀的过程,同时也是一个劳动者在资本主义体制下被训练、被联合、被组织,反抗势力在壮大的过程。马克思详细地追踪了在资本主义发展的同时,劳动者成为"联合起来的社会劳动"的主角,并成为具备使用大规模生产手段能力的"全体劳动者"的发展过程,这一点同样具有极其重要的意义。

对以上三点的明确阐述是马克思在《资本论》的定稿中所达到的一个理论高度,为工人阶级在社会变革的斗争中指明了具有经济学基础的方向。

整体回顾

我尽量从《1857—1858年手稿》开始,到《资本论》的定稿,逐个阶段地梳理着各种手稿,对横跨十余年的马克思的经济学说的发展做了一个素描。

汇总起来看,撰写《1857—1858年手稿》时所规划的六卷结构中的主题,几乎全部被吸收进了最终完成的马克思《资本论》全三卷中。当然,也留下了不少问题,例如,本该成为最终卷中一个主题的"世界市场"等,最终没有单独拿出来展开讨论。但是,马克思在最初设定这个主题时,计划要在其中讨论的中心内容是,资本主义危机所造成的恐慌及其向共产主义社会过渡的必然性问题。其实,这个问题未及在"世界市场"卷展开研究,就已经得到解决。还有个别问题,也被留在了全三卷的架构之外。马克思在写给库格曼的信(1862年12月28日)中曾经开玩笑说,"核心"问题已经得到解决,"至于余下的问题(……),

整体回顾

别人就容易在已经打好的基础上去探讨了"①。

最后,我还有些话想说。

整体回顾本书,有些地方是令人惊叹的,在《资本论》第一卷出版(1867年)之前的十几年手稿写作的历史中,从《1863—1865年手稿》(《资本论》初稿)到进入《资本论》第一卷的定稿工作,在这最后三年里马克思经济学研究的发展是惊人的。

如书中随处可见,马克思在撰写《资本论》第一卷那段时期,还加深了与从1848年革命失败后的低潮中走上重振之路的欧洲工人运动的接触,参与了国际工人协会的创建,并在其中发挥着领导作用,二者有着深度的重合。

我深切体会到,这里存在的绝不仅是马克思兼具经济学家与革命家身份的个人特质问题,而是一个更为本质的课题,即马克思经济学说的发展与其革命理论发展之间深刻的内在互动。作为最彻底剖析资本主义病症的经济学家,同时又是执着探索未来社会并为之奋斗终身的革命家,马克思的真正价值正体现于此。怀着这样的认识,我愿以此作为本书的结语。

---

① 全集第30卷下第636页。

附录一

马克思与《资本论》创作年谱

年	马克思的活动	著作、手稿、笔记、书信等
1818	5月 马克思诞生（德国特里尔市）。	
1836	8月 结束在波恩大学法律系的学习。 10月 转入柏林大学法律系学习。	
1841	3月 毕业于柏林大学。	
1842	4月 开始为《莱茵报》撰稿。 10月 担任《莱茵报》主笔，移居科隆。 11月 与恩格斯相识。	

附录一

马克思与《资本论》创作年谱

（续表）

年	马克思的活动	著作、手稿、笔记、书信等
1843	3月 退出《莱茵报》编辑部。 6月 在克罗伊茨纳赫与燕妮·冯·威斯特华伦结婚。 10月 迁居巴黎，筹办《德法年鉴》杂志。 11月至1845年1月 在巴黎开始了与法国的社会主义者和共产主义者接触，其中包括正义者同盟的领导人。	7—8月《克罗伊茨纳赫笔记》（五册）（非经济学研究文献）。 夏 在克罗伊茨纳赫撰写《黑格尔法哲学批判》。 夏—1845年1月 撰写《巴黎笔记》（9册，最早的经济学笔记）。借助法译本研究亚当·斯密《国富论》、大卫·李嘉图《政治经济学及赋税原理》。 秋—1844年1月 为筹办《德法年鉴》杂志，撰写《〈黑格尔法哲学批判〉导言》《论犹太人问题》。
1844	1月 深受恩格斯论文《国民经济学批判大纲》影响。 2月 出版《德法年鉴》第1—2期合刊。 8月 与恩格斯正式会面。	上半年 撰写《詹姆斯·穆勒〈政治经济学原理〉一书摘要》（简称《穆勒评注》）。这是《巴黎笔记》的重要组成部分。 4—8月 撰写《1844年经济学哲学手稿》。 9—11月 与恩格斯第一次合著《神圣家族》（1845年2月出版）。
1845	2月 与正义者同盟的领导人、巴黎的社会活动家们通信往来。 2月 与德国出版商列斯凯签订《政治和政治经济学批判》（两卷）的出版合同。 2月 在普鲁士政府的压力下被驱逐出巴黎，移居布鲁塞尔。《神圣家族》出版。 5月［恩格斯的《英国工人阶级状况》一书出版］。 7—8月 为收集经济学研究的资料，与恩格斯一道访问曼彻斯特。	2—4月《布鲁塞尔笔记》（六册）。 3月 告知恩格斯，撰写批判德国经济学家李斯特的著作的计划，并撰写手稿《评弗里德里希·李斯特的著作〈政治经济学的国民体系〉》。 4—5月 撰写《关于费尔巴哈的提纲》。 7—8月《曼彻斯特笔记》（马克思五卷、恩格斯三卷）。 9月—1846年 与恩格斯合著《德意志意识形态》，其中历史唯物论的基本立场已基本确立。 《布鲁塞尔笔记》（续）（—1846年）。 12月 在致巴·瓦·安年科夫的信中提出要有体系地批判蒲鲁东的观点。

《资本论》是怎样形成的
追溯马克思经济学的发展历程

（续表）

年	马克思的活动	著作、手稿、笔记、书信等
1846	年初 和恩格斯在布鲁塞尔建立共产主义通讯委员会。	9月撰写《居利希笔记》（主体是对古斯塔夫·冯·居里希《商业、工业和农业的历史叙述》的摘录）（—1847年12月）。笔记共计三册，200多页，是马克思世界经济史的主要知识来源之一。
1847	1月 与正义者同盟特使见面。以同盟的重建为条件，与恩格斯一道加入正义者同盟。 2月 恩格斯出席正义者同盟大会（伦敦）。大会决议改名为共产主义者同盟。 7月《哲学的贫困》一书出版。 10月—1848年3月［英国的经济危机］。 11—12月 与恩格斯一同出席共产主义者同盟第二次代表大会（伦敦）。	1—6月 写作《哲学的贫困》。 书中公开表明，抛弃过去否定李嘉图价值论的观点，改为拥护劳动价值理论。 12月 在布鲁塞尔德意志工人协会发表关于《雇佣劳动与资本》的演讲。写作"工资"的手稿。
1848	2月［法国二月革命爆发］。 3月 移居巴黎。 4月 回到革命爆发后的德国。 6月《新莱茵报》创刊。	1月 完成《共产党宣言》（于1848年2月出版）。
1849	5月 普鲁士政府下令驱逐马克思。《新莱茵报》停刊。 6月 移居巴黎。 6—7月 与恩格斯一道在德国南部以义勇军副指挥官身份参加"宪法战役"。 7月 德国1848年革命结束。 8月 流亡伦敦。 8月末—9月初 重启共产主义者同盟中央委员会的工作。 11月 恩格斯抵达伦敦。	4月《雇佣劳动与资本》在《新莱茵报》连载。但是，并未总结出"劳动力买卖"这一核心问题，未能成功地将价值法则与榨取论结合到一起。

附录一

马克思与《资本论》创作年谱

(续表)

年	马克思的活动	著作、手稿、笔记、书信等
1850	8月［英国的十小时工作日法案］通过。 9月 共产主义者同盟与维利希派分裂，将中央委员会所在地迁往科隆。 9月 以英国博物馆为基地再次进行经济学研究。 11月［恩格斯在曼彻斯特的商会工作］。	1月 在《新莱茵报。政治经济学评论》刊发连载评论文章，分析当时欧洲的经济形势。在10月撰写的《国际述评（三）》中提出了"新的革命只有在新的危机之后才有可能"，即"危机＝革命"学说。 9月《伦敦笔记》（—1853年8月，共24册），研究了亚当·斯密和李嘉图英文版的主要著作。
1851	8月 开始为《纽约每日论坛报》撰写文章（—1862年2月）。 12月［法国路易·波拿巴发动政变］。	1月 向恩格斯通报关于李嘉图地租论的研究成果。 2月 向恩格斯通报关于批判李嘉图货币理论的成果。 3月 将目前为止的笔记摘录成《金银条块·完成的货币体系》（马克思对52名经济学家的63本论著的摘录与评注）。 3月 撰写《反思》（经济学最初的小论文），提出了与危机理论的核心相关的四个出发点。 4月 评述李嘉图《政治经济学及赋税原理》著作，做了大量评注笔记。 9—10月 研究了与机器大生产研究相关的技术变革史，从波佩、贝克曼、尤尔等人的著作当中，做了大量的摘要。 11月 在恩格斯位于曼彻斯特的家中讨论经济学著作。制定的计划包括：第一卷和第二卷中关于经济学批判和历史研究的部分、第三卷中对社会主义者的批判、第四卷经济学批判的剩余部分以及共产主义理论等内容。

《资本论》是怎样形成的
追溯马克思经济学的发展历程

(续表)

年	马克思的活动	著作、手稿、笔记、书信等
1852	10月 开始为《普特南氏月刊》撰稿（—1856年12月）。 10—11月 密切关注在科隆进行的共产党人案件的审讯进程。 11月 提及解散共产主义者同盟，决议通过。	1—2月 在致约瑟夫·魏德迈、费迪南·拉萨尔的信中谈起关于寻找经济学著作出版商的问题。 4月 与恩格斯就恐慌迫近的诸多征兆交换意见（一直持续到1857年危机实际爆发）。
1853	1月 出版《揭露科隆共产党人案件》。	2月 撰写新闻评论《萨特伦德公爵夫人和奴隶制》。萨特伦德夫人是19世纪将农民大规模从土地上赶走的农村"清扫"的代表人物。为了将耕地变为牧场，村落被烧毁，一万五千名氏族成员被赶走。马克思撰写该评论是为了讽刺萨特伦德家族以"同情"美国奴隶制度而感到骄傲一事。该评论用于《资本论》第一卷"资本的原始积累"。 6月 研究印度，深入关注殖民主义共同体的存在。在致恩格斯的信中，关于印度村落中协作的描述，直接用到了《资本论》第一卷第十一章"协作"。 9月 向恩格斯通报，有必要完成经济学著作。
1854	12月 开始为德国《新奥德报》撰稿（—1855年10月）。	12月—1855年2月 通读研究经济学的笔记，依据其摘要撰写了《货币、信用、危机》。关于这部分工作，马克思在1855年2月致恩格斯的信中，解释道："我想把材料整理出来，至少也是为了掌握材料，为整理材料作好准备。"（该部分论述用于《1857—1858年手稿》和《资本论》第三卷的撰写。）
1855		1月 撰写新闻评论《工商业危机》。

附录一

马克思与《资本论》创作年谱

(续表)

年	马克思的活动	著作、手稿、笔记、书信等
1856		6—7月 新闻连载《法国的动产信用公司》。 10—12月 从"欧洲的经济危机"出发，评论欧洲的危机问题。
1857	9月[危机在美国爆发，波及英国（11月），并发展为全球经济危机]。	4月 撰写新闻评论《工厂工人现状》。首次借助英国工厂观察员的报告，揭露了英国工厂制度下工人受剥削的现状。随后又撰写了一系列评论文章，并将此方法全面运用到了《资本论》撰写中。 7月 与《美国新百科全书》签约，同恩格斯一道撰写了一百多条军事条目（—1860年11月）。 7月 撰写手稿《巴师夏和凯里》。 8月 撰写《〈政治经济学批判〉导言》。 9月 写了三篇关于多瑙河各公国的文章，但被《纽约每日论坛报》拒稿。此时，马克思研究了英国历史学家雷尼埃《多瑙河各公国政治社会史》，并将相关成果运用到了《资本论》第一卷第八章"工作日"中的第二节"工厂主和领主"中。 10月 开始撰写《1857—1858年手稿》。 10月 随着欧洲和美国危机的发展，制定了详细的笔记，包括三个笔记：《1857年的法兰西》《1857年危机》《商业危机》（—1858年2月）。 11—12月 就危机问题发表了一系列文章。 11月 撰写《1857—1858年手稿》中关于"资本"的章节（—1858年6月）。 11月 发表新闻评论《一八四四年的英格兰银行法和英国的金融危机》。马克思关于"工业崩溃"的论述很快得到了验证。 此后至1858年1月，撰写了一系列有关危机问题的评论。 12月 向恩格斯和拉萨尔通报正在同时进行的"完成政治经济学纲领"和"当下的危机"双重工作的状况。

《资本论》是怎样形成的
追溯马克思经济学的发展历程

(续表)

年	马克思的活动	著作、手稿、笔记、书信等
1858	3月 与柏林出版商敦克尔签订出版政治经济学著作的协议（由拉萨尔介绍）。	1月 撰写手稿过程中，重新阅读了黑格尔的《逻辑学》，并在致恩格斯的信中说："帮了我很大的忙。" 1—2月 执笔《资本论》手稿中"资本主义生产以前的各种形式"一节。 2月 在给拉萨尔的信中说明了他的经济学著作包括六册：(1) 资本；(2) 土地所有制；(3) 雇佣劳动；(4) 国家；(5) 国际贸易；(6) 世界市场。 2月末—5月 在《1857—1858年手稿》中，记述了利润率下降的规律。 3月 为探究危机周期性的物质基础，向恩格斯提出了关于固定资本平均折旧周期的问题。 4月 在给恩格斯的信中说明了他的经济学著作由六册构成，其中，第1册"资本"分为四篇，分别为：(a) 资本一般、(b) 竞争、(c) 信用、(d) 股份资本。其中第一册第一篇"资本一般"将包括三章：1. 价值、2. 货币、3. 资本。 5月 到曼彻斯特与恩格斯同住，就经济学著作的手稿进行细致修改。 6月 为《1857—1858年手稿》《七个笔记本的索引》编制索引。 8月 开始撰写《政治经济学批判。第一分册》。 8—9月 就银行法和危机问题发表一系列评论。在《英国的贸易和金融》中，提出了危机问题的重要性。

附录一

马克思与《资本论》创作年谱

(续表)

年	马克思的活动	著作、手稿、笔记、书信等
1859	6月《政治经济学批判。第一分册》在柏林出版。	1月 完成《政治经济学批判。第一分册》,并告知书稿不包括"资本"一章,仅有商品及货币的章节。 2月—1863年6月 撰写《1857—1858年手稿》的笔记第七册的后半部分,以及经济学文献的摘要。 2月 撰写《〈政治经济学批判〉序言》。首次公布自己著作的由六部分构成:"我考察资产阶级经济制度是按照以下的顺序:资本、土地所有制、雇佣劳动;国家、对外贸易、世界市场。"其中,关于历史唯物论的基本论述也十分有名。 秋 面向伦敦的德国劳动者进行经济学讲座。(当时手稿的一部分保存于手稿第一卷"写作"当中。)
1860	2月 收集文献材料,决定撰写反击福格特的文章。 12月 抨击性著作《福格特先生》出版。	1月 研究《工厂调查员报告》,再次阅读恩格斯的《英国工人阶级状况》。这是将《资本论》第一卷"工作日"及"机器和大工业"中独特的资本主义生产方式——针对资本主义剥削的理论批判与现实的集大成,进行历史性揭露相结合的出发点。 1—2月 以截至目前的摘录笔记制作《引用笔记索引》。 第一次使用"资本主义生产"这一说法。

《资本论》是怎样形成的
追溯马克思经济学的发展历程

(续表)

年	马克思的活动	著作、手稿、笔记、书信等
1861	4月[美国南北战争爆发]。 6月 接到维也纳资产阶级自由派报纸《新闻报》的约稿。	6—7月 按论点整理手稿,制作《我自己的笔记本的提要》。 使用"资本主义生产方式"这一用语。 夏(推测)撰写《资本章计划草稿》。 8月 作为《政治经济学批判。第一分册》的续篇,开始撰写《1861—1863年手稿》(31册)《资本的生产过程》(—1863年7月)。 10月—1862年10月 撰写一系列关于棉花产业危机所引起的美国南北战争爆发的文章。 12月 中断《资本的生产过程》的写作,转为写作第三篇"资本和利润"。 1861—1863年 集中学习关于机器的内容,重读《工艺学笔记》的同时,新增了面向劳动者的实用讲义。
1862		1月 开始撰写《关于剩余价值的诸学说》。 春 关于亚当·斯密的研究中,集中研究了其再生产理论。 6月 研究洛贝尔图斯地租论。随后又集中研究了李嘉图的地租论、利润论、危机论等。地租论当中,针对绝对地租的研究基本完成。危机论是《资本论》准备阶段中最全面的研究。 8月 在致恩格斯的信中,解释了自己地租理论的要点,计划将"平均利润率"相关问题的"例解"作为著作的一章进行写作。 12月 在致库格尔曼的信中,告知《政治经济学批判》后续,并将以《资本论》为书名进行出版的想法。 12月(或1863年1月)在《1861—1863年手稿》中写下了《资本论》第三卷和第一卷的计划。

附录一

马克思与《资本论》创作年谱

（续表）

年	马克思的活动	著作、手稿、笔记、书信等
1863	5月［全德工人联合会（拉萨尔派）成立］。	1月 在致恩格斯的信中说明了《资本论》中关于机器论的撰写概要。 3—7月 做了关于政治经济学文献史的摘要笔记《补充笔记》（编有 A—H 的序号）。 5月 制作展示简单再生产总过程的"经济表"。 6—7月 结束《1861—1863年手稿》的撰写。 7月 使用自己的"经济表"，在致恩格斯的信中向其解释再生产理论的终极目标。 8月 下决心撰写《资本论》，首先从第一卷的手稿开始。
1864	8月［拉萨尔因决斗身亡］。 9月 出席国际工人会议。会议决议成立国际工人协会（第一国际），马克思当选为协会临时委员会委员。 11月 临时委员会通过了由马克思起草的成立宣言和临时章程。马克思当选中央评议会委员，该机构后改称总评议会。	夏 完成第一卷手稿。现今作为手稿保存下来的只有第六章"直接生产过程的结果"。 夏天以后 开始撰写第三卷，年底前完成第一章至第三章。
1865	3月 与汉堡出版商奥·卡·迈斯纳签订《资本论》出版合约。	上半年 撰写《资本论》第二卷的最初手稿、第一卷手稿。发现了"流通过程的缩短"是引起危机的运动形态（危机运动论）。 6月 在国际工人协会总委员会会议上，作了题为《工资、价格和利润》的报告，解释了剩余价值理论（驳斥了韦斯顿的错误观点）。 夏 开始撰写第三卷后半部（第四篇至第七篇）。第四篇以商业资本的运动形式为中心，详细论述了第二卷第一份手稿中发现的危机运动论。 7月 在致恩格斯的信中通报了《资本论》的写作状况，并将自己著作的特征定位为"一个艺术的整体"。 12月 完成《资本论》第三卷的手稿。 本年度 开始撰写《资本论》第二卷第三份手稿（—1867年）。

《资本论》是怎样形成的
追溯马克思经济学的发展历程

(续表)

年	马克思的活动	著作、手稿、笔记、书信等
1866	5月 [英国金融危机爆发,一直持续到1867年、1868年]。 9月 在国际工人协会日内瓦代表大会上,由马克思执笔的《给临时中央委员会代表的关于若干问题的指示》及一系列决议被采纳通过。	1月 着手《资本论》第一卷定稿的"誊写和文体的统一"(—1867年4月)。实际上进行了大量的工作,包括新撰写了第七篇第二十三章"资本主义积累的一般规律",以资本主义生产的"必然没落"理论这一新的定式为代表,对第一卷的构思进行了重新编辑和发展。其中,重新赋予了之前手稿中引入的"全体劳动者"和"特殊的资本主义生产方式"等概念重要的意义。 1—3月 病重。养病期间,借助工厂观察员的报告撰写了"工作日"一章。 2月 告知恩格斯,已完成《资本论》的初稿,以及针对地租理论最后研究的状况。其中"关于日本的新资料"也十分重要,马克思曾为此读过一系列"旅记"。 8月 为国际工人协会日内瓦代表大会起草《给临时中央委员会代表的关于若干问题的指示》(以下简称《指示》)。其中,将《资本论》执笔过程中的工厂劳动研究成果运用至工会运动的定位、工作日、儿童劳动与教育等各个方面,成为国际运动的指针。《指示》于日内瓦大会(9月),被作为中央评议会的正式报告宣读,其主要内容以决议的形式通过表决。 10月 在给库格曼的信中叙述了《资本论》的总的结构是分四卷撰写。

附录一

马克思与《资本论》创作年谱

(续表)

年	马克思的活动	著作、手稿、笔记、书信等
1867	4月 为印刷《资本论》第一卷前往德国汉堡,与出版商迈斯纳商谈。 9月 [国际工人大会洛桑代表大会]。 9月 《资本论》第一卷出版(发行1000部)[恩格斯以各种笔名撰写书评,宣传《资本论》(—1868年3月)]。	4月 结束《资本论》第一卷的工作。 4月 在致德国友人迈耶尔的信中,介绍准备出版的《资本论》,并指出"根据从来没有被利用过的官方材料"非常详尽地叙述了英国工业无产阶级的近况,以及爱尔兰的状况。 5月 在致恩格斯的信中写道,为完成第二卷(第二篇和第三篇),研究与"信用或土地所有"相关的章节,撰写手稿以来收集的"许多新材料"是非常重要的。 6月 按照恩格斯和库格尔曼的意见,写作《资本论》第一卷第一章的附录《价值形式》。 7月 写作《资本论》第一卷的序言。 8月 为写作《资本论》第二卷,考察了有关固定资本周转的问题,并致信恩格斯提出了自己的疑问。 当年 开始撰写《资本论》第二卷第四章的手稿(—1869年)。
1868	9月 在国际工人协会布鲁塞尔代表大会上,建议突出《资本论》的意义,并通过了将其翻译成多语种的决议。	1月 在致恩格斯的信中,写下了关于《资本论》第一卷"三个崭新的因素"。 3月 通过德国历史学家格·路·毛勒的著作,研究德国共同体制度的历史。 4月 给恩格斯写信,谈关于货币价值的变动与利润率的关系。另一封信中,又说明了关于《资本论》第二卷、第三卷的构想。 7月 在致库格尔曼的信中,解释了价值法则的历史意义。 7—8月 在国际工人协会总委员会上,就"资本家使用机器的后果"(7月)、"劳动时间的缩短"(8月)发表演说,并执笔了"关于在资本主义制度下使用机器的后果的决议草案"和"关于缩短工作日的决议草案"。上述决议案在布鲁塞尔代表大会上(9月)被采纳。 当年 开始撰写《资本论》第二卷第二份手稿(—1870年)。

《资本论》是怎样形成的

追溯马克思经济学的发展历程

(续表)

年	马克思的活动	著作、手稿、笔记、书信等
1869	8月[于爱森纳赫城成立德意志社会民主工党]。	8月 在国际工人协会总委员会会议上,就现代社会中普通教育的意义发表演讲。 11月 在国际工人协会总委员会会议上,提出了爱尔兰民族解放运动的问题。以此为契机,马克思集中研究了爱尔兰问题。相关研究成果用于《资本论》法文版以及第三版"资本的积累过程"篇章中。 在致恩格斯的信中,写到了关于李嘉图的地租论和美国的农业问题。 当年 在致友人的信中,表达了为撰写《资本论》第三卷,研究比利时土地所有制和俄国的公社土地所有制的意愿。
1870	7月[普法战争爆发]。 9月 恩格斯移居伦敦,住在了马克思家附近。	3月 第二卷第二份手稿基本完成。
1871	3月[巴黎公社成立]。 5月[巴黎公社运动终结,这一时期残虐的镇压被称为"血腥一周"]。 国际工人协会总委员会,通过了马克思起草的《法兰西内战》。 7月 与巴枯宁派针对国际工人协会的分裂、破坏活动的斗争日趋激烈。 9月[国际工人协会伦敦代表会议召开。马克思与恩格斯一道,为保证会议的顺利成功召开,积极准备决议案的撰写以及会议上的一系列演讲。强调了由马克思和恩格斯领导国际伦敦代表会议的工作。会议强调了必须在每个国家建立独立的无产阶级政党的重要性]。	4—5月 撰写《法兰西内战》的手稿并成文。其中,有关共同社会形成过程的见解得到了进一步发展。 6月 在致丹尼尔逊的信中,关于《资本论》的续篇,马克思写道:"我曾认为必须把稿子全部改写。" 12月 着手准备《资本论》第一卷第二版。 全面改写第一章"商品和货币"。采纳恩格斯在第一版出版时提出的意见,在"工作日"和"机器和大工业"等章节中,下设许多节或项加以区分,并添上了标题,对整体叙述进行了根本性的调整。

附录一

马克思与《资本论》创作年谱

(续表)

年	马克思的活动	著作、手稿、笔记、书信等
1872	2月 与法国出版商莫·拉沙特尔签订了《资本论》法文版的出版合同。 3月《资本论》第一卷俄文版在圣彼得堡出版。 7月《资本论》第一卷第二版第一分册出版。 9月 国际工人协会海牙代表大会召开。马克思出席大会,并直接承担领导者的活动。国际工人协会将总委员会迁往美国,在欧洲的活动宣告终结。 9月《资本论》第一卷第一辑法文版(第一至第五分册)出版。	3月 进行《资本论》法文版的校验,很多部分自己进行了翻译,并在理论上对很多地方进行了展开。 3—4月 为回应国际工人协会英国曼彻斯特支部的问题,撰写《论土地国有化》,对社会变革过程中农民问题的解决提出了新的展望。 12月 在致丹尼尔逊的信中,告知要在第三卷土地所有制的篇章中"非常详尽地探讨俄国的土地所有制形式"。 在此之前,马克思以土地所有制的历史和现状为中心,从俄国收集了许多资料和文献,针对俄国问题的研究一直坚持到了最后。据恩格斯介绍,马克思"对于俄国1861年'改革'(农奴解放——不破注)以后必然出现的关于土地所有权的统计资料及其他出版物——这是他的俄国友人以十分完整的形式提供给他的——曾经根据原文进行了多年的研究,并且做了摘录,打算在重新整理这一篇(第三篇第六章——不破注)时使用"(《资本论》第三卷"序言")。
1873	[危机由美国发生(9月)波及欧洲,直至1879年,呈现慢性的现状]。 6月《资本论》第一卷第二版的合订本出版。	1月 为《资本论》第一卷(德文版)第二版写跋。 本年度以后 收集庞大的统计资料和公开报告,持续集中研究俄国土地关系。
1874		1874—1875年初 针对巴枯宁《国家制度和无政府状态》一书做摘录,其中包括对社会革命的性质、与农民的关系及展望等内容的论述。

《资本论》是怎样形成的
追溯马克思经济学的发展历程

(续表)

年	马克思的活动	著作、手稿、笔记、书信等
1875	5月[在德国爱森纳赫派与拉萨尔派合并,德国社会主义工人党成立]。 11月《资本论》第一卷法文版的最后一个分册出版。	4月 为《资本论》法文版写了跋,强调"它仍然在原本之外有独立的科学价值"。 4—5月 撰写《哥达纲领批判》,其中首次预见了向共产主义"过渡时期"的问题。 5月 为了说明剩余价值率同利润率的差别,马克思作了多次计算。这项工作成为《资本论》第三卷第三章("利润率与剩余价值率的关系")的基础。 6月 在致彼·拉·拉甫罗夫的信中,提到危机的周期性正在缩短的问题(马克思后来在《资本论》第一卷法文版中对该见解做了详细论述)。
1876	9月 恩格斯开始撰写《反杜林论》。	2月 继续地租理论的研究,撰写小论文《级差地租和地租仅只是合并在土地内的资本的利息》。恩格斯在编辑第三卷时,将其加入第四十四章的最后部分。 5月 针对德国社会主义工人党内部欧·杜林的反马克思主义观点横行的危险,与恩格斯协商,建议其在报刊上撰写批判杜林的文章。
1877	1月[恩格斯《反杜林论》在德国社会主义工人党中央机关报《前进报》上连载(—1878年7月)]。	3月 应恩格斯的要求,为其撰写的《反杜林论》第二编"政治经济学",围绕经济史学批判杜林而写了《〈批判史〉论述》一章。 3月末 重新整理《资本论》第二卷的手稿,为"新稿"撰写指示和备忘。 4—10月 撰写《资本论》第二卷第五章手稿。在"注"当中,再次记录了第二卷第一份手稿中的危机运动论。 9月 在致左尔格的信中,告知他在《资本论》的法文版当中"增加了一些新东西,而且有许多问题的阐述要好得多"。因此,在准备英文版时,除了德文第二版以外,还要参照法文版。 10月—1878年2月 撰写第二卷第六份手稿。

附录一

马克思与《资本论》创作年谱

(续表)

年	马克思的活动	著作、手稿、笔记、书信等
1878	10月［德国颁布《反社会主义非常法》］。	本年以后 专注于美国资本主义最新发展的研究。收集了许多资料，尤其对"资本主义集中"引起的变革最为关心。 7月以后 撰写第二卷第七份手稿。 9月 通过阅读德国帝国会议关于反社会党人的辩论，提出了争取英国和美国国会多数支持进行社会变革的可能。
1879		4月 在致德尼尔逊的信中，提到从"英国的经济危机到达顶峰"开始，"必须注视事件的目前进程，直到它们完全成熟"，提出对其需要理论上的进一步消化。 10月—1880年10月 做马·柯瓦列夫斯基《公社土地公有制，其解体的原因、进程和结果》1879年版的摘录笔记。 下半年—1880年11月 针对阿·瓦格纳《政治经济学教科书》中对《资本论》提出的批评意见，马克思进行了详细的批判性评注。其中包括价值理论的说明。
1880	3—5月［恩格斯撰写《社会主义从空想到科学的发展》，并在《社会主义评论》上连载］。	4月 受法国杂志《社会主义评论》的委托，撰写与工人的生活、劳动条件、组织和斗争相关的，包括99条项目在内的《工人调查表》。 5月 为恩格斯《社会主义从空想到科学的发展》一书的法文版撰写导言，将其定位为"科学社会主义的入门书"。 受法国工人党领袖茹·盖得的委托，撰写法国工人党的纲领的导言，"生产资料社会化"要求的提纲要领式的概念化——生产者通过生产手段的集体化（集体所有制）实现。 当年 开始撰写《资本论》第二卷第八份手稿（—1881年）。这是《资本论》手稿的最后一部分。其中首次涉及扩大再生产的问题，成功将其图示化，并弄清了其成立条件的定义。 当年 追寻罗马时代、日耳曼时代、中世纪欧洲当时货币制度的历史，写下了《单本位制或副本位制》。 年末—1881年3月 撰写《路易斯·亨·摩尔根〈古代社会〉一书摘要》。

《资本论》是怎样形成的
追溯马克思经济学的发展历程

(续表)

年	马克思的活动	著作、手稿、笔记、书信等
1881	10月 病重。 12月 马克思的妻子燕妮逝世。马克思因病未能出席葬礼。	2月末—3月 为回答俄国革命家查苏利奇的委托,推进了有关共同体社会的世界史考察、俄国农村公社今后的命运等方面的研究。写了三封非常长的"笔记",但最终却以很短的结论"回答"了。 3—6月 阅读并摘录了约·拉伯克的《文明的开始和人的原始状况》(1870年)一书。 4—6月 阅读并摘录了亨利·萨姆纳·梅因《早期制度史讲义》(1875年)一书。 10月 收到汉堡出版者奥·迈斯纳准备出《资本论》第一卷第三版的建议,并开始准备。第三版的发行数量仅为1000部,"仅是小的变动和增补",所以当时制定的方针是更深入的修订将放在第四版进行。 12月 在致丹尼尔逊的信中提到希望尽早完成第二卷第二篇第三章,为"献给妻子"。 当年 研究俄国改革("农奴解放"),相关研究成果总结成了备忘录。 1881年末—1882年末 概括公元前一世纪到公元十七世纪的欧洲史,并制作了《历史学笔记》(四册)。当时利用的主要文献资料包括:奥古斯特·路德维希·冯·施洛塞尔的《世界通史》,卡洛·博塔、威廉·科贝特等人的著作,以及有关俄国的一系列著作。
1882	从1881年末开始,为养病辗转于英国及欧洲其他国家的疗养院。	
1883	1月 返回伦敦。 3月 逝世。	

附录二

马克思逝世后与《资本论》相关的年表

(除特殊说明,均为恩格斯的活动)

1883 年

3—5 月 在马克思的书房发现了《资本论》第二卷、第三卷以及《1857—1858 年手稿》《1861—1863 年手稿》等诸多手稿。

6 月 继承马克思的遗愿,着手准备《资本论》第二卷(含第二篇、第三篇)的出版。

11 月 第一卷第三版出版。

1884 年

2 月 在致考茨基、保尔·拉法格等人的信中,通报《1861—1863 年手稿》中以《关于剩余价值的诸学说》为

《资本论》是怎样形成的
追溯马克思经济学的发展历程

题的稿件有数百页之多。

3—5月 以马克思的遗稿《路易斯·亨·摩尔根〈古代社会〉一书摘要》为基础,撰写《家庭、私有制和国家的起源》。

6月 解读《资本论》第二卷、第三卷的手稿,开始让"助手"通过口述笔记进行誊抄。恩格斯将马克思手稿的字迹称为"象形文字",编辑整理之前需要进行解读、誊抄的工作。

为推进《资本论》第一卷英文版的出版,与伦敦的出版商交涉。

10月 开始第二卷的审定工作。

11月 开始第二卷第三篇的最终审定工作。

1885年

2月 完成第二卷最终部分的审定,并将其邮寄给出版商。

3—6月 开始读第二卷的手稿,以书信的方式向各界表达自己读到书稿时的激动心情。

5月 完成第二卷"序言",指出了马克思剩余价值学说的七个基本观点。

7月《资本论》第二卷出版。

完成第三卷的口述笔记。

11月 批判由英国人海德门翻译的《资本论》第一卷第一章的部分译文,写了《不应该这样翻译马克思的著作》

附录二

马克思逝世后与《资本论》相关的年表

一文。

12月 《资本论》第二卷俄文版出版。

1886 年

1月 收到由穆尔和艾威林两人翻译的《资本论》第一卷英译文的手稿。

2—8月 校验英译稿。校验时依据1877年计划在美国出版英文版时（未能实现）恩格斯给出的意见。

4—5月 在《新时代》杂志上连载著作《路德维希·费尔巴哈和德国古典哲学的终结》。

9月上旬 阅读考茨基《卡尔·马克思的经济学说》一书的手稿，并提出自己的意见。

11月 写完《资本论》第一卷英文版序言。

1887 年

1月 《资本论》第一卷英文版出版。

1888 年

10月左右 正式着手第三卷的整理工作。

1889 年

2月 完成第三卷第四篇的整理工作。

10—12月 对第五篇（有关"生息资本"的篇章）进行

《资本论》是怎样形成的
追溯马克思经济学的发展历程

第一次编辑。未有任何进展,中断了。

12月 为了让自己去世以后,马克思遗留的《资本论》第四卷以及其他手稿也能得到充分利用,恩格斯开始训练考茨基、伯恩斯坦判读马克思的"象形文字"。

1890年

12月《资本论》第一卷第四版出版。

12月—1891年2月 为了反驳布伦坦诺对《资本论》引文的中伤,撰写了《关于所谓捏造引文问题。事情的经过和文件》一文。

1891年

4月 为马克思《雇佣劳动与资本》单行本(1891年)撰写导言。弄清了《资本论》形成过程中,马克思关于工农关系与剩余价值理论在哪些地方有了新发展。

11月—1892年1月 对第五篇进行第二次编辑。再次以失败而告终。

1892年

秋季—1893年3月 对第五篇进行第三次编辑。通过转换方针,最终得以完成编辑工作。

12月 告知考茨基,第三卷手稿的整理工作"漫长的胎儿期终于要结束了",下一步"重要的是掌握第四卷的材

附录二
马克思逝世后与《资本论》相关的年表

料",希望其归还"诸学说"相关手稿(因考茨基要进行整理工作,判读训练后将手稿交给了他)。

1893 年

3月 同时进行第六篇、第七篇的整理工作。

1894 年

1月 分别为《前进报》和《新时代》杂志撰写短文,评介《资本论》第三卷的内容。

5月 完成《资本论》第三卷最后部分的整理工作。

6月 为广泛宣传《资本论》第三卷,将第二十三章《利息和企业主收入》和第二十四章《资本关系在生息资本形式上的外表化》寄给《新时代》杂志发表。这两章载于7月的杂志上。

10月 写完《资本论》第三卷序言。

11月 鉴于法国工人党南特大会(9月)、德国社会民主党(10月)上出现了有关农民问题的错误倾向,撰写了《法德农民问题》一文,明确了农民=农业问题中的正确行动纲领路线。文章发表于《新时代》杂志。

12月《资本论》第三卷出版。

1895 年

2—3月 马克思的著作《1848年至1850年的法兰西阶

级斗争》单行本出版，为其写序言。

3—4月 康·施密特、维尔纳·桑巴特发表的关于《资本论》的书评中，对价值规律、平均利润、生产价格等问题的说明存在错误。恩格斯分别给他们去信，指出其错误。

3月 致信即将入狱的澳大利亚社会民主党弗里德里希·阿德勒，提供其研读《资本论》第二卷和第三卷的意见。

5—6月 增补两篇文章《价值规律和利润率》《交易所》（作为"第三卷增补"收录于《资本论》当中）。

8月5日 逝世。

1898 年

马克思于1865年在国际工人协会总委员会会议发表的题为《工资、价格和利润》的报告通过其女儿埃莉诺之手得以首次出版。

1905 年

考茨基编辑出版《剩余价值学说史》第一卷、第二卷。

1910 年

考茨基编辑出版《剩余价值学说史》第三卷。

译后记

《〈资本论〉是怎样形成的：追溯马克思经济学的发展历程》一书，是中共中央党校原副校长韩树英教授推荐翻译不破哲三著述中的一册。和译者翻译的另外两部不破的著作一样，韩树英教授一直关心本书的翻译和出版工作，先后几次对译文等提出了指导意见。中国大连高级经理学院原院长、大连理工大学原党委书记林安西教授对译稿做了全面审阅。在翻译过程中，译者还就翻译中遇到的一些具体问题当面请教了不破哲三先生。

为了方便读者核实和进一步拓展阅读马克思原著（在这里主要涉及《资本论》），译者在书后列出了马克思原著引文的中日文译文对照一览表①，并根据《〈资本论〉探究》上下卷（新日本出版社 2018 年 2 月版）等不破哲三的

---

① 因中日对照表字数较多（近 7 万字），此次出版未作收录。——编者注

《资本论》是怎样形成的
追溯马克思经济学的发展历程

其他著述整理出了《马克思与〈资本论〉的创作年谱》等作为书后附录。经征得作者同意，马克思原著的引文中文翻译，均以人民出版社出版的《马克思恩格斯全集》中文第二版为准，新版未出的以中文第一版为准统一译文。

本书在翻译过程中，作者还仔细对原书的 20 余处行文和表格做了一些调整和修订。

本书的翻译工作，一如既往得到了许多同事的支持，刘文宇、邱进协助搜集文献，核实引文，王晓楠部分参与了引文的校对工作。作为经典文献导读课程的参考书，大连理工大学的部分研究生和本科生对本书的翻译提出了不少好的意见和译案。

关于本书的翻译出版版权事宜，得到了原书作者和新日本出版社田所稔社长的大力协作和支持。中央编译出版社的编辑老师以极大的工作热情对该书的出版给予了帮助。作为译者，在此一并对上述各位表示由衷谢意。

本书的翻译几易其稿，由于译者水平所限，译文中难免出现对原文的误解和误译等不当之处，谨请作者谅解，读者批评指正。

译者
2021 年 9 月